本书系河北省社会科学基金研究项目
“高校青年教师社会主义核心价值观认同的现实挑战与优化路径研究”
（编号：HB17MK015）研究成果

高校青年教师社会主义核心价值观研究

李紫烨 著

吉林出版集团股份有限公司
全国百佳图书出版单位

图书在版编目（CIP）数据

高校青年教师社会主义核心价值观研究 / 李紫烨著. -- 长春 : 吉林出版集团股份有限公司, 2020.12

ISBN 978-7-5581-9890-8

Ⅰ. ①高… Ⅱ. ①李… Ⅲ. ①高等学校 – 青年教师 – 思想政治教育 – 研究 – 中国 Ⅳ. ①G645.16

中国版本图书馆 CIP 数据核字(2021)第 056200 号

高校青年教师社会主义核心价值观研究

GAOXIAO QINGNIAN JIAOSHI SHEHUI ZHUYI HEXIN JIAZHIGUAN YANJIU

著　　者/李紫烨

责任编辑/朱子玉

封面设计/童越图文

开　　本/787mm×1092mm　1/16

字　　数/300 千字

印　　张/11.25

版　　次/2022 年 8 月第 1 版

印　　次/2022 年 8 月第 1 次印刷

出　　版/吉林出版集团股份有限公司

发　　行/吉林音像出版社有限责任公司

地　　址/长春市福祉大路 5788 号

电　　话/010-81130031

印　　刷/ 三河市嵩川印刷有限公司

ISBN 978-7-5581-9890-8　　　定价/50.00 元

作者简介

李紫烨，女，1986.07，汉族，河北保定人，河北金融学院，讲师，研究生学历（法学硕士），主讲课程：《思想道德修养与法律基础》《毛泽东思想和中国特色社会主义理论体系概论》等课程，研究方向：社会主义核心价值观研究。在《河北大学学报》《理论导刊》《兰台世界》《CPCI-SSH》《河北经贸大学学报》等期刊发表文章数篇；主持或参与“全国学校共青团研究”“河北社会科学基金”“河北省委讲师团”“保定市哲学社会科学规划办”等科研项目数项。

前言

党的十九大报告中明确提出，要全面贯彻党的教育方针，落实立德树人根本任务，加强师德师风建设，培养高素质教师队伍。加强和改进高校思想政治工作，是一项重大的政治任务和战略工程。其中，青年教师思想政治工作，向来都是这项重大政治任务和战略工程的重中之重。

青年教师的第一身份是教师。教师是人类灵魂的工程师，承担着把思想政治工作贯穿教育教学全过程，实现全程育人、全方位育人的神圣使命。青年教师思想政治工作，归根结底是让教育者先受教育，在思想和行动上自觉坚持教书和育人相统一，坚持言传和身教相统一，坚持潜心问道和关注社会相统一，坚持学术自由和学术规范相统一，把成为有理想信念、有道德情操、有扎实学识、有仁爱之心的好老师，做学生锤炼品格、学习知识、创新思维、奉献祖国的引路人作为教师职业生涯目标。

青年教师也是青年。用习近平新时代中国特色社会主义思想引领青年，用中国梦和社会主义核心价值观凝聚共识、汇聚力量的任务尤为紧迫。要坚持党管青年，坚持马克思主义青年观和中国特色社会主义青年运动方向，将青年教师思想政治工作与青年教师事业发展紧紧地融合在一起，为整个学校思想政治工作注入强劲而持久的青春活力与动力，积极影响广大青年学生的思想观念、价值取向、精神风貌，使学校成为锻造优秀青年的大熔炉。思想支配行为，行为强化思想。对青年教师的思想政治工作，既要在理论武装、教育引导和培养锤炼这个方面下功夫，还要以绣花功夫在悉心指导帮助青年教师投身立德树人的生动实践这个方面用情用力，使每一位青年教师都能密切地联系青年学生，在做好教书育人、科研育人、实践育人、文化育人等本职工作的实践过程中感悟立身之道、为师之道、大学之道。特别是，要帮助青年教师做到教学、科研与育人相统一，让学术人生充满青春活力；搭建青年教师实践育人的平台，积极推进师生共建实践育人模式创新；鼓励青年教师网上网下开设中华优秀传统文化和素质教育课程，指导学生开展健康向上的文化活动，从内心深处激发为人师表的价值追求和职业归属感。

基于帮助青年教师尽快成长的责任与担当，本书作者在帮助指导青年教师教学能力提升方面已做了大量的工作，根据作者们大学执教工作多年的体会、经验与智慧，大家携手合作，精心编写，为青年教师们奉献出这本内容丰富翔实、具有很强针对性和可操作性的提高教学能力与水平的指导书，在很大程度上满足了新教师们对掌握高等学校教学规律与教学方法、全面提升教学能力、尽快成为合格教师的需求。相信青年教师们通过阅读、学习本书，同时在资深教师的指导下，通过教学实践过程中的不断总结、反思与改进，一定能够持续提高教学水平，增强教学能力，为成长为优秀的大学教师奠定坚实的基础。

目录

第一章 高校青年教师社会主义核心价值观认同概述

引导青年教师认同社会主义核心价值观，首先要明确什么是认同，哪些人属于青年教师群体，青年教师认同社会主义核心价值观认同的含义等基本概念。其次要深入分析青年教师特点及青年教师社会主义核心价值观认同特征。再次，要清晰的认识到认同的必要性及其作用。只有基于上述分析，才能充分认识到青年教师认同社会主义核心价值观的重要性并真正的结合青年教师这一特殊群体特征，来探寻其认同的途径。

第一节 高校青年教师社会主义核心价值观认同含义

青年教师社会主义核心价值观认同的含义，包含青年教师群体的界定及社会主义核心价值观的认同的含义，并在一个层面将其相结合，总结概括出其准确的含义。从而为认同的实现提供理论基础及衡量标准，进一步探索引导青年教师认同社会主义核心价值观的途径，对青年教师有效的认同与践行社会主义核心价值观起到至关重要的作用。

一、认同的含义

认同这一词汇最早是由佛洛伊德提出并在心理学层面定义的，表述为个人与他人、群体或模仿人物在情感上，心理趋同的过程。但由于忽略了社会关系级文化对于人的本质的影响，使其具有一定局限性。20 世纪 60 年代欧洲社会心理学发生转型，社会认同理论逐渐被提出，社会认同理论则侧重于关注人在不断的认同过程的基础上逐渐发展成为对一个既有社会中存在的群体间的关系进行解释。Turner 将社会认同与个体认同进一步区分开来：社会认同指社会的认同作用或是由一个社会类别全体成员得出的自我描述，个体认同则是个人的认同作用或个体具体特点的自我描述。国内对于认同理论理论有学者将其分为两个层次，第一层对认为跟自己有共同之处而感到亲切、承认、认可和赞同，第二层次则是自觉地以所认可的对象的规范要求自己并以规范行事，有认识同化之意。可见认同是指：在认知认可的基础上，在人际交往过程中，认同主体对认同客体或认同对象的接受并内化为的过程。而在认同中价值认同是核心的问题，究其本质来讲，价值认同在社会和个人发展中显示出其不可替代的重要性。如在现实社会及人际交往中，人们更愿意或者说更容易认同满足自身利益或符合自身需求的价值观念。

二、高校青年教师的含义

当前，国内高等教育领域对于青年教师身份及年龄的界定还没有形成较为规范的固定的概念性界定，不同学者针对青年教师身份及年龄的划定有着不同的观点，有的学者将青年教师年龄上限界定为35周岁，有的则界定为40周岁，有的学者认为只有具有教师资格证的教师并从事教工作的人员属于教师而高校中行政人员不属于教师，而有的学者则认为工作在高校从事与教育相关职业都属于教师这一群体。本文则依据对于青年知识分子年龄上限的界定，将高校青年教师界定为年龄在35周岁以下，具有相应高等学校教师资格证且拥有全日制本科及以上学历，在高校中从事教育教学科研工作的教师为青年教师。

青年教师作为当今高校学术与思想教育的后备力量，在高校工作中起到至关重要的作用，他们与老教师在教育教学中存在一定的共性，却也由于其自身成长环境及接受的教育而存在一定的特性，他们大多拥有较高的学历，博士背景为基础，也正是由于这样，大多青年教师是“从校门到校门”的经历，缺乏社会经验与阅历。因此，其世界观、人生观、价值观尚处于不成熟的阶段。与此同时，青年教师由于刚到工作岗位，工作与家庭间的关系尚未良好协调，面临婚恋、成家、赡养老人等多重经济压力，加之青年教师急于发展而面临的科研、教学、工作压力。这些都是青年教师较为突出的特点。因此，明确青年教师的界定，针对青年教师特点加以分析，对于进一步促进青年教师发展有着重要的意义。

三、社会主义核心价值观认同含义

社会主义核心价值观是指在社会主义价值观中处于最主导地位的价值观，是对社会主义核心价值体系的高度凝练与概括，揭示了人们对于生活、工作及人生目标所具有的共同价值追求与共同理念的认同。也是人们辨别、判断、评价是非善恶的价值标准，是统领其他价值观的主导价值观。从国家、社会、个人三个层面提出新时期社会核心价值观念的导向，为达成社会价值共识，形成中华民族理论自信提供依据。所谓社会主义核心价值观认同是指社会共同体成员对社会主义核心价值观念的共有和共享，并最终将其作为价值共识外化为自己的自觉行动。社会主义核心价值观的认同更多的倾向于价值认同。揭示了人们对于生活、工作及人生目标所具有的共同价值追求与共同理念的认同。也是人们辨别、判断、评价是非善恶的价值标准，是统领其他价值观的主导价值观。实现社会主义核心价值观认同，就是要全体社会成员，在充分接受认可社会主义核心价值观的基础上将其内化为自身稳定的品格，并以此为标准指导其外化的实践活动。

四、高校青年教师社会主义核心价值观认同的含义

青年教师社会主义核心价值观认同的含义是指青年教师作为认同主体自觉主动的将社会主义核心价值观转化为其长期稳定的认识、情感、意志、能力等内在品质并以此为标准指导外在的行

为及实践的过程。高校青年教师要基于对社会主义核心价值观科学内涵的充分了解、认可、认同，并结合中国优秀的传统文化，特有的校园文化及自身特点，将社会主义核心价值观中精髓根植于内心那当中，形成较为成熟意识形态，并成为青年教师引领自身成长的指向标。与此同时，青年教师要做到坚持以社会主义核心价值观来规范自身的行为活动，真正做到内化于心并外化于行，不仅在整个的社会群体的核心价值观认同中发挥积极的促进作用，更在教育工作及引导学生方面中充分发挥榜样的力量，在帮助学生树立正确价值观的同时，实现自我成长及个人价值最大化。

第二节 高校青年教师社会主义核心价值观认同的基本特点

青年教师社会核心价值观认同基于对青年教师群体特征及青年教师在社会主义核心价值观认同中存在的特点进行分析，以此为基础总结出针对青年教师群体社会主义核心价值观认同的既合理又有效途径，在青年教师社会主义核心价值认同的理论层面推动其认同。

一、在复杂程度上表现为主导与多样并存

当前，世界经济、文化全球化一体化趋势愈演愈烈，加之我国深化改革发展进入关键时期，使得思想领域也随之呈现出许多新的阶段性特征。多元化的思想观念与价值取向增加认同的复杂性，大多表现为主流价值观的与非主流价值观的同时并存，先进的与落后的相互交织，认同则呈现出多元化、多样化、多变化的特点。外部价值观认同多元复杂的环境无疑是青年教师社会主义核心价值观认同的障碍。由于青年教师年纪轻，有较强的好奇心，对于新思潮新思想自然比较感兴趣，而多样化的社会思潮中却不时涵盖了一些国外过于享乐、偏激甚至是极端的思想，这些都对青年教师在价值判选择及判断上产生一定的误导，加之有的教师具有海外留学经验，更为其接受认同国外思潮提供了一定的思想基础。与此同时，青年教师由于接受多年高等教育，对于认知具有一定的自我独立性，他们大多个性张扬，强调自我意识，注重思想的解放与新思想的追求，导致青年教师在价值观选择与认同方面存在障碍，形成价值观混乱的状态。而青年教师所处的高校环境中未能给予有力、有效与合理的引导，则进一步增加了认同的复杂性局面与认同实现的难度。但总体上来讲，青年教师大多能够坚持社会主义核心价值观的主导地位，但同时又会表现出多样化的特点。青年教师由于具备较高的知识文化水平及较强的自我学习能力，因此在基本的价值选择与价值判断方面有一定的方向与能力。其群体中大多数人能够保持与主流价值观的一致性，坚持积极健康的价值观，且具有崇高的理想。因此，青年教师社会主义核心价值观认同在复杂程度上表现为主导与多样并存的特点。

二、在动态性上表现为反复与可变并存

高校青年教师社会主义核心价值观认同在动态性上具有一定的可变性与反复性。高校青年教

师的价值观认同是指青年教师在社会生活与人际交往过程中，在价值观念上形成的对与某一个或某一类价值的自觉接受、自愿遵循，并在一定时期形成为自身稳定的品质，或是追求某一种理想信念，以实现自身价值定向和定位，并在此基础上形成共同的价值观。而青年教师价值认同的选择方向及辨别程度会随着社会的发展、所处环境的氛围及自身经历改变而产生不同的变化。这就使得青年教师在社会主义核心价值观认同上绝不是一成不变的，即使当下对于社会主义核心价值观达到较为认同的状态，却不能够保证其整个教学生涯，人生规划及性格品行都会一直遵循社会主义核心价值观的方向前进，青年教于年纪轻，人生经历与社会阅历都有一定的欠缺，还没能够形成较为稳定的价值观，表现在一定时期阶段内对于社会主义核心价值观认同与不认同情况反复出现，这些都为青年教师社会主义核心价值观认同增加了不确定性与反复性。因此，青年教师社会主义核心价值观的认同与认同教育都不是一劳永逸的，而是随着时间的推移及环境的变化出现一定的变化与反复性。当然，这种现象及认同的可变性与反复性会随着青年教师年龄的不断增长逐渐趋于稳定。

三、在现实性上表现为实用与政治淡化并存

高校青年教师认同社会主义核心价值观在现实层面表现为重视实用与政治淡化。对于青年教师这一群体，大多数人只关注他们作为学校教师的身份教书育人，而忽略其不仅仅是教师，更是一个普通的社会人，具有与每个社会人一样的属性。他们与许多同年龄阶段的青年人一样，面临着买房、买车、结婚、生子等一系列社会压力。同时，青年教师绝大部分拥有较高学历，对人生理想设定较高，而与青年教师各方面需要所相对的是，他们大多刚刚来到工作岗位，薪资福利待遇相对老教师及社会一些私企外企的同龄人都低一些，当理想状态与现实发生冲突时，就难免导致青年教师在价值选择与价值认同上更趋向于现实性的选择，崇尚物质多与精神，利己的多于集体的，过于注重满足自身物质需求，将过多精力放在升职加薪上甚至出现学术造假行为来骗取科研经费的情况，这些都表现出青年教师价值观认同上的趋利性，而相对忽视思想与精神层次的提升与建设的政治思想弱化性。青年教师自身具有较高学历，加之其基本晋升与科研成果及学术研究情况息息相关，使得其将大部分时间花在科研创新及学术探究上，长此以往，难免易出现“两耳不闻窗外事，一心只读圣贤书”的情况，表现为对于时政不关心，政治信仰淡漠弱化，这样不仅使我国高知识水平人才与国家政治经济发展脱节，也不利于青年教师综合能力的提升甚至影响专业知识的纵向拓展。对于政治信仰的不关心，就不能很好的将所学所教适用于我们党和国家的发展与建设，偏离社会主义核心价值观的正确方向。

四、在相对稳定层面表现为传承与认识渐进

高校青年教师社会主义核心价值观认同在相对稳定的层面上表现一定的传承性与认识的渐进性。当前，我国高校师资力量中，青年教师已成为高校中教师团队中主力军。而由于青年教师大多在教师岗位从事工作时间不长，其对于作为教师这一相对特殊的角色尚未形成良好的自我认同，

价值认同及职业认同。高校的教育教学工作是一个不断积累的过程，无论是对于学生的教育引导还是教学研究，这些对于往往只历了岗前理论培训而相对缺乏实践经验的青年教师无疑存在一定难度。老教师是帮助青年教师迅速走入角色，开展工作的有力引导，在这其中老教师的价值观、职业观及在工作中的方式方法都对青年教师产生一定的影响甚至成为榜样的力量。青年教师也能够上承老教师的优良品格并将其下传更年轻教师及学生，在这种传承与延续的过程中更好的实现社会主义核心价值观的认同及青年教师在自身领域的不断完善与进步。同时，青年教师群体其价值观认同在具有一定传承性的同时还表现为渐进性。任何人对于一种思想观念的认同都不是“一蹴而就”的，需要通过最初的了解认知到情感接受再到形成较为稳定的品行品格最终知道外在的实践活动，而这些过程中每一环节都需要一层一层的认识的深化，在一定量的积累的基础上转化为质的飞越，才能逐渐形成最后的认同，并在外在实践的检验下不断再调整修正其最初的认同是一个需要较长时间的过程。由于青年教师社会主义核心价值观认同表现为一定传承与认识的渐进，才使得青年教师在一定阶段内的认同相对稳定。

第三节 高校青年教师社会主义核心价值观认同的作用

青年群体是实现中华民族伟大复兴及社会主义的强大后备力量，是新时期构建社会主义和谐社会的主要建设力量，是推动社会向更科学更先进更创新发展的重要支撑力量。因此，加强对青年群体的关注，加大对青年群体的培养引导力度，已成为发展中国特色社会主义的关键。青年教师作为社会群体中一个重要部分，所处高校的工作环境，与大学生存在亦师亦友的紧密联系，其对何种价值观认同及认同实现的程度对自身、学生、高校及社会皆有着重要的影响作用。

一、高校青年教师社会主义核心价值观认同对自身的作用

高校青年教师群体大多学历层次高，思维活跃，接受新鲜事物能力强，专业知识过硬，因此其对于职业成就期待较高，但由于其从事教师工作时间尚短且阅历浅，决定了其未能形成良好的教育理念和职业信念，因此，加强对青年教师社会主义核心价值观认同引导，能够促进其在生活学习过程中及工作教学中不断成长，成为高校教育中的中坚力量。

第一，有助于提高青年教师个人道德素养。随着我国高等教育的不断发展，教师队伍不断壮大，其作为专业知识的传播者及青年学生的培养者，其较高的道德水平与职业水平是毋庸置疑的，但由于社会中部分不良风气的迅速蔓延，西方享乐主义的侵蚀，导致部分教师道德素质直线下降，科研学术造假成风等现象。近期更是发生的教师偷看女学生洗澡遭殴打一事，给教师群体带来了极坏的影响，青年教师由于年纪轻，思想波动大，更加容易受不良事件影响，因此，加强青年教师社会主义核心价值观认同，加大对青年教师思想政治教育引导力度，对于提升其自身道德素质有很大帮助。

第二，有助于提升各学科青年教师对思想政治教育关注度。在高校日常教育教学活动中，部

分教师对思想政治教育关注度极低，他们认为学生的思想政治教乎只是思想政治部门教师的职责，而与自身无关，甚至占用思政课时间来为学生们补习专业课知识，在这些教师的思想意识中，他们只需完成专业学科的教学而不负责学生思想道德的培养，也就更忽视了自身的言行对学生价值观形成的影响。因此，提升青年教师在引导学生思想方面的认识，促使高校中每一位教师，特别是非思政部门的青年教师对于社会主义核心价值观的认同，对于各学科教师职业认同，道德素养的提升都有着强大的推进作用。

第三，有助于青年教师自身的成长。在当今社会中最符合社会主义发展现状的社会主义核心价值观简练的二十四个字中明确提出了敬业这一根本要求，作为教师，爱岗敬业是其成长的起点，只有对教师这一崇高职业真正的热爱，才能不断的在专业知识上提升自己，并针对学生们的需求调整教学方法，最终实现其职业成长。大多数青年教师的自身成长都是伴随着学生的成长而同时发生的，正是所谓“教学相长也”。青年教师由于在教学过程中积极主动性高，与学生的交流沟通较多，能够不断激发其在专业上的钻研热情，并能以学生更为接受的方式教学，同时作为同样处于人生青年期的青年人，其人生观价值观仍处在不断完善的过程中，对于社会主义核心价值观的认同是其实现自身成长的重要基础。在一定程度上也就是说，对于青年教师认同社会主义核心价值观，最能满足其自身人格成长及职业成长的需要。

二、高校青年教师社会主义核心价值观认同对学生的作用

第一，有助于引导大学生实现社会主义核心价值观认同。教师是学生成长成才的引路人，是其思想价值形成的指导者，对于青年学生世界观、人生观、价值观的正确形成起到重要作用。因此，其自身的必须具备较高的道德情操和思想政治素养和，才能充分发挥对青年学生正确的价值引导及影响。因此，我国高校教师必须坚持教书育人、立德树人的根本理念，坚持教师做到为人师表的良好的表率作用。发挥其良好的思想道德品质在引导学生思想形成上的隐性作用。青年教师作为高校教育工作的主要力量，在教学岗位第一线，有较多机会与学生沟通交流，这种灵活的互动方式，有利于教师在学生思想道德及各方面的形成发挥积极作用。因此，着重加强青年教师队伍思想政治建设，并将其放在高校发展的战略高度上来加强，深入细致地做好青年教师的思想引导工作，加大在青年教师社会主义核心价值观认同，有助于引导大学生社会主义核心价值观认同。

第二，有助于大学生成人成才。教书育人，立德树人，是高校青年教师在从事教学活动中最根本的任务，指的是教师要在教学过程中，不但传授相关的专业知识，发展学生的智力，同时要对学生进行思想政治教育，促进其人格的全面完善，使其成为国家的栋梁之才。但怎样才能真正的做到教书育人，以什么样的价值观标准引导学生成长是青年教师必须面对的问题。社会主义核心价值观以其科学的内涵为其提供了良好的指引方向。教书意味着必须具有较高的专业素养，而当代青年大多教师拥有较高的学历，扎实的专业知识，能够把握专业方向的最新动态，但怎样将其在教学中发挥的淋漓尽致，则需要社会主义核心价值观积极地引导，坚持以人为本，充分发挥学生的主观能动性，加之充分发挥青年教师的榜样示范作用，帮助大学生成人成才。

第三，有助于更全面的引导学生。在高校的师生关系中，青年教师由于大多与学生有着相似的成长年代与背景，彼此之间代沟小更容易沟通，亦师亦友的关系使其更为紧密，学生也大多愿意与青年教师亲近，以老师为年长的朋友，交流更多成长中的烦恼与困惑，这为青年教师在教学与工作中及时观察发现大学生价值观人生观树立中存在的问题提供了更好的机会，青年教师基于自身对社会主义核心价值观的认同，在发现问题时，更够更好的以师长的身份，给予正确的引导，不仅仅在学习中，更是生活中涉及到的家庭关系或恋爱关系。因此，实现高校青年教师社会主义核心价值观认同，有助于青年教师更加全方面的引导帮助学生。

三、高校青年教师社会主义核心价值观认同对高校的作用

师资力量是当今高校最重要的资源，师资队伍的培养与建设自然也是高校建设的根基。现如今，高等教育已经越来越普及，肩负着培养数以万计的高素质人才，教师自然成为这培养过程中的关键力量。伴随着我国高等教育改革的不断深入，高校中青年教师比例已表现出明显上升趋势，教师队伍正向年轻化发展，青年教师逐渐成为教育教学的中坚力量，教学科研的后备力量。所以，在高校中，实现青年教师社会主义核心价值观认同，对于高校的校园文化建设，师德建设，及良好科研环境建设皆起到推动作用。

第一，有助于社会主义高校根本任务的实现。胡锦涛同志指出："全面实施素质教育，核心是要解决好培养什么人，怎样培养的大问题，这应该成为教育工作的主题。要坚持育人为本，德育为先，把立德树人最为教育的根本任务，努力培养德智体美全面发展的社会主义建设者和接班人。"社会主义核心价值观是中国特色社会主义制度的内在体现和要求，高校努力培养青年教师实现社会主义核心价值观认同，是回答怎样培养合格人才的关键。青年教师在高校培养大学生成人成才，帮助其树立正确价值观的过程中，大多是具体的执行者，因此，实现高校青年教师社会主义核心价值观认同有助于社会主义高校本质任务的实现。

第二，有助于提升高校师德建设。高校师德建设是学校工作中的重要组成部分，是教师队伍建设的重要内容，一所高校其师德情况如何不仅反映出学校教育教学质量的高低，更反映出教师队伍素质的优劣。可以想象，一个没有高尚道德素养教师的学校，很难教出具有高道德水平的学生，对于高校立德树人的任务更是不可能完成。十八大以来，社会主义核心价值观的提出，为教师职业道德及个人素养的发展更是指出更明确的方向，"敬业，诚信，友善"，所包含的内容都有助于高校教师，尤其是价值观职业观仍处在可塑阶段的青年教师师德建设的重要指导，因此，实现高校青年教师社会主义核心价值观认同有助于提升高校师德建设。

第三，有助于人文校园的建设。教育部《关于进一步深化本科教学改革全面提高教学质量的若干意见》中提出，要把人文教育和科学教学融入到人才培养的全过程，促进大学生综合素质的提高"。可以看出，人文校园建设已经成为当下高等教育的崇高使命。人文环境的构建离不开人，高校在进行人文教育的过程中必须坚持以人为本，将青年教师作为主要推动力量，坚持社会主义核心价值观的引领，在充分发挥青年教师主体作用中，在国家和学校稳定并和谐发展中，实现高

校人文环境的建设。

四、高校青年教师社会主义核心价值观认同对社会的作用

青年教师凭借其优秀的综合素质俨然成为社会中的“三高”人群，即高知识文化水平，高政治敏感度，高引导学习能力的先进力量。因此，加强青年教师在生活、工作及在学生品德教育中，社会主义核心价值观的认同，对于构建以人为本的和谐社会皆起到巨大的推动作用。

第一、有助于推动全社会实现社会主义核心价值观认同。教师是天底下最伟大的职业，其对于社会的发展及教育事业进步都有着不可磨灭的贡献，社会中每个人都曾受过老师的教诲，在成长过程中都离不开老师的教导，因此，教师这一职业群体在社会中自然受到更多其他社会成员地尊重、崇敬与效仿。在此之中，青年教师是教师群体的新生力量，其具备高学历，高知识储备，高素质水平等特点，更在社会中得到广泛认可，其一言一行不仅仅在接受广大人民群众的监督，同样他们的优秀品质也会自然而然的影响着社会中的其他群体。因此，青年教师实现社会主义核心价值观认同，有利于推进全社会实现社会主义核心价值观认同。

第二，有助于构建社会主义核心价值观认同“小分子”。青年教师不仅仅是教师，更是以独立的社会人的身份存在于整个社会中，其与社会各阶层都有着紧密的联系。在家庭中，他们可能是年轻的父母亦或是子女,其自身的道德品质及行为活动都对身边的亲人有着引导或是影响作用。同时作为教师其自身责任感强，教育理念已融入其日常生活中，自然对身边的家人、朋友有着较高的价值观标准及道德标准，加之青年教师处于较为活跃的人生阶段，其对于他人的帮助与引导自然具有较高的热情，因此，在青年教师实现社会主义核心价值观认同的前提下，其周围更易形成对于社会主义核心价值观认同“小分子”，而这些小群体慢慢汇集，则会在社会中形成一定规模的社会主义核心价值观认同群体，为全社会认同社会主义核心价值观提供群众基础。

第三，有助于全社会思想道德建设。推进公民道德建设，培育良好风尚是遵循《公民道德建设实施纲要》的要求，扎实推进公民道德建设，使社会道德风尚发生可喜的变化。社会主义核心价值观，涵盖社会、个人，集体三部分的价值观标准，概括了中国特色社会主义社会的建设目标，也描绘了人民对社会建设的美好愿景，更对公民个人道德素质提出了要求。在众多社会群体中，青年教师群体若成功实现社会主义核心价值观认同，既是对自身道德素质及品德修养的提升，同时也为社会构建良好的认同氛围提升公民道德素质做出了表率与榜样示范作用，有助于推进全社会思想道德素质提高。

第四节　高校青年教师社会主义核心价值观认同的必要性

社会主义核心价值观作为传承中国优秀传统文化并结合中国特色社会主义发展最新成果的价值观，其认同程度已成为社会建设与发展的关键。高校青年教师作为青年人中优秀的群体，其对于社会主义核心价值观认同的度对青年教师自身的发展、高校立德树人任务的实现及和谐社会的

构建都起到不可忽视的影响作用。

一、实现高校立德树人的客观要求

高校是教育培养青年人成长成才，形成高尚道德品格的重要阵地。党的十八大报告明确提出：把立德树人作为教育的根本任务。这不仅体现了国家对于高校教育事业的关注也为当今素质教育的提出了要求。从古至今，立德树人一直是我国教育家追求的最高目标，孔子曾说："弟子入则孝，出则悌，谨而信，泛爱众，而亲仁。行有余力，则以文学。"儒家主张只有能做人才能做学问，做人是做学问的根本。高校在教育学生的过程中，不仅仅是扮演传授知识的使者这一简单的角色，更是培养学生高尚的人格，发展学生的智力，不断发掘学生潜力的引领者的多重身份。

当然，高校要想实现立德树人的任务，在提供良好的文化环境的同时更要要依靠教师的力量，所以，高校在实现立德树人这一根本任务的过程中，必须引导青年教师始终坚持以社会主义核心价值观为指导根本，依据社会和人的全面发展的需要，充分尊重学生的主观能动性，坚持以人为本的理念，向学生传递正能量的道德信息，并在此基础上加强学生在实践活动中的自我学习与自我感悟的引导，将做人做事的道理通过更加实际生动的方式使学生更好的接受。因此，实现社会主义核心价值观的认同是高校立德树人的客观要求。

二、促进高校青年教师全面发展的思想保障

高校中青年教师的全面发展是大学素质教育及综合实力全面发展的根基，青年教师作为在专业知识教学及教育引导学生方面的新生力量，俨然已成为高校今后发展的重要支撑，因此，倡导高校青年教师社会主义核心价值观认同不仅有助于推进青年教师自身成长，提升其思想道德素养，更有利于高校思想政治教育工作的全面开展。

现阶段，创建以人为本的校园文化，不仅要注重对于学生发展与培养更要关注青年教师思想、专业知识及生活等方面的全面发展。在教育培养青年方面坚持做到以社会主义核心价值观为根本指导方向，根据青年教师自身发展需要，尊重其发展意愿及发展自由，为青年教师提供全面发展的精神指引与良性环境。同时，青年教师自身也要充分认同社会主义核心价值观，对于自身的全面发展给予更高的热情及辛勤的付出。青年教师由于尚处于人生的上升期，对于自身价值的实现及专业领域的深度探索都保持积极的态度，同时由于青年教师进入教师岗位时间尚短，对于职业生涯的规划不够确定，这为其向各领域拓展皆提供了机会也为实现青年教师全面发展提供更多可行性。前进是必然趋势，青年教师在未来的一段时期实现更为全面的发展也是必然趋势，只有以更为科学的核心价值观为指引，才能将这种必然推的更高更远。

三、引导大学生树立正确价值观的内在需求

当前，在高校进行思想政治教育的目的是要通过这种教育使每个大学生个体都能认同主流价值观，树立正确的理想信念，推动大学生更好的实现自我价值，促进其的全面健康发展。高校的根本任务是立德树人，教书育人。这就要求青年教师要在教学过程中，不但传授相关的专业知识，

发展学生的智力，同时要对学生进行思想政治教育，促进其人格的全面完善，树立正确的价值观、人生观、世界观，使其成为具有优秀品格完善人格的国家栋梁之才。要想从根本上帮助学生树立正确的价值观，则必须以科学的理念作为引导，在这其中，社会主义核心价值观以其科学的内涵为其提供了良好的指引方向。但只有方向是不够的，必须还要做到引导青年教师认同社会主义核心价值观并将其内化为内在的品质，才能从自身做起，在高校中发挥青年教师的专业特长教会学生在拥有一技之长的同时，更在学生品德树立上起到示范作用，帮助学生在相对充满诱惑的思潮与国外价值观中选择正确的价值观，在青春期较为叛逆的阶段树立正确的价值观，因此，高校中青年教师社会主义核心价值观认同是引导大学生树立正确价值观的内在需求。

第二章 制约高校青年教师社会主义核心价值观主要因素

探究教师专业发展的影响因素是促进教师专业发展的重要前提和依据。本章以高校青年教师专业发展的特点分析为逻辑起点，对高校青年教师专业发展影响因素结构和影响因素进行理论研究。借鉴生物生态系统理论的研究框架，提出了高校青年教师专业发展影响因素是一个多维度的互相作用的体系。将高校青年教师专业发展影响因素归纳为社会环境、工作场所和个体层面三大类因素，构建起本书对影响因素研死的整体结构框架。从高校青年教师专业发展的大的视阈出发，分析青年教师群体所处的社会环境、工作场所和个体特征，从外而内地逐层深入分析和研究影响青年教师专业发展的因素，逐步探究研究主体——高校青年教师专业发展影响因素，呈现出各影响因素对青年教师发展的作用。

第一节 高校青年教师专业发展的特点分析

对高校青年教师专业发展影响因素的研究，应充分考虑高校青年教师的总体分布情况及其特点。对高校青年教师的发展特点、发展困惑和发展需求的多维分析，有助于深入剖析并掌握由高校青年教师特点所引发的专业发展的特性。明确高校青年教师专业发展的特点，是高校青年教师专业发展影响因素研究的逻辑起点。

一、高校青年教师专业发展的多维特点

（一）高校青年教师专业发展具有自主性、阶段性和复杂性

1. 青年教师专业发展的自主性

青年教师自主发展的理念，强调青年教师在专业发展中的主体地位，以提高青年教师在发展中的自觉性和主动性。青年教师的专业成长很大程度上受到其所处学校和社会环境的影响，但更重要的影响来自自身对发展的态度和努力的程度。青年教师对于新环境、新问题、新规律、新思想的适应和把握能力更强。青年教师的自主发展建立在对教师职业的认同基础上，青年教师具有较强的职业认同，从内心深处对教师职业具有正确的价值认识和积极的情感态度，会自觉主动地

提升自身的专业发展，积极应对教育教学过程中所遇到的各种困难和挫折。

2. 青年教师专业发展的阶段性

高校青年教师正处于职业生涯的初期，这一年龄阶段的教师与其他年龄阶段的教师在心理特征、情感、认知、教学特征等方面具有明显的不同。借鉴教师专业发展阶段理论，青年教师处于预备生涯阶段到专家生涯阶段、适应期到成长期、成熟期的转变过程。认识青年阶段教师的职业生涯规律，能够更好地理解其所处的职业生涯特点，从而能够更好地把握青年教师的专业发展方向、做好职业生涯规划。

3. 青年教师专业发展的复杂性

高校青年教师专业发展包括青年教师在教学、科研和社会服务等学术活动中能力的提升，同时包括青年教师个人自我价值的实现。高校青年教师主要从事的是人才培养和科学研究工作，主要工作内容是知识的创造和传授。无论是人才培养还是科学研究工作，对青年教师的智力水平和非智力水平的要求都非常高。而青年教师人才培养的质量和水平，不能够直接反映在学生的成绩和素质方面；同时，科学研究的水平和成效，也需要较长时间和周期的检验。这就决定了青年教师工作的复杂性，也决定了青年教师的专业发展过程不会是简单地按年龄递进并呈直线上升态势的发展过程，而是由青年教师主体内外复杂的制约要素共同产生影响，呈现出阶段性上升的发展过程。

（二）高校青年教师的专业发展受教育信息化和国际化发展的影响

1. 教育信息化为教育领域带来了最为显著的变革

教育信息化具有开放、共享、交互、协作的显著特征，教育信息化对教育现代化的发展具有重要的促进作用，信息技术给传统教育模式带来了重大改变。可以说，教育信息化的快速发展，给教育形式、教育方式带来了重大的变革，最根本的改革是教育理念及教学方法的改革。对于高校青年教师的专业发展来说，高等教育信息化带来了一系列的要求，教师要将信息化技术在教学课程中充分地加以使用。教育信息化使高校青年教师开展教学、科研工作的环境和手段发生了重要的改变。提高高校青年教师的专业化发展，必须要将信息化的教育理念、教学方法应用于高校青年教师的教学过程，促使高校青年教师探索、学习并应用现代教育技术，提高教学效果。

2. 高等教育国际化为高校青年教师专业发展营造了积极的环境

高等教育国际化越来越受到政府和高等教育界的重视，越来越多的大学将国际化作为办学理念和强校战略，将建设世界一流大学作为办学目标和奋斗方向。2015 年底，国务院颁布《统筹推进世界一流大学和一流学科建设总体方案》中设定的主要工作目标为：“到本世纪中叶，建成高等教育强国”。“双一流”建设包括了此前实施的“985 工程”“211 工程”“优势学科创新平台”“特色重点学科项目”等，高校青年教师的专业发展势必受到高等教育国际化发展的影响。在“双一流”建设的大环境下，要不断提高高校青年教师的国际化视野、国际化教育教学方法，促使高校青年教师将自身发展与大学国际化发展的需求相结合。

（三）高校青年教师承担着高校立德树人的主要任务

习近平总书记在全国高校思想政治工作会议上强调立德树人是高校的立身之本。教学是大学的中心工作，青年教师普遍承担了较为繁重的教学任务。在教学方面，青年教师具有以下特点：

第一，成长和从业环境带来了青年教师教育理念的革新性。高校青年教师是在国家改革开放、市场经济改革不断深入、政治稳定、高等教育大众化及国际化发展的时代背景下成长起来的。当今，第三次产业革命即将到来的呼声此起彼伏，人类已经进入到“样本即全部”的“大数据时代”，高等教育“去行政化”改革、建立现代大学制度等高等教育改革不断推向深入。具有如此成长背景和从业环境的高校青年教师，大数据、“云”思想和高教改革必将引领其具有革新性的教育理念。

第二，思想开放、视野开阔带来了青年教师教育思路的前沿性。高校青年教师具有鲜明的个性特征，思想活跃而开放，或者具有海外留学经历，或者在攻读博士学位期间到海外高校进行交流学习，从而具备了开阔的国际视野。黄洪基等在其对“80后”研究文献的综述过程中阐明了“80后”具有的十大特征，其中包括：价值观上表现出强烈的个体性，注重个性的自我完成，注重自我感受；接受新事物的意识和能力非常强，传统的“尊重长辈”概念受到挑战；具有开阔的国际视野等。表现在工作中，高校青年教师的思维更加活跃，注重对学生的公平对待，注重激发学生的创新精神和合作能力的培养，更加关注国际前沿的理论和研究状况，主动加强和不同学科教师的联系，跨学科研究问题的能力较强。

第三，学历层次高、素质能力强带来了青年教师教育内容的创新性。陈建香等指出：高校青年教师在工作中继续攻读硕士、博士学位的比例较大，用于学习知识的时间也较其他“80后”群体更多。高校招聘教师的“门槛”也普遍提高到具有博士学位甚至是海外学习经历，这都带来了青年教师学历层次的提升和素质能力的增强。体现在教育内容上，高校青年教师少有“照本宣科”，他们更加注重知识体系和知识点的讲授，注重将课堂教学内容转化为学生的学习研究能力和思维方法、技巧，注重激发学生的学习潜能。

第四，沟通方式现代化带来了青年教师教育方法和手段的有效性。高校青年教师与大学生的年龄相仿，与学生有共同的成长环境和“语言”表达方式，他们一改“高高在上”的姿态，和学生平等进行交流。他们接受新鲜事物快，注重将多媒体教学网络、现代化的教学技术运用到工作中，更有利于实现和学生的有效沟通。

（四）高校青年教师的发展困惑

高校青年教师多出生在我国开始严格贯彻计划生育基本国策的时期，成长过程中家庭格局呈现“4+2+1”的倒三角格局，成长的背景和环境使得这一群体普遍具有以下的劣势：第一是以自我为中心，缺乏洞察力。许多高校青年教师一贯的我行我素，不在意别人的评价和看法，对自己不在意的事情特别冷漠，对在意的事情热衷程度又很高，关注自身需求高于关注周围人的需求，这导致了对周围人的情绪状况、思维状况不能去主动了解，缺乏对人和事务的洞察力。第二是刻板遵守规则，缺乏情绪控制能力。高萍对150名在校“80后”和150名职场“80后”开展了问卷调查，分析结果表明："80后"重视自由、喜欢按照自己的意愿行事，对硬性管理的认同度较低，具有强烈的成就动机。"80后"遵从制度和规则，但是变通能力差。当他们和学校管理机构、学院管理机构或者学生发生抵触或冲突时，缺乏情绪控制能力。第三是缺乏判断力，缺少社会经验。由于高校青年教师较少遇到挫折和困难，积累的人生经验和阅历不够丰富，当面对思维更加活跃、各种突发状况频出的大学生时，其反应能力和判断力不够迅速和准确，显得社会经验匮乏。第四是职称等级低，缺少学术话语权。高校青年教师博士毕业获得"讲师"职称，至少工作三年并符合"副教授"职称评定的一系列条件后方可参评"副教授"职称。在职称评聘过程中，还会受到按资排辈等原因的影响。职称等级低等原因影响了高校青年教师高级别课题申请等学术活动的参与机会，在学术话语权方面也容易受到冷落和忽视。

（五）高校青年教师的发展需求

高校青年教师的年龄特点和职业特征决定了这一群体的职业需求特点。张祥永等根据马斯洛的需求层次理论分析，高校青年教师的需求包括物质需求、社交和情感需求、知识需求、成长需求和尊重需求。

第一是物质需求。住房、医疗、子女教育等是高校青年教师所承担的主要物质压力。在高等教育资源最为集中的北京地区，房价节节攀升。在无父母资助的情况下，购买住房远远超出了他们的承受能力，即使是租住房，费用也占据了工资收入的近一半水平，住房问题已经成为影响青年教师物质生活的主要问题之一。医疗资源尤其是优质医疗资源的缺乏，导致"一号难求"、医患矛盾紧张、高校青年教师的医疗保障不能够落到实处等问题。高校青年教师教学科研工作压力大，又非常注重子女教育的质量，往往会借助早教机构、英语、奥数等盈利性培训机构的力量来培养子女。处于"上有老、下有小"的青年一代，"不啃老"就是名副其实的"月光族"，甚至处于入不敷出的状况。

第二是社交和情感需求。高校青年教师更加注重和领导的关系融洽，和同事间的相处顺畅，希望自己的工作得到领导认可，希望自己的教学得到学生的认可。高校青年教师有更高的社交和情感需求，却欠缺一定的处理好复杂人际关系的能力。

第三是知识需求。高校青年教师普遍已经具有较好的专业基础和知识体系，他们对广博的知识尤其是专业知识的渴求依然热情不减。他们需要利用参加学术会议尤其是高级别的国际会议、出国访问深造、教学科研以及参加社会实践等机会，不断完善和充实现有的知识体系。

第四是成长需求。学生的成长需要关注，高校青年教师的成长同样需要关注。这一群体注重自身的职业生涯规划，渴望成长为专家型教师，实现职业成长和专业发展。这就不仅需要自身的努力，同时需要良好的外部环境和条件的支持。

第五是尊重需求。"教师""学者""知识分子""教授"等称谓都是对教师的尊称，高校青年教师表现出了较强的敬业精神，希望通过自身的努力得到社会各方面的尊重。同时，也要求社会给予自身充分的认可和肯定。

高校青年教师专业发展还面临着不少的矛盾和问题，对高校青年教师专业发展的重要性认识还有待进一步的提高，对促进高校青年教师专业发展的政策还需要不断探索和深入。对高校青年教师专业发展特点的分析，为高校青年教师专业发展的影响因素分析奠定了基础。

第二节 高校青年教师专业发展影响因素的结构框架

一、生物生态系统理论研究框架的借鉴

人类发展生态系统理论的创始人是美国心理学家尤瑞 · 布朗芬布伦纳，其被公认为人类生态学、发展心理学和儿童抚养三大交叉学科的大师级研究者。他于《人类发展生态学》的出版，提出了著名的生态系统理论。该理论强调个体嵌套于一系列相互影响的环境系统之中，系统和个体相互适应、相互作用，系统影响个体的发展。这一理论为人类的发展研究提供了全新的视角和理论框架。

布朗芬布伦纳的生态系统理论强调个体发展所处环境的“生态化”，认为“生态化”是决定个体是否能够健康发展的重要因素。布朗芬布伦纳提出了生态系统理论，将个体放在五个环境系统中进行考察，这五个环境系统包括微系统、中系统、外系统、宏系统和时间系统。微系统指包括发展中的个体在内的、与个体产生最直接互动的环境，例如家庭系统和学校系统等；中系统指包含发展中个体在内的两个或多个环境之间的作用过程与联系，例如家庭和学校的关系、学校与工作单位的关系等，中系统可以看作是微系统的系统；外系统指发生在两个及以上环境之间的相互作用过程及其联系；宏系统指各低层次的生态系统（例如微系统、中系统和外系统）在整个社会文化或亚文化水平上可能存在或存在的内容以及形式上的一致性，并包含与此相联系的、成为其基础的信念系统和意识形态；时间系统指个体的生活环境、种种心理特征等随着时间的推移而产生的变化性和恒定性。

生态系统理论重点强调的是作为复杂系统的环境对人发展的重要影响，之后，越来越多的心理学家将关注的重点放在了自然环境下的个体发展情况，有些心理学家甚至过于强调了生态环境对于个体发展的作用而走向了极端。因此，布朗芬布伦纳又补充修正了生态系统理论，他将理论更名为生物生态系统理论，强调生物因素在个体发展中的重要作用，建立了生物生态学模型，引入了“最近过程”的概念，指出个体发展受生物特性和环境力量的双重交互作用。生物生态学模型指过程—人—环境—时间的 PPCT 模型，强调系统与个体的相互作用，系统影响着个体的发展，这也是布朗芬布伦纳理论的核心。

二、高校青年教师专业发展影响因素结构的构建

布朗芬布伦纳提出的生物生态学模型在人类发展等研究领域中，成为引用最广、传授频率最高的理论之一。布朗芬布伦纳以生态化理论为基础建立的关于人的发展研究的新框架为本研究对

于高校青年教师专业发展影响因素结构的构建提供了重要的借鉴。本书的研究对象是高校青年教师，研究主体是其专业发展的影响因素。可以说，高校青年教师的专业发展既受到主体自身情况的影响，又受到主体所处的学校和社会这一微观和宏观因素的影响，且这些影响又是通过高校青年教师的教学、科研、社会服务等学术活动这一中间系统来进行的。布朗芬布伦纳的生物生态学模型及其系统分析框架为高校青年教师专业发展的影响因素进行综合系统研究提供了十分契合的路径。

借鉴生物生态系统理论并综合现有的诸多研究成果，可见高校青年教师的专业发展会受到诸多因素的影响，且不同因素的影响程度是不一样的。本研究提出高校青年教师专业发展影响因素的结构主要包括社会环境、工作场所和个体层面三大类因素，高校青年教师的专业发展受这三大类因素相互作用的影响。促进高校青年教师专业发展的社会环境因素、工作场所环境因素和个体层面的因素通过高校青年教师教学、科研以及社会服务活动的开展，以及社会、学校对高校青年教师发展提供的政策导向、舆论引导和组织管理而共同作用、相互制约。

高校青年教师通过学术活动的开展和学校、社会环境产生互动，并在这种互动中实现个体的成长和发展。本研究将个体的主要特征和家庭因素纳入个体层面，具体包含的影响因素有青年教师的专业知识水平、职业生涯规划、职业认同、身体健康、工作和家庭的冲突等。

学校是青年教师的主要工作场所，是社会大系统中的教育组织者之一，创造并维持着一定的环境，形成了一定的学术氛围，通过具体的组织管理促进高校青年教师的专业发展。具体包含的影响因素有学校硬件条件、氛围、发展平台和空间、组织领导、教师发展组织、管理制度等。

社会环境层面因素处于高校青年教师专业发展影响因素结构的最外层，在很大程度上影响高校青年教师专业发展的潜能。社会环境的因素可以通过舆论媒介直接作用于高校青年教师本身，也可以通过制定政策影响学校层面的因素从而影响高校青年教师的发展。如，社会文化影响高校青年教师的人生观、世界观、价值观及对组织的心理契约，政策法规影响大学的管理制度等。具体包含的影响因素有法律法规、教育体制改革、尊师重教的文化等。

高校青年教师专业发展“三环”影响因素模型中，各层面是一个完整的圆，各层面之间又相互作用，共同促进青年教师的专业成长。社会环境、工作场所和个体这三个层面都分别包含多种因素，各个因素分别对促进高校青年教师专业发展的作用表现不同，同时，各个层面和各个因素也具有整体性。各影响因素可以独立作用于青年教师的专业发展，任何一个影响因素出现了问题，都会牵一发而动全身，影响青年教师的专业发展质量。

本研究提出的高校青年教师专业发展“三环”影响因素模型，与国内外关于教师专业发展模型的有关研究成果有一定的区别和联系。

（一）戴依模型

戴依在总结了众多关于教师专业发展的文献基础上，勾画出影响教师专业发展的因素框架，本研究将其简称为“戴依模型”。在戴依提出的发展模型中，列举了所有来自教师专业发展的理智取向实践—反思取向和生态取向所关注的因素，全面勾画了影响教师专业发展的诸因素。戴依所概括的影响教师专业发展的因素包括：个体特征因素，如个体教师的经历、职业阶段和个人的素质；学校的外部特征因素，如政府和媒体等；学校的内部特征因素，如价值观、学校文化、制度；学校领导和结构支持条件等。

青年教师专业发展影响因素模型框架同戴依模型的分析框架是一致的，均综合考虑个体特征因素、学校内部特征因素和学校外部特征因素三方面，区别是将学校外部特征因素直接命名为社会环境因素。戴依提出学校的内部特征因素——由环境、制度和领导方式等构成的学校文化，在教师素质提升中起着核心因子的作用。本研究将在研究中实证各层面影响因素对青年教师专业发展的作用程度。

（二）朱迪斯模型

朱迪斯 · 盖帕等在其著作《重新思考高校教师工作》中描述了美国发生的高等教育变革及其对学术职业产生的冲击，提出了在教师与院校两个层面上共同提升和促进教师学术生产力及教师专业发展的分析框架，本研究将其简称为“朱迪斯模型”。

朱迪斯提出的分析框架认为，高校教师发展的个体需求、组织帮助和制度环境具有相互作用。他着重研究了教师个体与组织间存在的张力对教师专业发展的影响，而未将社会层面因素的影响纳入研究框架。朱迪斯认为，在正规体制外任职的教师群体（非编制）愈加庞大的情况下，聘用平等，共同治理、专业发展、灵活性以及学术自由与自治等五个要素对于组织与个人的专业发展都具有非同寻常的意义。

朱迪斯模型强调在教师和院校两个层面的分析框架中，最为核心的是要重视教师被尊重的需要。他在研究中指出：教师和学校管理者应在互动和互惠的基础上构建平等互助的关系，共同来分享工作中的责任并承担工作中的义务。本书通过对大学教师专业发展模型的有关研究发现：影响高校青年教师专业发展的因素很多，现有研究主要从社会、学校、家庭、个人等层面对影响教师专业发展的因素进行探讨。有些学者强调的是内部因素，主要指教师个体和家庭方面的因素；有些学者强调的是外部环境因素，主要指社会和学校环境因素；还有学者强调的是内外因素的结合。

（三）岳娟娟军医大学教师专业发展的 PISSR 生态模型

岳娟娟在研究中采用扎根理论研究方法和探索性因素分析建模方法，构建了包含 28 个项目，实践、创新、支持、学习和责任 5 个公共因子的军医大学教师专业发展生态模型。

该模型以生态学、教育生态学理论为基础，结合教师专业发展生态系统内涵要求以及教师专业发展的本身特征，构建起了一个多主体、多层次、多因素的教师专业发展生态系统，在研究中呈现了教师专业发展的生态系统结构特点，宏观、中观和微观各层面的生态因子共同对教师专业发展的效果和进程产生影响。从生态环境的各方面影响因素看，宏观层面包括地区经济、科技水平差异以及国家政策法规；中观层面包括学校硬件设施、办学水平、政策导向、实际支持、组织结构以及文化氛围；微观层面包括人际关系、教学文化等。

本研究与该模型的相同之处在于都对影响教师专业发展的影响因素进行了个体层面、学校层面以及社会层面的综合分析。不同之处在于模型筛选的指标体系不同，指标筛选方式不同。该模型通过扎根理论获得 17 个范畴 78 个概念，从中筛选出 26 个影响因素，分别是：学校领导、办学定位、政策导向、条件支持、评价机制、个人需求、成就抱负、自主意识、职业道德、专业知识、思维能力、科研能力、教育知识、教学技能、教学实践、发展效果、科室文化、学科特点、教师领导、教师关系、师生关系、教管关系、发展目标、竞争环境、改革创新与持续学习。通过问卷修正增加了核心价值观、表达能力和临床能力 3 个因素。对 28 个影响因素，通过两次探索性因子分析方法，提取了实践、创新、支持、学习和责任 5 个公因子，完成了模型构建，并通过验证性因子分析对模型进行了验证。

影响青年教师专业发展影响因素的分析结构始终建立在社会环境、工作场所和个体三个维度上，对影响因素的指标筛选经过理论总结——专家评分——基于信息摘和最优尺度回归结果的影响因素测度指标筛选——建立影响因素模型——验证性因子分析方法验证影响因素模型的过程。

本书所构建的高校青年教师专业发展影响因素的结构框架，对社会、学校和个体层面的因素进行综合的分析，主要意义是：第一，强调高校青年教师专业发展的影响因素研究要树立起系统和综合的研究视角；第二，影响高校青年教师专业发展的影响因素，一定是多维的因素，并且各个维度之间相互独立又相互依存；第三，对高校青年教师专业发展影响因素的研究已经从单独关注外部环境、学校环境或者个体特征发展为系统全面地关注各个层面的影响因素。

在高校青年教师专业发展影响因素结构的研究框架下，进一步分析影响高校青年教师专业发展的具体因素，并识别这些因素对高校青年教师专业发展的影响程度，对于更好地推进高校青年教师的专业发展具有重要意义。本书将借鉴现有研究成果，结合社会环境层面、工作场所层面和个体层面的影响因素对高校青年教师专业发展的作用，结合大学的主要办学任务和发展实际，尤其是高校青年教师专业发展的实际，从社会环境、工作场所和个体层面对可能影响高校青年教师专业发展的影响因素进行综合分析，并对这些因素如何作用于青年教师的发展进行理论分析。

第三节 社会环境层面的影响因素分析

在很大程度上，社会环境影响了高校青年教师专业发展的潜能，社会通过适当的行动促使高校青年教师专业发展的潜能成为现实。对影响高校青年教师发展的社会环境进行分析可以借鉴组织行为学的外部环境分析法，即 PEST 分析法。社会环境通过政策法规、经济发展、社会文化的发展、信息化技术水平的提升等方面来影响高校青年教师的发展。社会环境的因素可以直接作用于高校青年教师主体本身，也可以通过学校层面的因素来影响高校青年教师的发展。社会环境层面的影响因素主要包括政策法规、经济社会发展、社会文化和信息化技术水平四个方面，具体包括法律法规、高等教育投入、社会发展、教育体制改革、尊师重教的文化、教师职业地位、现代教育技术等。

一、政策法规

不断建立和完善法律、法规体系建设，促进大学教师专业发展，是世界高校教育改革的重要方法和内容。政策法规对促进教师专业发展的理念、目标、结构以及途径给予指导。教师专业发展制度化也是教师专业发展的重要前提和根本保障。

对教师专业发展的制度化建设还体现在一些重要制度和重要会议中。例如，国际劳工组织、联合国教科文组织发布的《关于教员地位的建议》中指出，要将教育工作视为专门职业。国际经济合作与发展组织（OECD）举办的“教师政策”会议主题定位于教师培养的连续性以及教师的阶段性成长。美国卡内基教育和经济论坛的主要议题是“国家为培养 21 世纪的教师做准备”，并指出：教育质量决定了美国的成功与否，而提高高等教育质量的关键是要建立起一支与高等教育发展相适应的教师专业队伍。第 45 届国际教育大会的主要议题是要加强变化的世界中教师的作用，大会提出要赋予教师更多的自主权和责任，要提高教师的专业地位，要充分运用新技术于教师的专业实践中，要提高教师的专业性，要保证教师能够参与到教育变革中，保证教师与社会各界保持合作等。

国内关于教师发展方面的政策主要有：《中共中央关于教育体制改革的决定》中指出，教育体制改革要调动各方面的积极性，最重要的是要调动教师的积极性，各级政府和有关部门每年都要为教师切实解决一些问题，要在全社会范围内大力树立和发扬尊重各级各类教师的良好风尚，使教师工作成为最受人尊重的职业之一。国家将 9 月 10 日设定为教师节。教育部制定了《关于新时期加强高等学校教师队伍建设的意见》，提出为全面快速提高教师队伍的整体素质，学校要加强对教师的培训。教育部出台《关于加强高等学校本科教学工作、提高教育质量的若干意见》，明确指出教师的教学能力和品德要达到一定的水平。

此外，国家还出台了《教师资格条例》《教师培训条例》《“长江学者和创新团队发展计划”长江学者聘任办法》《“青年骨干教师培养计划”实施办法》《青年骨干教师培养计划》等一系列有关教师资格认证以及发展的促进政策和制度，通过这些政策和制度的落实，在教师发展方面起到了一定的促进作用。例如，在培训形式方面进行不断的创新和发展，具体培训项目包括：国内访问学者、高级研修班、骨干教师进修班、岗前培训、短期研讨班和讲习班等。为激励教师发展，还推出了教育部跨世纪人才培养计划、教育部新世纪优秀人才支持计划、长江学者奖励计划、新世纪百千万人才工程、高等学校“高层次创造性人才计划”、高等学校骨干教师资助计划、教育部“优秀青年教师资助”计划等。

二、经济社会发展

经济社会发展带来了社会管理体制改革，与之相适应的高等教育必然要进行教育体制改革。

改革主要体现在以下几个方面：一是办学体制的改革。要改变政府包揽办学的格局，建立起政府作为办学的主体、由社会各界来共同参与办学的局面。二是要改变政府与学校的关系。通过政府职能的转变，将其对学校的直接行政管理改变为政府通过立法、拨款、发展规划、服务、政策指导为主要手段，辅之以必要的行政手段，实现政府对高等教育的宏观管理。三是要改变资金筹措方式。要建立高校多元化的筹资体制，要完善筹资相关政策，将多元化的筹资制度建设成为高等教育发展的重要支持和保障。

高等教育资金投入也是高校教师专业发展的重要条件和根本保障。教育部在全国范围内开展的调查显示，有近 60% 的高校将“经费短缺”作为教师专业发展面临的首要困难；41.2% 的教师也认为学校在专业发展方面投入的“经费短缺”影响了其专业发展。总体上看，全国高校投入的专门用于教师专业发展项目的资金只占预算内教育经费拨款总额的 0.9% ~ 1.1%，相比而言，现代大中型企业在人员培训方面的经费投入一般占总营业额的 3% ~ 5%，远远高于高校投入到教师专业发展中的经费比例。可以说，教师专业发展专项经费的投入不足成了制约大学教师专业发展工作开展的“瓶颈”因素。

在国外，国家和高校都投入了较为充足的资金，从而推动教师的专业发展。例如，20 世纪 90 年代以后，美国各高校就加大了对教师发展项目的资金投入，大力促进高校教师专业发展。美国教育部国家教育统计中心对近 60 万全日制高校教师开展了专项调查，调查结果表明，对大学投入教师发展工作的资金有较高的支持度。

经济社会发展水平影响国家对于教师专业发展政策法规的制定，两者之间的互动作用也导致高校必然进行管理体制的调整和变革，由此也决定了大学功能和定位的选择，影响到大学内部各参与主体对发展角色的认知和对工作责任的履行。

三、社会文化

社会文化的发展和高等教育的发展相互联系，社会文化不断对高等教育的发展进行渗透，高等教育的发展也体现着社会文化的发展进程。社会文化对高等教育价值观产生影响，会对高等教育的目的及教育内容产生影响。同时，高等教育也对社会文化具有传承和发展的作用，正如萨德勒所说：“孤立的研究教育是不可行的，要高度重视教育的文化背景……文化对教育的影响是持久又深刻的。”

在不同的国家，文化都对高等教育的发展产生重要的影响。英国的“绅士文化”以贵族精神为基础，强调绅士是教养良好、责任担当、追求自由的积极形象。德国人受启蒙思想的影响，理性、科学、严谨，德国的“理性文化”孕育了以修养、科学、自由和寂寞四方面构成的德国古典大学观，造就了盛极一时的德国教育。美国的“多元文化”强调的是开拓和竞争、民主和自由、理性和实用等。

中国文化被国内外众多学者称之为“德性文化”，德性文化是中华民族在几千年的历史中形成的道德价值体系。当今，社会文化发展的主要特征是多元文化。在多元文化的发展下，不同种族、不同地域、不同历史、不同人文环境以及社会习俗带来了人们的价值观、思维模式和行为方式的巨大差异。在经济和社会不断发展和进步、文化不断交融的过程中，这些不同的价值观念、思维方式和行为模式求同存异。当今社会，全球化进程在不断加快，人与人之间在思想上文化上的交往更加频繁，碰撞也更加激烈。

社会文化对高校青年教师专业发展的影响并不是直接和显性的，但其影响的作用却是持久及稳定的。多元文化的核心是倡导多样化的差异性的文化，多元文化强调文化之间的平等及其相互之间的影响。在多元文化环境下，大学教师应主动对文化作出反应和选择，而不只是对主流文化进行被动地接受和传递。因此，大学教师的主体性、文化意识对其专业发展的意义重大。要培养教师的批判反思能力，提高其文化意识，推动其参与政策制定，将教师从文化传递中的“消极主体”转变为“积极主体”，彰显教师文化的主体性，成就教师专业发展的权能。

四、信息化技术水平

人类已经进入了信息时代，信息技术改变着人们的学习、工作以及生活的方方面面。随着信息时代的到来，信息量激增，知识更新周期不断缩短。教育的信息化是社会信息化的一部分，教师就是教育信息化发展的关键环节。教育领域融入信息技术后，学习方式、教学方式、信息资源、教学环境甚至师生的思维方式都发生了重大的改变。教师尤其要适应信息化时代的要求，主动实现自身角色的转型，提升自身的信息素养，发展信息化的教学能力。

信息化的教学能力，是教师在教学中运用信息技术、符号化教学内容的过程。在高度信息化的社会中，这更加彰显了教师专业发展的时代属性。教师应该主动适应信息化社会的发展，将信息化教学能力的发展视为时代赋予自身的重要责任与重大使命。这也是信息技术渗透到高等教育发展中的必然需要。

在信息化社会中，教师的信息化教学能力包含以下四方面的内容：信息化教学知识、信息化教学情意、信息化教学智慧以及信息化教学能力。教师在学习学科专业知识、懂得一般的教学方法和学科教学方法的同时，要掌握教学技术的知识与信息化教学的能力。同时，要主动适应时代的需求，发展信息化的学科知识、信息化的教学法知识以及信息化的学科教学法知识等。

第四节 工作场所层面的影响因素分析

学校是社会大系统中的教育组织之一，创造并维持着一定的环境，形成了一定的学术氛围。教师处于学校组织机构中，教师专业发展受社会环境影响，但是更为直接的是受到学校环境的影响，学校始终是教师专业发展的坚实后盾。教师专业发展必须要处理好个人和组织的关系，高校组织的资源环境、组织领导、管理制度、教学和科研等学术活动的开展、学校设立的教师发展组织情况等直接影响高校青年教师的专业发展。本书借鉴现有研究成果，提出工作场所层面的影响因素主要包括资源条件、文化氛围、组织建设和制度体系四个方面，具体包括学校的硬件条件、整体氛围、组织领导、参与决策、设立教师发展组织、评聘制度、晋升制度、薪酬制度、职业保障制度、培训制度等。

一、资源条件

大学的硬件条件包括大学的图书馆、实验室和教学设备、校园网设施等。近年来，随着经济社会的发展和高等教育的发展，大学的硬件设施不断优化。大学的物质资源是高校青年教师从事高深学问的教、学活动基础，也是开展科学研究工作、提供社会服务的重要条件。大学图书馆的藏书量不断增加，电子文献数量、质量不断提高，为教师进行学术研究提供了必备的文献资料。实验室和教学设备不断更新，为教师开展教学和科研活动提供了先进的多媒体设备。校园网不断发展，为师生提供了信息服务平台，网络办公、网络教学、网络教学资源等一系列网络技术水平不断提高。大学的物质资源满足了教学科研和办公手段现代化的需要，更重要的是满足了师生汲取知识的需要。

二、文化氛围

高校青年教师在学校的环境中工作，其教育理念、工作方式等不可避免地受到学校环境的影响。只有学校的价值观等核心环境因素为高校青年教师们所理解、接受、认同并内化为内在价值时，才能促进高校青年教师的专业发展。大学文化正是大学发展的内在核心力量，为高校青年教师的发展提供氛围和环境。大学文化的本质是经过历史积淀形成的被广大师生员工所共同认可的价值观和行为模式。加强大学文化建设、培育大学特色文化，对推动大学发展、促进高校青年教师的专业发展具有重要意义。

关于大学文化，人们的认识和观点很不一致。广义的大学文化包括物质文化、制度文化和精神文化。大学的物质文化是大学文化的基础和保障，包括校园建筑、人文景观、传播媒介等。师生通过校园物质文化的载体，了解学校文化的本质内涵，得到精神满足和愉悦。大学的制度文化是大学在办学历程中形成的规章制度、行为规范等。大学的制度文化在大学文化各层次间起到中介作用，是大学文化建设的根本。大学的精神文化是大学的办学理念和价值追求，是大学文化的最高层次。

大学教师作为我国高等教育工作的主要执行者，其价值的实现不仅表现在教书育人层面，还表现在参与大学的决策和管理层面。参与大学决策是大学教师的一种权利和责任，是现代大学制度建设的必然要求。大学教师将参与学校决策内化为自我主动积极的行为，是个人价值、社会价值和集体价值的体现。

三、组织建设

促进教师专业发展，要通过一些组织创新和组织建设来实现，例如可以设立促进教师发展的教学促进中心或教师发展中心等教师专业发展共同体。教师专业发展共同体的建设，其目的在于提供一个组织和平台，帮助教师完善教学实践，促进教师应对学校以及社会不断变化的环境。教师参与到发展共同体的团队中，应是出于专业发展的自觉性和专业发展的强烈意愿。教师发展共同体的重要意义就在于教师之间互相学习和帮助的促进作用，使得教师的专业发展能够得到管理者、专家以及同行的帮助。

四、制度体系

制度体系对于促进高校青年教师专业发展具有十分重要的作用。制度体系是调整人与其生存发展环境之间的关系、规范人的行为，具有准则性质的规则体系。大学制度上的创新，能够带来整个大学的繁荣，陈旧和僵化的制度则会阻碍大学的发展。世界一流大学无不重视制度创新，现代大学制度体系应是遵循大学发展规律的制度。高校青年教师促进制度体系主要包括岗位评聘制度、教师评价制度、晋升制度、薪酬制度、职业保障制度、培训制度等。

（一）岗位评聘制度

高校中，教师岗位是专业技术岗位的主体构成。教师岗位要求教师具有教学、科研工作所要求的能力和水平。学校对教师实行分类管理，可根据教师在教学、科研方面的胜任特征，在教师岗位中设置教学为主型岗位、科研为主型岗位或者教学科研型岗位。高校岗位设置和聘用要遵循“按需设岗、公开招聘、平等竞争、择优聘用、合同管理”的原则，达到优化用人机制、激励教师积极性和创造性的目的。在岗位聘任中，要突出青年教师的教学、科研能力，为青年教师提供公平竞争的平台。

（二）教师评价制度

随着高校师资的发展，高校越来越重视发展性评价考核制度的实施。发展性评价考核制度更重视考核过程，并将考核结果及时反馈给教师。发展性评价考核制度的实施，能够充分发挥评价的诊断、导向、激励、鉴定、引导等功能，更有利于促进高校青年教师的专业发展。发展性教师评价具有以下特点：一是注重教师的未来发展；二是强调教师评价的真实性和准确性；三是注重教师的个人价值、伦理价值和专业价值；四是实施同事之间的教师评价；五是由评价者和教师配对，促进教师的未来发展；六是发挥全体教师的积极性；七是提高全体教师的参与意识和积极性；八是扩大交流渠道；九是制定评价者和教师认可的评价计划，由评价双方共同承担实现发展目标的职责。发展性教师评价不以对教师进行等级划分为目的，关注的重点在于教师职业的发展。发展性教师评价要找出教育活动和教育过程中存在的问题、原因和改进的方法。

（三）晋升制度

职称晋升在很大程度上能够为教师自主专业发展提供动力，能够激发教师工作的积极性、主动性和创造性。据调查数据显示，在青年教师的离职原因中，职称晋升障碍占很大比重。在大部分高校中，教师职称晋升的主要标准是教师科研成果的数量，晋升标准重科研、轻教学。

（四）薪酬制度

制定高校青年教师的薪酬制度，应该既体现高校内部公平，又体现社会公平。根据亚当斯的公平理论,员工受激励程度的大小来源于其自己和参照对象之间报酬与投入比例的一个主观比较。因此，高校只有建立起一个兼顾内部、外部、个人的薪酬管理制度，才能调动青年教师工作的积极性，才有利于青年教师队伍的稳定发展。

（五）职业保障制度

教师的职业保障制度随着国家保障制度的发展而发展，经历了由“国家保障”到“社会保障”的转变。教师的职业保障制度包括养老保险、失业保险、工伤保险、失业保险、生育保险、住房公积金等。应不断提高教师职业保障的社会化程度，推进教师职业保障的改革，由此促使教师群体的权益得到制度化的保障，为教师的发展解决后顾之忧。

（六）培训制度

高校青年教师培训的主要方式有开展岗前培训、激励青年教师在职攻读学位、实施青年教师导师计划等。高校建立科学的青年教师培训制度，包括培训需求评估、培训计划制定、培训计划执行、培训效果评估等过程。高校青年教师培训制度的实施，能够提升青年教师对于教育工作的适应性，提升青年教师的教育教学能力和科研能力，是促进高校青年教师专业发展的一项重要的制度保障。

第五节　个体层面的影响因素分析

高校青年教师既是社会人，又具有个体的特征，其个体特征将作用于其专业发展并产生不同的影响效果。高校青年教师也正是在和学校、社会环境的互动中实现成长和发展的。影响高校青年教师专业发展的个体特征突出了每一位青年教师专业发展的主动性、建构性和多样性。高校青年教师在具体的工作情境中会产生不同的观念，行为会呈现出很多差异，会对管理、制度、环境、待遇等做出个性化理解，进而在工作中呈现专业发展的多样化特点。高校青年教师处于从入职到成熟的职业发展阶段，其教育理念、职业素养、职业能力的形成，是在实践中不断积累经验，并通过分析、反思等复杂过程建构起来的，在高校青年教师所处的整个职业生涯中，还将经历重新思考、感受、分析、反思、升华的建构过程。其专业发展不仅受职业生涯规划、专业知识、职业素养、教育理念等影响，还受到性别、年龄、职称、个人身体状况以及家庭因素等影响。了解和重视高校青年教师专业发展的个体因素和特征，有利于高校青年教师个体重视主观感受和体验，有利于社会和大学分类和多样化地进行高校青年教师专业发展的环境构建和培养。本研究提出个体层面的影响因素主要包括职业发展、职业素养、家庭因素、个体特征四个方面，具体包括职业生涯规划、职业认同、教育理念、专业知识水平、人文、社会和自然知识、学术道德、身体健康、精力充沛、家庭因素、工作时间、个体特征等。

一、职业发展

（一）职业生涯规划

教师职业生涯发展规划不仅是教育改革和教师队伍建设的客观要求，也是教师发展的内在需求，更是教师体现自己生命意义、实现生命价值和主动持续发展的现实选择。职业生涯发展规划的实施，对教师和学校都具有积极意义。对于教师来说，制定并实施职业生涯发展规划，能够促进教师的行动与反思，能够满足教师不断发展的需求，增强教师发展的计划性、有效性。对于学校来说，职业生涯发展规划能够增加学校对教师的凝聚力，更有利于学校利用内部人力资源，降低师资队伍的流动性，改进教师教学实效，从而更加有效地发掘和培养学校师资队伍中的可用之才。

（二）职业认同

教师职业认同是教师通过与环境互动来建构关于个体和职业意义的结果，反映的是教师个体对教师职业的心理认可程度。它既是个体从自身经历中逐渐发展、确认教师角色的过程，同时也是教师个体对所从事职业的认同程度。教师对职业的认同程度高，表现为其认为职业重要程度高、职业吸引力强、与其他职业融合程度高。教师对所从事职业的肯定性评价高，有利于其获得更高程度的组织认同，实现与组织的共同发展。同时，教师对职业高度认同，能够有效地阻碍教师的离职倾向。教师职业认同对教师专业发展具有积极的正向促进作用。

二、职业素养

（一）教育理念

高校青年教师普遍具有较为先进的教育理念，能够积极转变自己的知识观和学习观，实现由分学科教学到跨学科教学；从知识的权威者转变为知识的组织者；从知识的传授者转变为学生学习的促进者；从引导学生重视知识的掌握到引导学生重视理论和知识的探索；从重视间接经验转变为重视直接经验。高校青年教师需不断更新教育观念，坚持科研、教学相结合，努力为学生营造良好的学习氛围，为学生的发展提供广阔的空间和平台，并要尊重学生，激发学生学习的主动性和创造性。同时要加深对教育目的、教学任务、教育方法等教育内容的认识，实现青年教师个体的教学相长。

（二）知识水平（专业知识水平和人文、社会和自然知识）

职业型专家教师应该具备复合型的知识结构：一是较高层次的自我知识，即具有自我意识，能够自知，善于自我评价和自我完善；二是基本的普通知识，即具有科学人文知识；三是精通自己领域的专业知识；四是掌握教育科学知识。高校青年教师要始终站在科学发展的前沿，及时了解本研究领域的最新科技成果，不断更新自己的知识结构，从而不断改进教学、提高教学质量。

（三）职业道德

大学教师的职业道德是其在教育教学活动中所应遵守的教师职业伦理规范，体现着教师对教育事业、同行、学生和家长等所应遵循的道德标准。大学教师的师德是教师通过教育教学实践活动的经历所内化而形成的品质。大学教师要热爱教师职业，将教师职业看成是理想的职业，在教学、科研和社会服务工作中恪尽职守、主动思考、积极进取。要自觉坚守精神家园和人格底线，带头弘扬社会主义道德观，潜移默化地影响大学生的世界观、人生观和价值观，促进大学生形成诚信的学术人格和科学的思维方式。要坚守学术道德，坚持科学求真和开拓创新的精神。教师师德与教师的知识、行为、人格融为一体，影响教师的信念和行为。良好的职业道德是高校青年教师追求卓越的精神支柱。

三、家庭因素

（一）工作、家庭

家庭因素对高校青年教师的发展既有积极的影响也有消极的影响。家庭因素影响到高校青年教师的职业选择、职业就业流动、工作投入等。积极的家庭因素可以为高校青年教师的发展提供安全和支持，消极的家庭因素则可能导致高校青年教师无法以工作为重心，或者无法对工作设立更高的标准和要求。

（二）工作时间

高校青年教师的工作主要包括教学、科研和社会服务，绝大部分青年教师在工作中承担了较多的教学任务，同时由于学术水平较高，也在科研工作中承担了大量的任务。青年教师投入教学、科研工作的时间长，产生的工作成绩好，对其专业发展具有促进作用。

四、个体特征

个人自身状况还包括职业发展阶段、兴趣爱好、身体健康状况、精力状况等。处于不同的职业发展阶段，个体在年龄、心理特征、健康状况、情感需求等方面都不尽相同，这都会对工作的目标、表现和职业生涯规划产生重要影响。

第三章 社会主义核心价值观下高校青年教师的思政工作

如今，随着社会的发展和网络浪潮的冲击，人们的思想也越来越多元化，这加大了思想政治工作的难度。为了更好的对高校年轻教师开展思政工作，可充分利用社会主义核心价值观，加强对思政工作的改进和优化，促使高校年轻教师的素质得以提升。针对社会主义核心价值观与高校青年教师的思政工作进行了分析，具体如下：

在高校青年教师的思政工作中，可融入社会主义社会价值观。通过开展各种思政活动，积极的探索社会主义核心价值观，并且对教师的思政工作进行引领。不但能提高青年教师的思想素质，专业水平，而且也能为培养社会接班人提供更加强大的政治保证。

第一节 关于社会主义核心价值观

一、什么是社会主义核心价值观社会主义核心价值观

社会主义核心价值观社会主义核心价值观是一种精神理念，其包括了富强、民主、文明、和谐、自由、平等……核心价值观属于一种德，其不但是个人的德，同时也是社会的德，国家的德。人的行为会受到思想的指引，有怎样的思想，就会有怎样的行为。通过伟大的思想指导，能发掘人们的主观能动性，更好的实现个人理想、社会理想。因此，社会主义核心价值观也属于一种强大的理想和信念，坚定的精神力量。通过宣传社会主义核心价值观，能提高人们的素质，维护社会的和谐发展。同时，我国是社会主义国家，坚持社会主义核心价值观，走社会主义路线，对于凝聚人们的思想，提高我国的竞争力，有着重要的作用和意义。

二、为什么要用社会主义核心价值观来引领教师的思政工作

教师的职业是传授知识，同时也是育人，所以教师属于人之模范。高校青年教师所面对的是当代大学生，将来社会的建设者。教师不但要用自身的知识来启迪学生，同时也要通过道德品质、人格魅力来感染学生，指引学生，促使学生得到健康成长。

教育的目的在于“立德树人”，社会和国家对于教师寄予了一定的厚望，因此教师的责任非

常重大。在这样的情况下，教师必须对自身的素质和能力进行提升，践行和实施社会主义核心价值观，促使师风师德得到建设。因为有什么样的价值观，就有什么样的行为。社会在大力发展，教师肩上的担子也越来越重，所以要用社会主义核心价值观来引领高校青年教师的思政工作，从而发挥出社会主义核心价值观的作用与意义。

第二节 高校青年教师思政工作存在的问题

一、思想不坚定

在网络时代，因为受到社会思潮的不良影响，拜金主义、利己主义等各种错误的价值观对青年教师产生了冲击。一些教师政治热情不高，政治站位不够；一些高校教师使命感和社会责任感不强。这容易对学生造成不良影响，产生坏的示范作用。

二、基层党支部设置不科学一些高校没有合理设置基层党支部

其只注重教师在知识和技能方面的学习，不注重政治理论的形成。因此教师的政治敏感度很低，而且也给思想政治工作带来了一些问题。基层党支部所开展的教师思想政治工作不合理，除了缺乏针对性，而且也非常虚化，起不到一定的作用。一部分青年教师，甚至对思政工作十分反感。

三、价值观不正确如今，很多高校青年教师的价值观都不正确，甚至趋于功利化

高校青年教师大部分是刚从学校毕业，便又踏入了另一个校门，物质生活和精神生活都十分匮乏。在一定的压力之下，一些教师难以根据自身的需要进行正确选择，所以用市场原则来对待教学工作，思想逐渐趋于功利化，缺乏对学生的责任意识。

四、职业规划不合理社会经济的发展速度越来越快

在市场大潮的冲击下，一些教师开始对自身的工作感到不满，而且也十分迷茫。这些青年教师对自身的职业规划也不合理，甚至没有开展职业规划工作。而且学校也没有对其进行正确的指导，所以教师弃教书育人的职责于不顾，甚至没有对学生负责，抱着完成任务的态度来对待教育工作。

第三节 社会主义核心价值观在教师思政工作中的作用

第一，能加强对教师的教育从目前来看，很多高校都缺乏对教师的培训和再教育。而在这个过程中，社会主义核心价值观能起到良好的作用，通过在思想政治工作中贯穿我国特色社会主义理论，要求教师自觉的维持正确的政治方向，能坚定青年教师的政治认同感，促使青年教师树立正确的价值观、人生观，最终能起到教育青年教师的作用。

第二，能培养教师的责任心教师们通过认真的学习社会主义核心价值观，并且进行落实和贯彻，能全面提高自己的职业道德素养，培养责任心。因为在学习社会主义核心价值观的同时，教师能全面的了解社会发展规律，意识到自身所担负的社会责任。从而更加负责对对待学生，为社会培养和输送更多有用的人才。

第三，能坚定教师的信念在对教师进行思政教育时，通过融入社会主义核心价值观，能坚定教师的理想信念。而且也能促使教师将社会主义核心价值观落实在行动上，体现在工作中，帮助教师形成教书育人的正确理念，使教师了解自身的工作方向、发展目标，从而为高校人才的培养奠定坚实的基础。

第四，能发挥教师的榜样作用。教师的职业不仅仅只是传道授业解惑，其对学生的影响力也非常大。只有促使教师学习和了解了社会主义核心价值观，才能发挥出教师的榜样作用。教师通过各种不同的方式，将社会主义核心价值观落到实处，而且传播给学生正确的思想和理念。以自身对学生的影响力，形成潜移默化的示范作用。并且引领正确的教育方向，使社会主义核心价值观得以推行，成为学生的共识。

第四节 在社会主义核心价值观指引下加强高校青年教师思政工作的对策

一、加强党建工作，和高校青年教师紧密结合

为了实现中国梦，落实社会主义核心价值观，必须走正确的路线，坚持正确的政治方向。同时，这也是高校青年教师需要学习的重点。因此，学校需要帮助青年教师实施和践行社会主义核心价值观，并且加强党建工作。第一，为了发挥出学校基层党组织的重要作用，要建立专门开展青年教师思政教育的部门。同时也要促使学校的宣传部门、人事部门、教务部门互相配合、协调，校内党委则进行负责。第二，要发挥出党员教师、先进教师、模范教师的作用，促使这些教师更好的带动其他教师，在校内产生良好的作用。第三，要积极的培养党员教师。提高自身的凝聚、感召力，热烈欢迎青年教师加入到党组织队伍中来。而且也要加强对入党教师的培训和教育。高校只有加强了党建工作，促使青年教师互相沟通、交流，才能发挥出思政教育的作用。

二、加强教师职业方面的教育和培训

在社会主义核心价值观中，包括了“爱国、敬业、诚信、友善”的理念，其展现出了正确的价值观与职业理念。同时，这也属于高校青年教师思想政治工作的重点。教师是学生的模范、带领者，其一言一行都会对学生产生影响。所以高校需要加强对教师职业方面的教育，在其中融入社会主义核心价值观，塑造良好的师德师风。教师在接受思想政治教育的同时，对社会主义核心价值观也进行了学习，从而明白人生的价值在于奉献，促使教师形成正确的职业观念、道德情操。

因为社会主义核心价值观中包含了我国传统美德，所以能约束教师的各种行为。使得教师将自己的人生理想和社会建设结合在一起，全面弘扬真实、务实的作风，对学生起到带动作用。此外，学校还要督促教师学习社会主义荣辱观，要求教师将“爱国、敬业、诚信、友善”展现在平时的生活和工作中，表现在行为举止方面，并且大力弘扬社会主义核心价值观。

三、开展关于青年教师的思政活动

在开展青年教师的思政工作时，除了要进行理论教育，同时也采取教师们喜闻乐见的方式。比如可以组织教师前往历史博物馆、文化古迹、革命纪念地等，使得教师们亲身感受到我国的发展变化，从而更好的开展特色社会主义教育。

此外，也可以组织教师开展社会实践活动。或者选派代表教师外出学习和锻炼，参与各种不同的活动。通过这些活动，能让青年教师深入了解我国的情况，正确的认识到自身的社会职责，从而更好的进行人生规划、职业规划。而且还可派广大青年教师前往校外进行锻炼，促使他们对社会主义核心价值观有深入的理解。学校需要不断跟踪、指导，为教师的活动提供一定的帮助，每年至少保证教师能参加一次社会活动。如果有需要，也可安排教师们脱产进修，培训学习，从而提高教师的业务水平，促使教师能更好的为教学事业服务。

四、对思想政治工作的内容和手段进行创新

第一，学校要根据高校教师的实际情况和需求，来确定思想政治教育的内容。为了贯彻社会主义核心价值观，可以加入一些形势和政策的教育，以及中国梦宣传教育内容等。因为社会在大力发展，而过去的思政方式已不再适用，所以在思政教育手段方面，必须要进行改进和创新。可建立“以人为本”的理念，摒弃过去的单向灌输模式。而且学校也可构建青年教师学习团队，促使教师们互相学习、互相帮助。不仅如此，除了过去所采用的座谈会、听报告、定期政治学习等模式，更要拓展网络媒体和阵地。网络信息的传播速度非常快，沟通起来也非常方便，所以需要充分利用 QQ、微信、论坛等工具，对青年教师开展各种思想教育。并且利用网络工具大力宣传社会主义核心价值观，促使教师更加能够接受，变被动学习为主动学习。最后，针对不同背景、不同经历的青年教师，也要采取有针对性的教育方式，促使思政教育方式更加生动、鲜活。只有促使思政工作和社会主义核心价值观相结合，才能起到良好的作用。

五、将思想政治工作纳入到教师考评中

高校在选拔和聘用青年教师的时候，要将思想政治工作的效果纳入到其中。避免教师只注重教学和科研。在进行考评的过程中，也要增加青年教师的师德师风指标，而且将教师参加实践活动、培训活动的结果纳入考核体系中。同时确定评价的内容和标准，使得考核结果与教师的薪酬奖励、晋升、工作调动等挂钩，最终提高青年教师思想政治考核的科学性。此外，还要考核教师对社会主义核心价值观的学习程度、落实程度，以公平公正的评价制度作为保障，全面提高教师的积极性和工作热情。

一个社会的核心价值观，属于该社会所具备的独特的文化理念、精神实质。通过在高校青年教师中推行社会主义核心价值观，能培养教师的政治认同感，提高教师的综合素养，对高校教育工作产生良好的影响，也能为实现“中国梦”奠定坚实的基础。

第四章 高校青年教师社会主义核心价值观的目标

第一节 富强

我国社会主义建设目标的 8 个字“富强、民主、文明、和谐”，“富强”排在首位，说明富强在国家建设中是基础，有了“富强”的基础，才能实现“民主、文明、和谐”的建设目标。

一、正确理解富强价值目标，坚持经济建设

（一）理解富强的概念

富强即国富民强，富强是社会主义现代化国家经济建设的应然状态，是中华民族梦寐以求的美好夙愿，也是国家繁荣昌盛、人民幸福安康的物质基础。

（二）了解富强的由来

正如马克思、恩格斯在《共产党宣言》中所描述的：“资产阶级在它的不到一百年的阶级统治中所创造的生产力，比过去一切世代创造的全部生产力还要多，还要大。自然力的征服，机器的采用，化学在工业和农业中的应用，轮船的行驶，铁路的通行，电报的使用，整个大陆的开垦，河川的通航，仿佛用法术从地下呼唤出来的大量人口，——过去哪一个世纪料想到在社会劳动里蕴藏有这样的生产力呢？”

（三）树立正确的富强观

马克思说物质决定意识，经济是基础。没有富足的经济基础，就没有强大的国防；没有经济力量做支撑，就难以开展科研文化工作；没有强大的金融后盾，就无法形成世界影响力。所以，社会主义核心价值观，首推“国富民强”。唯有“国富民强”才能体现社会主义的优越性，才能体现社会主义道路选择的正确性。

（四）防止“一切向钱看”

21 世纪以来，人们对金钱的认识经历了一个摆脱极教条、僵化的思维模式的变化过程。在“以阶级斗争为纲”的年代，人们谈钱色变。“宁要社会主义的草，不要资本主义的苗”，就是这种思想意识的典型表述。改革开放，彻底打碎了人们的思想枷锁，一句“贫穷不是社会主义”，一

句“让一部分人先富起来”，一个“建设四个现代化”的目标，一项“以经济建设为中心”的决策，在慢慢开启着唯物主义者实事求是的金钱观、财富观。于是乎，金钱开始“升帐”了。

我们可以说：没有钱是不行的，但一切以金钱为导向肯定是万万不行的。古今同理，中外皆然。金钱可救人于水火，但也能将人置于水火之中。事实上，纵观古今中外，有见识、有胸襟、有眼光的各界人士，都不是“一切向钱看”的势利之徒；相反，他们靠奉公守法积累财富，他们奉献爱心反哺社会。社会主义是要物资富足，让人衣食住行都有物质支持，让人精神享受都有物质保障。但是我们的“国富民强”不能陷入“一切向钱看”的泥淖，不能走入“金钱万能”的怪圈。我们的国家富有，不仅体现在金钱上，更体现在国家的综合力量上，体现在国民的综合素质上。我们要越过逐利的短视，放眼国家和人民的长期利益，实现全面建成小康社会和社会主义现代化的宏伟目标。

二、教师应具有建设意识，促进国富民强

（一）教师应具有建设意识

教师，常被形容为人类灵魂的雕刻师，人类发展的启蒙者。作为这样一个团队，如何认清自己在社会中的地位，认清自己对国家建设承担的责任，是每个教师应当厘清的大事。

社会主义富强的程度取决于社会每个成员的能力，而社会成员的能力又离不开社会教育。因此，教育是促进社会物质文明和精神文明发展的重要因素。在教育过程中，教师是主导者，其功能的发挥直接决定着教育活动的成败。从某种角度而言，教育兴则国家盛，教育恶则国家衰。所以，教师应具有特殊群体意识，铁肩担道义，妙笔著文章，担当起物质文明与精神文明的建设任务。

（二）教师应促进国富民强

1. 培养物质文明建设者

从物质文明的建设和发展来看，现代生产需要源源不断的新鲜血液，需要懂知识、会技术的新型劳动者。而这些劳动者并非天生存在，都是由教师通过自己的学识、才干、思想道德品行影响和教育出来的，是教师劳动的结果。可见，教师是以“生产合格劳动者”的身份加入社会物质生产者行列中来的，教师的劳动是进行物质生产劳动、创造物质财富的前提和基础。正是从这一意义上讲，教师是物质文明建设的有力推动者。所有的教师要深刻地意识到这一点，勤奋工作，为国家的富强和民智的提升鞠躬尽瘁。

2. 培养精神文明建设者

国富民强，不仅仅囿于物质领域，精神世界的强大也是国富民强的题中之义。从精神文明的建设和发展来看，教师在培养各种高级专门人才、促进精神财富的生产方面也发挥着重要作用。所谓精神财富，是人们改造主观世界的成果。它主要表现为教育、科学、文化知识的发达和人们思想、政治、道德水平的提高。不仅社会物质财富的生产需要大批的专门人才，精神财富的创造也必须有一大批直接从事科学文化建设、思想建设的专门人才，这些专门人才的成长不是自然而

然的，而是由教师培养和训练的。他们也是在小学、中学直至大学接受着教师的系统教育和培养，具备了从事本职工作的能力及文化水平、道德水平，这样才能在精神财富的生产中发挥应有的作用，为改变人们的精神面貌，推动社会精神生活健康发展贡献力量。

3. 培养自身成为建设者

教师本身也是劳动者，参与国家建设。正如葛华钦那样，在教书的同时，一顶草帽、一副手套、一双胶鞋，带着全校27名教师从荒山中开垦出了186亩土地。教师除了直接参加社会的物质生产，还能运用自己的知识与才能著书立说，向学生传播先进的科学文化知识和思想观念，教师也能发明创造，也能提高生产效能。教师这样一个群体正是通过这些社会活动，为每一次的社会变革提供着思想和理论的引导，实践的支持，成为促进社会变革与进步的一股强大的有生力量。

第二节 民主

社会主义核心价值观确定的建设目标，将“民主”排在“富强”之后，强调国家要富强，没有民主不行。

一、准确掌握民主价值目标，强化民主理念

（一）理解民主的概念

民主，无论是在我国社会主义国家，还是在国际社会领域，都是一个极其重大而又敏感的问题。就民主最初的含义产生的语境来看，其实是解决统治权力的归属和行使的问题的。按照字典上的定义，民主是“人民支配的政体，最高权力属于人民，由人民直接行使，或由经自由选举制度产生的人代理人民行使”。用亚伯拉罕·林肯的话来说，民主是“民有、民治、民享”的政权。

（二）了解民主的由来

民主的影子在西方最早见于《荷马史诗》。《荷马史诗》所描述的社会情景、民主政治在凡人和神中得到广泛的表现，但并没有明确使用“民主”一词。在西方，明确使用“民主”或“民主政治”一词的，是公元前5世纪的希罗多德。希罗多德因崇尚《荷马史诗》所描述的民主政治，遂潜心研究，于公元前492年写出传世巨著《历史》，明确使用“民主”一词。

资产阶级在推翻封建专制制度的革命中创立了资本主义民主，资本主义民主是指资本主义社会中资产阶级掌握国家权力的一种国家制度。资产阶级取得政权后，确立了议会制、普选制、两党制（或多党制），公民享有各项自由权利等制度，这些都是资本主义民主的主要表现形式。

社会主义核心价值观中的“民主”是人类社会的美好诉求。我们追求的民主是人民民主，其实质和核心是人民当家作主。它是社会主义的生命，也是创造人民美好幸福生活的政治保障。

（三）树立正确的民主观

1. 政治制度层面的民主——民主政治

作为政治制度层面上的民主带有鲜明的阶级性、政治性、意识形态性。社会主义民主政治实行人民民主专政，对人民实行最广泛的民主，对少数敌对分子实行最严厉的专政。中国特色社会主义民主政治的本质和核心是人民当家作主。我国宪法明确规定：“中华人民共和国的一切权力属于人民。”

2. 操作层面的民主——民主形式

民主的形式，就是通常所说的民主政治的具体组织形式、运行体制、机构、机制和具体运作程序、原则、规则。我国政治发展的基本特征是以民主的基本价值为取向，以民主的制度建构和程序设计为路径，以实现人民民主为最终的归宿。我国宪法强调：“人民行使国家权力的机关是全国人民代表大会和地方各级人民代表大会。人民依照法律规定，通过各种途径和形式，管理国家事务，管理经济和文化事业，管理社会事务。”

3. 理论层面的民主——民主思想

作为理论层面的民主，是指民主价值观、民主思想。如对民主的价值追求、价值判断等观念，关于民主的理论、观点、认识等思想。民主价值观、民主思想强调的是在权利面前人人平等，作为掌权的政府官员没有凌驾于群众之上的特权。

（四）避免“泛民主”化

有人在理解民主的时候，往往自主扩大民主的范畴，认为民主是自由意志的完全表达，从而走向泛民主化。泛民主主义的特点就是事事扣上民主之架势，事事讲求“少数服从多数”的纯量化的民主形式。而纯粹的少数服从多数往往成了多数人的暴力一片面地强调民主，以维护多数人的利益的为幌子侵犯他人的合法权益。

在中国，因为大家追求民主价值，所以希望把这些东西释放到一切领域，认为只要大家不一起表决的事就搞不成，或者就有问题。这会引至中国出现“泛民主”。所谓“泛民主时代”就是什么东西都必须拿来讨论和表决，这也就意味着什么事都做不成。

（五）教师应具有民主素养，追求民主教育

1. 教师应具有民主素养

教师是一门职业，受聘于学校，如果是公立学校则等同受聘于国家，即便是私立学校，在我国也要取得政府的批准并接受教育行政主管部门的指导才能开办。国家是教师的后盾，教师应对国家的发展负责，这是基本的职业操守。社会主义核心价值观倡导民主，教师践行社会主义核心价值观，就应该具有民主素养。

作为社会未来主力军引领者的教师必须深明社会主义民主的含义，理解民主的价值，传递正确的民主观念，避免自己和学生落入“泛民主”的泥淖。

有些教师缺乏民主精神，不仅体现在与学生的关系上，也体现在不能主动积极地参与到学校

的民主管理中。例如，通过教职工代表大会或其他形式，参与学校的民主管理，这本是《教师法》赋予教师的神圣权利，可事实上，极少教师追求行使过这种权利。

陶行知曾指出："民主的时代已经来到。民主是一种新的生活方式，我们对于民主的生活还不习惯。但春天已来，我们必须脱去棉衣，穿上春装。我们必须在民主的新生活中学习民主。"

2. 教师要追求民主教育

教师涉及的民主较多体现在民主的第三个层次上：民主价值观和民主思想上，而较少涉及民主的组织形式和运作程序。从这个角度看，我们探讨的教师的民主素养主要偏重于民主的价值追求、价值判断等价值观，是关于民主的理论、观点、认识等思想。教师将民主的理论观点融入教学形成民主教育。

（1）要正确领会民主教育

"民主教育"可以从不同的角度作出多种解释。陶行知曾对民主教育如此定义："民主教育一方面是教人争取民主，一方面是教人发展民主。在反民主的时代或是民主不够的时代，民主教育的任务是教人争取民主；到了政治走上了民主之路，民主教育的任务是配合整个国家之创造计划，教人依着民主的原则，发挥个人及集体的创造力，以为全民造幸福。"因此，"民主教育"，是用"民主"去更新"教育"的内涵，即把专制的、不民主的或者说不充分民主的教育改造成为适合现代民主社会需求的民主的教育。在具体的教育过程中，它指教育者应该具备的民主思想以及在教育过程中应该体现出的民主精神，还包括教育者在教育过程中对学生所进行的一系列有关民主精神价值的教育——平等精神的教育、自由精神的教育、法治精神的教育、宽容精神的教育、妥协精神的教育以及权利与义务的教育、纪律与法制的教育等公民意识教育。

如果说"民主政治"意味着的"尊重"是对公民权利的尊重的话，那么"民主教育"意味着的"尊重"则是对学生的人格的尊重，尊重学生的情感、尊重学生的思想、尊重学生的个性、尊重学生的差异、尊重学生的人权、尊重学生的创造力……当然，与此同时，教会学生尊重他人。民主教育是学生的主体性和教育的民主性二者的和谐统一：它把受教育权利还给每一个学生，同时把教育过程变成一种民主的生活方式，尊重学生的主体地位，使学生得以生动活泼、自由地发展，消除一切不平等地对待学生的现象，尊重学生的人格与权利，解放学生的主体性和创造性，为提高学生的民主意识和参与能力，发挥学生的主体作用创造最好的教育条件和教育环境；更重要的是，在教育内容上渗透民主意识，在教育过程中培养学生的民主思想、民主精神，以民主的教育造就富于主体性的一代新人。

教学上，不能缺少民主作风。"一言堂"，"满堂灌"；我制造题海，你只管去求解；答案只能标准统一，不能丰富多彩，诸如此类的不民主做法应当抛弃。不民主的教育教学，结出来的是这样的苦果：唯命是从，无"棱"无"角"的学生随处可见；"录放机"一般的学生比比皆是；至于由此而产生逆反心理，以及视学校为"牢狱"，求"乐趣"于违纪的学生也屡见不鲜。

基础教育界近来流行一句话："蹲下来和孩子说话。"这对于过去教师站在讲台上俯视学生无疑是一个进步。“蹲下来”的本意主要不是指“肢体的蹲下”而是“心灵的蹲下”，即教师要在心灵深处平视学生。这里需要说明的是，所谓“蹲下去和孩子说话”，不应该被视为一种“更高境界的师德二如果“蹲下去”纯粹成了一种姿态，那说明教师的心并没有“蹲下去”，所谓肢体的“蹲下去”不过是居高临下的“平易近人”而已，骨子里还是把自己看得比学生高。

（2）避免教育中的泛民主主义

“民主”不是多数人统治少数人，不是少数人必须服从多数人，这只是片面的“民主”，“民主”应该是提倡多数人利益的同时也保障少数人的权益，否则就是“多数人的暴政”、就是代以多数人的名义镇压”。所以教师一定要避免教育中泛民主主义的出现。

面对多数人的暴力，学生往往难以有效地反抗，甚至无法反抗，所以常常导致人生的悲剧。作为教师，更应警醒泛民主的危害，不要假以民主投票的形式则增加了打击力度，从而摧毁学生的人生希望，这不是真正的民主，而是赤裸裸的伪善。

（3）避免教育民主与教育权威的对立

没有人会否认教育的权威，也没有人会否认教育的民主，但一些教师往往把这两者对立起来，认为谈教育民主就会与教师权威冲突。而作为教育活动的组织者，教师不能没有权威。但是我们应该认识到，真正的教育民主不但不排斥教师权威，而且能够保证教师拥有真正的权威。

教师的权威来自两个方面。一方面，教师的权威来自教师这一特定的职业角色。也就是说，虽然某一位具体的教师从教之初并不具备从天而降的权威，但因为教师职业本身就具备了某些先验性的威信，这就使所有教师具有了理论上的权威性。同时，教师职业本身拥有一定的“权力”强化了教师的权威，这些“权力”包括考试打分、评三好生、推荐保送、写评语等等，这些看起来微不足道的事往往影响着学生的命运，教师因学生的敬畏而产生了某种权威感。但另一方面，教师的权威更重要的是来自教育者本身的职业水平和人格魅力。职业水平包括知识结构、教学技巧、教育艺术等等，这是教育者通过教育教学过程有意体现出来的，应该说，教师的教学水平直接影响着其威信的高低。而人格因素则是教育者在与学生相处的过程中不知不觉体现出来的。对真善美的执着追求，对假恶丑的毫不妥协，火热的激情，正直的情怀，永远是教育者的人格力量，也是教师真正的权威所在。

所以，教育民主不是不要教师权威，而是强调教师的权威必须建立在学生的心灵之上，是学生对教师发自肺腑的尊重，而不是对教师的敬畏或迫不得已的服从。教师真正的权威只有通过民主教育才能获得；也只有教育民主，才能够保证教师拥有真正的权威。这样的“权威”，其意义已不仅仅是体现出教师个人的教育艺术与管理水平，而更重要的是，它使我们的教育真正充满社会主义的平等意识与民主精神。

第三节 文明

社会主义核心价值观确定的建设目标，强调了“文明”，一个富强、民主的国家必须物质文明，更要精神文明。

一、全面理解文明价值目标，形成文明价值

（一）理解文明的概念

社会主义核心价值中“文明”是社会进步的重要标志，也是社会主义现代化国家的重要特征。它是社会主义现代化国家文化建设的应有状态，是对面向现代化、面向世界、面向未来的，民族的科学的大众的社会主义文化的概括，是实现中华民族伟大复兴的重要支撑。

文明究其内涵来说包括物质文明和精神文明：

第一，物质文明是人类改造自然的物质成果。表现为人们物质生产的进步和物质生活的改善，是精神文明的物质基础，对精神文明特别是其中文化建设起决定性作用，物质文明的性质为生产方式所决定。

第二，精神文明是人类在改造客观世界和主观世界的过程中所取得的精神成果的总和，是人类智慧、道德的进步状态，包括两个层次：一是科学文化方面，包括社会的文化、知识、智慧的状况，教育、科学、文化、艺术、卫生、体育等项事业的发展规模和发展水平。二是思想道德方面，包括社会的政治思想、道德面貌、社会风尚和人们的世界观、理想、情操、觉悟、信念以及组织性、纪律性的状况。作用是为物质文明的发展提供思想保证、精神动力及政治保障，. 法律保障和智力支持。

但是，文明不是物质与文化的简单相加，它是带给国民的生活状态。它不等同于 GDP，而是经济发展赋予人们的进取感与富足感；它不是具体的政治程序，而是人们从政治运行中体验到的安全感与认同感；它不是文化生产本身，而是从文化生产获得的丰富感与生命力；它不是具体的思想道德条文，而是它带给人们的和谐关系；它不等同于青山绿水，而是从良好自然环境获取的舒适感。

（二）了解文明的由来

英文中的文明（Civilization）一词源于拉丁文“Civis”，意思是城市的居民，其本质含义为人民生活于城市和社会集团中的能力。引申后意为一种先进的社会和文化发展状态，以及到达这一状态的过程，其涉及的领域广泛，包括民族意识、技术水准、礼仪规范、宗教思想、风俗习惯以及科学知识的发展等等。19 世纪之前西方对文明的定义比较狭隘，认为生产方式先进，知识丰富就代表文明，而生产能力低下，礼仪不合西方的定义就是野蛮，所以当对非洲和美洲进行侵

略的时候总是定义为文明战胜了野蛮。现代西方社会对文明的理解，是指西欧、北美的现代文化，包括西方世界中共同的标准、价值观、风俗等。

汉语“文明”一词，最早出自《易・乾・文言》：“见龙在田、天下文明。”

在现代汉语中，文明指一种社会进步状态，与“野蛮”一词相对立。汉语的文明对行为和举止的要求更高。

从国家层面看，文明主要指物质文明和精神文明。

（三）树立正确的文明观

树立正确的文明观不仅要理解强化社会文明的意义，还要把握文明的三个层面的含义。

1. 从国家层面来讲，文明是指国家发展的状态

这是唯物史观对文明的根本定义。马克思说：“文明的一切进步，或者换句话说，是社会生产力的发展。”恩格斯说：“文明时代是学会天然产物进一步加工的时期，是真正的工业和艺术产生的时期。”在他们看来，文明是物质与文化的增长，以及由此产生的各种制度建设，最终推动人的全面发展。

2. 从社会层面来讲，文明是社会秩序的确立

唐人孔颖达注解说“经天纬地日文，照临四方日明”，其意指社会文教昌达、文德彰显而形成的王者修德、民风淳朴、风调雨顺的和谐景象。

3. 从人的层面来讲，文明则是指人的教养和开化状态

《尚书・舜典》称赞舜“浚哲文明”，就是指他非常谦恭，品德高尚，很受人爱戴的意思。《礼记・乐记》说：“是故情深而文明，气盛而化神，和顺积中而英华发外。”文明是谦恭有礼，是内在的德行开放出来的一枝鲜花。西方的“文明”一词包含有脱离野蛮的开化之意。所以，文明有人的端庄优雅有教养之意。

（四）防止把物质文明和精神文明割裂开来

文明，对于一个国家来说，意味着高度繁荣的文化、高度自觉的精神；对于一个社会来说，意味着良好的秩序、优美的环境、淳朴的风气，人与人之间诚信友善；对于每一个公民来说，意味着比较高的精神文化修养，从言谈举止到内在心灵都很美好。这样的文明境界，值得我们每一个人去不懈追求。但是片面的只强调文明建设而忽略经济的建设，无异于纸上谈兵建设发达国家。

当今世界的竞争，不仅是民族与民族、国家与国家以及不同社会制度的竞争，还是不同文化、不同文明的竞争，这是更深层次的竞争。文化是一个国家可持续发展的动力，回应历史和现实的挑战，弘扬中华文明，把中国从文化大国真正建设成文化强国是摆在国家面前的一个基础性、战略性的重要任务。弘扬中华文明，要在时代精神的指引下，在社会发展的过程中，通过对中国文化的再认识和发掘，在传统文化中各种力量的相互作用中，在经济全球化中各种文化的相互关系中，创造并开掘中国文化新的活力，并视之为我们现代化的内在基础、内在资源和内在动力。

这个社会是由我们每个人组成的，社会的问题实质上是我们自己的问题。我们光想着改变别

人，不愿意改变自己，那么我们就什么都改变不了。借用一个网络上流传的小故事：每逢退潮就有千万条小鱼留在海滩，不能返回大海。一个孩子每到退潮就在海边捡小鱼，一条条扔回海中。大人觉得好笑，退潮时满海滩都是鱼，捡几十条乃至几百条归海有何用？但孩子却非常坚定。有人问：“这么多的鱼，你又不能改变它们的命运，扔不扔回大海有何不同？”孩子看看手中的鱼，答：“对这条，我能改变它的命运。”所以，命运就掌握在每个人自己手中！每个人文明起来，国家文明关系到我们每个人的未来！

二、教师应具备文明精神，构建文明世界

（一）教师应具备文明精神

教师应具备文明精神主要指精神文明。社会主义精神文明建设的基本内容，包括两个方面，即思想道德建设和科学文化建设。思想道德建设要解决的是整个民族的精神支柱和精神动力问题，教育科学文化建设要解决的是整个民族的科学文化素质和现代化建设的智力支持问题。这两个方面密不可分，缺一不可。

1. 教师应加强自身精神文明建设

教师应加强自身精神文明建设，这是教师的职业特点决定的。精神文明建设归根到底是要培养有理想、有道德、有文化、有纪律的建设社会主义四个现代化的新人。社会主义一代新人的培养，虽然需要全社会作出多方面的努力，但是，学校是培养新型人才的主要场所，肩负着为社会主义的四化建设，造就“四有”一代新人的伟大历史使命。教师是关键，是青少年儿童“通其业、成就其道德”的引路人。每一位人民教师都应为此感到自豪和骄傲，同时每一位人民教师都应忠诚党的教育事业、对人民、对社会负责，不断提高自身的业务水平和师德修养，在社会主义精神文明建设中起模范带头作用，这是教师的神圣职责。

2. 教师应自觉开展精神文明建设

教师应当进行精神文明建设，这是教师劳动的主要特点决定的。教师劳动是一种同人类社会文明进步紧密相关的复杂脑力劳动。教师劳动的目的是为社会培养人才，因而具有十分广泛的社会性，教师不仅要对学生和学生家长负责，而且要对整个社会负责；教师劳动是一种以人为对象，以教育为目的劳动。教师劳动的对象主要是广大青少年。人为万物之灵，个人的心理品质千差万别，外在行为呈现千姿百态，接受影响和教育的渠道多种多样。所以教师要长期付出心血，运用教育理论，采取科学方式，因时因地因人因事制宜，才能取得教育效果。教师从事劳动主要靠自身的思想品德、知识和才能、情感和意志起直观示范作用。教师的一言一行都在潜移默化地影响着学生。学生从教师身上直接接受人类知识和经验，受到真理的启迪和开化，并且往往在人格和行为上视教师为效法的榜样。无产阶级革命家、教育家徐特立说得好：“教师有两种人格，一种是经师，是教学问的；一种是人师，是教行为的。所以人们称教师为'人类灵魂的工程师。'”教师的劳动特点直接要求对教育对象起直观示范作用。

（二）教师要构建文明世界

教师构建文明世界，不仅要建立校园文明，更要向社会的生力军传递文明的信号：

1. 提高教师文明素养

这是加强学校社会主义精神文明的关键和前提。学高为师，德高为范。教师风范好，文化素养好，在学生面前就能起示范作用，教育作用，激励作用。学生就能从教师那里学到知识，受到启发教育，获得文明素养，逐渐树立起正确的人生观、世界观、苦乐观。

2. 创造校园文明氛围

平时有计划有组织地开展文体科技活动，节日组织具有新内容新意义的活动，开阔视野，提高思想认识。增加文明用语、行为规范、使学生的作为体现出语言美、行为美、心灵美。

《周易》说：“文明以健，中正而应，君子正也。唯君子为能通天下之志。”如果教师从我做起，文明自己的言行举止、教育教学，那我们就能构建自己的文明世界，更能带动他人构建大文明世界。

第四节 和谐

社会主义核心价值观确定的建设目标，第四个是“和谐”，这是国家建设的终极目标，一个富强、民主、文明的国家，最终必须是和谐社会。

一、深度了解和谐价值目标，内化和谐要求

（一）理解和谐的概念

和谐是中国传统文化的基本理念，集中体现了学有所教、劳有所得、病有所医、老有所养、住有所居的生动局面。它是社会主义现代化国家在社会建设领域的价值诉求，是经济社会和谐稳定、持续健康发展的重要保证。

和谐社会是一个以人为本的社会，是一个可持续发展的社会，是一个大多数人能够分享改革发展成果的社会。和谐社会是一个系统的概念。从理论上说，是社会各个阶层和睦相处，社会各级成员各尽所能，使人民的聪明才智得到全面发挥；是经济社会协调发展的社会，是人与人、人与自然协调的社会。简言之，和谐社会是一个稳定的系统，有效的系统。

（二）了解和谐的由来

在西方，“和谐”理念由来已久。毕达哥拉斯认为，“整个天就是一个和谐”。赫拉克利特认为，和谐产生于对立的东西。文艺复兴后许多思想家都把“和谐”视为重要的哲学范畴。马克思真正把握了“和谐”理念，提倡社会和谐。

我国历史上产生过不少有关社会和谐的思想。比如，孔子说过“和为贵”；墨子提出了“兼相爱”“爱无差等”的理想社会方案；孟子描绘了“老吾老以及人之老，幼吾幼以及人之幼”的

社会状态；康有为在《大同书》中提出要建立一个“人人相亲，人人平等，天下为公”的理想社会。

（三）树立正确的和谐观

树立正确的和谐观，要深刻理解和谐的内涵。

1. 人自身的和谐

人是社会发展的主体，是社会和谐发展的根本前提。人要有健全的人格，有正确的世界观、人生观和价值观，能正确地处理个人与自然、个人与社会的关系，真正融入自然，融入集体，融入社会。

2. 人与自然的和谐

自然环境是人类生存的必备前提和条件。生态环境的破坏制约了经济社会的发展，也影响了人们生活水平和生活质量的提高。因此，走人与自然和谐发展之路，是人们重新审视与自然关系后作出的理性抉择。

3. 人与人及人与社会的和谐

这既包括个人与个人、个人与群体之间的关系，也包括群体与群体之间的关系。同时，人与人之间关系是人与社会之间关系的具体体现。“利之所在，天下趋之。”妥善协调和正确处理人们之间的各种利益关系，是实现人与人之间关系和谐的关键。

4. 国家内部系统诸要素的和谐

比如，生产关系与生产力相适应，上层建筑与经济基础相适应；社会经济、政治和文化协调发展，物质文明、政治文明和精神文明的共同进步；各地区、各行业、各阶层之间的发展协调、关系和谐等。

和谐社会是一个过程。因为“和谐”是没有上限的，达到和谐以后还可能出现新的不平衡，还需要再和谐，这是一个过程。但是和谐社会却有底限，如果社会的不和谐突破了这个底限，社会将发生动荡。因此，理解和谐社会首先必须找到和谐社会的底限在什么地方，通过构建社会安全网等措施保证社会和谐的底限不被突破，进而在此基础上追求更和谐的社会。

（四）防止不和谐因素的出现

国家安康，和睦团结，我们要避免社会不和谐因素的出现，避免不和谐之音破坏社会主义建设的大合奏。这样，才能更快、更好地建设社会主义中国。

作为教师要防止教育不公引发的不和谐音符。有些教师在教育教学中不能公平对待学生，“以分数论英雄”，高分学生为“优生”，低分学生为“差生”。安排座位将“优生”安排在教室的“黄金地段”，将“差生”放到“后末排”，或“靠边站”；提问只面向“优生”，将“差生”丢到被遗忘的角落；批改“优生”的作业是，“精、细、深、真”，看到“差生”的作业却只匆匆给个日期；处理学生纠纷时“感情用事”，同样的错误，对“优生”“手下留情”，对“后进生”则“咬牙切齿”教师看不起“差生”，“优生”往往也跟着看不起“差生”，师生之间，学生之间不和谐的事便经常发生。

教师要以社会主义核心价值观的高标准要求自己，建立和谐的师生关系，为学生创造一个和谐的学习环境。

二、教师应具备和谐能力，建设和谐社会

（一）教师应当具备和谐能力

教师应当具备和谐能力，是指教师应当具备构建社会主义和谐社会的能力。要具备构建社会主义和谐社会的能力，就必须做到：

1. 深刻认识构建社会主义和谐社会的重大意义

教师要站在国家的高度认识构建社会主义和谐社会的重大意义：构建社会主义和谐社会，是我们党从全面建设小康社会、开创中国特色社会主义事业新局面的全局出发提出的一项重大任务，适应了我国改革发展进入关键时期的客观要求，体现了广大人民群众的根本利益和共同愿望。

2. 努力提高构建社会主义和谐社会的各种能力

作为教师，在提高构建社会主义和谐社会方面，首先应该具备顾全大局的能力，学校的教育教学工作涉及到每一名教师个体，也涉及到教研室、年级组、学校集体，在个体和集体之间发生冲突时，能顾全大局。其次应该具备协调关系的能力，教师的教育教学工作涉及到学校的方方面面，涉及到其他教师，出现问题时，能协调关系，妥善解决。

（二）教师要构建和谐校园

1. 以人为本是和谐校园的核心

构建和谐学校的核心是“以人为本”，在学校就是“以教师为本”“以学生为本”。所谓以人为本，其实质就是尊重人、依靠人、提高人。

第一，尊重人是和谐校园的前提。

尊重人是依靠人和提高人的前提。一个人只有受到起码的尊重，才能使他体验到生活的乐趣和价值，才能心情舒畅地工作和学习，才能看到别人对自己的希望。教师要相互尊重，教师要尊重学生。

第二，依靠人是和谐校园的保证。

学校的教育教学活动要依靠全体教师，还要依靠学生，全校的师生员工都要有相互帮忙、相互协调、相互扶持的精神，心往一处想、劲往一处使，共同建设和谐校园，努力形成“创建和谐人人有责、校园和谐人人共享”的生动局面。

第三，提高人是和谐校园的目标。

提高人，是指学校领导要关注教师个人的发展；学校教师要关注学生的全面发展和个性发展。校园充满了正能量，朝气蓬勃，奋发向上。

2. 人际关系是校园和谐的关键

校园和谐首先是人际关系的和谐。人际关系主要包括学校内部的人际关系和学校外部的人际

关系；学校内部的人际关系又包括干部之间、干群之间、教师之间、师生之间、学生之间的关系；学校外部的人际关系主要是学校与上级有关部门的关系、学校与周边社区的关系、学校与学生家庭的关系。这些看起来是单位与单位的关系，实际上还是人与人的关系。这些校内校外的人际关系处理好了，学校就会“政通人和”“校和万事兴”，就会兴旺发达

总之，学校的和谐不外乎人、事、物、景、情的和谐。只有它们相互作用，相互促进，相互提高，才能有力地促进和谐校园的建立。和谐可以凝聚人心，和谐可以团结力量，和谐可以发展事业。校园奏响和谐的旋律，必将为学校、教职工和学生的发展注入活力。我们要倍加珍惜目前学校已有的团结和谐的局面，始终用和谐的音符推动学校稳定持续的发展，以发展增和谐，以改革促和谐，以公平求和谐，以稳定保和谐。

第五章 高校青年教师社会主义核心价值观的取向

第一节 自由

自由是一个跟我们生活密切相关的重要概念，它是人作为社会的人的权利，与自由相对应的是限制、束缚、奴役等。自由是现代文明的标志之一。

一、正确理解自由价值取向，树立自由观念

（一）理解自由的概念

在人的各种需求中，“自由”占有一个非常显要的位置。要求自由的欲望乃是人类根深蒂固的一种欲望。有人说“自由就是我想干什么就干什么”，也有人说“自由就是没有约束”，还有人说“世界上没有完全的自由”。百度百科上说：自由指的是没有阻碍的状况，是一种免于恐惧、免于奴役、免于伤害和满足自身欲望、实现自我价值的一种舒适和谐的心理状态。那么，自由到底是什么呢？我们来看看关于自由的由来和发展。

（二）了解自由的由来

在西方，“自由”一词来源于拉丁文 libertas，含义是从束缚中解放出来。在古希腊时期，“自由”主要的意思是解放。在罗马时期，罗马法中将“自由”定义为“凡得以实现其意志之权力而不为法律所禁止者是为自由”。自由一直是哲学、法学、社会学等学科中讨论的热门话题。霍布斯、弥尔顿、洛克都提出了“人生而自由”；卢梭说，“人是生而自由的，但无往不在枷锁中”；康德认为，“假使没有自由，那么道德法则就不会在我们内心找到”；黑格尔强调，“精神的实体或本质就是自由，精神的一切都从自由而成立”。这些思想家一步一步将自由推到前所未有的高度，追求自由、向往自由、为自由而战。

在这个过程中，尽管哲学家们对自由的认识和理念不尽相同，但是这并不影响自由成为一个响亮的战斗口号，对自由的理解和追求为实现反对奴隶社会、封建社会，建立资产阶级社会提高了理论支持和精神动力。

在中国古代，圣贤们对自由早有思考。庄子以追求“绝对自由”人生观为主题的《逍遥游》奠定了自由的思想基础，《汉书·五行志》中第一次提到“自由”一词。然而，中国长期处于封建君主专制统治之下，专制反对的就是个人的自由，因为个人自由对专权充满了挑战，甚至是瓦解专权专制。“自由”在古代汉语中基本含义是行为举止上可以“自己做主、自我决断”。而这种“自由”是在严格的礼制之外的，礼制之内必须遵从礼仪制度，不可逾越。从《礼记》中“帏薄之外不趋”可以看出，当时的自由是一个人有限的自由，在涉及到社会关系、人作为社会的人存在时，是没有自由的。近代中国思想关于“自由”的讨论是源于“自由”帮助我们解决“国家”与“个人”冲突的重要概念之一。严复在《论世变之亟》中指出：“夫自由一言，真中国历代圣贤之所深畏，而从未尝立以为教者也。”经过“世变”和近代思想的洗礼，对自由的理解和认识包含了两个层次：一是狭隘的自由观，表示人个体自由自在的生活；二是由个人层次的自由提升到团体、国家层面的自由。20世纪初十月革命后，马克思列宁主义传入中国，中国人对自由又有了新的诠释，将对自由的理解提升到对整个客观存在的世界。

（三）树立正确的自由观

我们树立的自由观是：

1. 正确的自由是经过法律确认的自由

自由需要得到法律的确认。法律是有国家强制力保证实施的调整社会关系的行为规范，因此，自由只有在经过法律确认后，人才能真正实现自由。

2. 正确的自由需要符合社会公序良俗

法律和道德是调控社会关系的两种行为规范，二者相辅相成。公序良俗是公共秩序与善良风俗的简称，是道德中的重要内容，主要指国家利益、社会经济秩序、社会公共秩序和良好的道德风尚。部分公序良俗经过历史的演变和社会的发展，已经被法律吸收，被赋予强制性，另一部分则依然以公序良俗存在，作为社会关系的调控手段发挥着积极的作用。法律调控社会关系具有一定的不全面性和滞后性，因此，未被法律确认的自由的实现要符合社会公序良俗。否则它存在具有侵犯性的可能性。

（四）避免将自由绝对化

自由如果离开法律的约束将会无限扩张。无限扩张的自由将会导致社会的无序，任何人随时可能成为侵权者或者受害者，并无休止地纠缠下去。将自由绝对化违背了辩证唯物主义中事物绝对性和相对性的哲学原理。

孟德斯鸠说：“自由不是无限制的自由，自由是一种能做法律许可的任何事的权力。”恩格斯说：“自由不在于幻想中摆脱自然规律而独立，而在于认识这些规律，从而能够有计划地使自然规律为一定的目的服务。”自由不是没有限制的、能够为所欲为的权力。在倡导自由的同时，我们要树立正确的自由观念，避免将自由绝对化。我们认为，自由是作为社会主体的人在法律允许的范围内实现自己的自由意志。

二、教师应具有自由之翼，追求创造自由

自由，如同翅膀，有了它，人才能翱翔社会，翱翔世界。马克思恩格斯在《共产党宣言》中明确表达了所要追求的目标："代替那存在着阶级和阶级对立的资产阶级旧社会的，将是这样一个联合体，在那里，每个人的自由发展是一切人的自由发展的条件。"正因为自由如此，中国共产党才将自由作为我们的社会主义核心价值取向之一。社会主义作为共产主义的初级阶段，是追求"人的自由全面发展"的伟大事业。教师在从教过程中若没有自由，所受的限制、限定和规则太多，则会让教育工作变得机械化，没有创造力。教师应具有自由之翼，充分发挥个人特长，优化教育技能，提高教育结果。

（一）教师应具有自由之翼

1. 教师基于人的属性，需要有自由之翼

自由是人的属性，人要作为一个主体生存就离不开自由。如果人没有自由，他就丧失了主体资格，生活就被动化、奴役化。教师首先是人，是被赋予了特殊身份的自然人，如果没有自由，教师也就丧失了其存在的最基本要件。因此，教师基于人的属性，需要有自由之翼。

2. 教师基于教师的职能，需要有自由之翼

教师是从事教育工作的职业化人群，是传授知识、经验的人。从教过程中，教师拥有自由，对顺利完成教学工作，达到教学目的具有非常重要的意义。如果没有自由，教师的传道授业解惑只能在规定的狭小的范围内进行，如果没有自由，教师不能根据学生的特征和自身的特长寻找最佳的教育方式和获得最佳的教学结果。如果没有自由，教师便不能引领学生树立科学的价值观。

3. 教师基于个人的发展，需要有自由之翼

人不仅要生存，还要发展。每个人都不断在为生存和发展而努力。为了更好地生存，人在不断地追求和实现"生存无忧"。教师如果没有自由，那就不能根据自己的愿望有选择性的汲取更多的知识，也不能根据自己的特长充分展现自己的才能，教师在专业和业务上得不到发展。

4. 教师基于社会的发展，需要有自由之翼

没有自由，教师得不到发展，教育也将陷入教条、知识陈旧、跟不上社会发展的境地。人对自由的追求以及社会自由程度的提高既是人类发展的保证，也是人类向新的自由度迈进、获得新的发展的保证。自由是人们奋进的动力和目标之一，人类沿着奔向更高的自由之路不断地超越过去，开创未来。

（二）教师要追求创造自由

教师享有什么样的自由称为教育自由，教育自由是指在教育过程中，作为教育主体的人所应享有的自由，包括教育者（教师）的自由和受教育者（学生）的自由。教师追求的自由包括：

1. 教师自身的自由

第一，教师的人身自由。作为教育主体的教师首先应具有作为人的最基本的权利——人身自由权。人身自由权是指人的身体自由不受侵犯的权利，未经法律允许，不得非法限制、监禁、逮

捕或羁押，不得非法搜查身体等。在我国，人身自由权还包括公民住宅不受侵犯、通信自由和通信秘密受法律保护等。教师首先具有人的属性，因此，在从教过程中应该享有人身自由的权利。

第二，教师意志自由。意志自由包括很多方面，人有选择从教或不从教的自由，有选择在什么地方从教的自由。在教育过程中，教师有自由表达自己的意思的自由，有指定教学计划、选择教学方法的自由，对教学设备进行选择使用的自由，对教材进行编制、选择和使用的自由，有对学生进行指导和帮助的权利，有参与学校民主管理的权利等等。

第三，教师发展的自由。社会不断在发展，个人也需要不断发展、进步。作为教育者，他的成长不仅是满足自身的需要，也是为了能更好地“教”的需要。教师有个性自主发展的自由；有不断完善知识结构、提高专业技能的自由；教师还有利用教育资源的自由。

2. 保证学生享有自由

教师要保证学生享有的教育自由包括：

第一，保证学生的人身自由。学生和教师一样享有人身自由，人身自由是因出生而享有的，因此，任何人不得因年龄、性别、种族等缘由剥夺学生的人身自由。不得以体罚、辱骂等行为侵害学生的人身权利。

第二，保证学生受教育的自由。我国宪法第四十六条规定：“中华人民共和国公民有受教育的权利和义务。”《教育法》《义务教育法》中都有相关的规定。

第三，保证学生表达意志的自由。学生也像教师一样有表达意志的自由。学生有权利向教师和学校表达对教学、学校管理等方面的需求和建议。对学校给予的处分不服向有关部门提出申诉，对学校、教师侵犯其人身权、财产权等合法权益，提出申诉或者依法提起诉讼的自由。

第四，保证学生有获得其他法律法规、校纪校规规定的自由。比如《教育法》第四十二条规定了受教育者享有参加教育教学计划安排的自由，有按照国家有关规定获得奖学金、贷学金、助学金等的自由。

3. 教师追求的最大自由是创造自由

作为社会主义核心价值观的基本内容，自由不只是哲学意义上的抽象概论，其实质是社会主义社会的现实追求，表达着社会自由的内涵，追求的是“人在社会生活中，在法律和道德允许的范围内，在从事各种社会活动和处理各种社会关系时，能够按照自己的需要、利益以及价值观等所形成的意志，决定自己做什么和不做什么，即独立自主地决定自己的行动”。目前影响教师教育自由主要有以下两个方面：一是经验主义让教育陷入模式化、教条化；二是应试教育让教学陷入目标单一化、教学内容僵硬化、知识无味化。实现教师教育自由，除了需要国家在教育政策法律法规方面做出新的指导和规定外，教师也需要在教育过程中追求创造自由。当然，教师在从教过程中追求创造自由要符合社会主义道德和法律的要求，不能随意将教师自由权无限扩张。

第二节 平等

“平等”是古往今来人类追求的价值理想，是社会历史发展进步的精神动力和重要标志。

一、辩证看待平等价值取向，树立平等观念

（一）理解平等的概念

关于“平等”的词义解释很多，一般的平等指的是公民在法律面前的一律平等，其价值取向是不断实现实质平等。它要求尊重和保障人权，人人依法享有平等参与、平等发展的权利。作为社会主义核心价值观中的“平等”是人们在经济、政治、文化等方面享有的同等的权利。平等关于公民的尊严和幸福。平等也是人类的理想之一。

（二）了解平等的由来

平等思想在西方哲学史上源远流长。在古希腊时期，毕达哥拉斯学派提出公民的平等是真理和正义所要求的平等；亚里士多德在阐述平等和正义的时候认为正义是某些事物的平等观念，正义是相等的人就该派分到相等的事物。在欧洲启蒙运动时期，格劳秀斯和斯宾诺莎提出“天赋人权论”。霍布斯认为每一个人都应当承认他人与自己生而平等。洛克认为自然状态是一种平等的状态，人们既是平等和独立的，任何人都不得侵害他人的生命、健康、自由或财产。卢梭在完成“天赋人权论”系统化工作的时候认为，在自然状态下不平等几乎是不存在的、每个人都生而自由、平等。20世纪罗尔斯在其《正义论》中对平等提出了新的看法：一个正义的社会就是要最大限度地实现平等。资产阶级以自由、平等、民主为旗帜，推翻了封建制度在欧洲的统治。《人权宣言》中明确：“法治社会贯穿最基本的原则就是人人平等。”

（三）树立正确的平等观

1. 平等是指公民权利上的平等

《中华人民共和国宪法》第三十三条规定：“中华人民共和国公民在法律面前一律平等。”也就是说，任何公民不分民族、种族、性别、职业、家庭出身、宗教、文化程度、财产状况等都一律平等地享有宪法和法律规定的权利、承担义务。公民的合法权益一律平等地受到保护，没有任何人享有法律之外的特权。

2. 平等是公民人格的平等

人格是人维护生存和尊严必备的人身权利，它包括生命权、健康权、姓名权、名誉权等等。《中华人民共和国宪法》第三十八条规定：“中华人民共和国公民的人格尊严不受侵犯。禁止用任何方法对公民进行侮辱、诽谤和诬告陷害。”公民的人格是一律平等的，公民的人格尊严受到法律的保护。任何人的人格尊严不受侵犯，禁止用任何方法对公民进行侮辱、诽谤和诬告陷害。

3. 平等是指公民的机会平等

人是社会的人，他的生存和发展都离不开社会。要以个人的生存和发展来促进整个社会的发展，那么对每个个体的人的机会应该是平等的。机会不平等是个人成功道路上的绊脚石。机会平等即人人都有平等参与、平等选择、平等竞争的机会。

（四）避免将自由绝对化

1. 平等是具体的、历史的

平等观念属于上层建筑，是特定历史条件下特定经济关系的反映。经济基础决定上层建筑，有什么样的物质条件，就有什么样的平等与平等观。原始社会生产力水平低下，阶级和贫富尚无太大差别，氏族成员因此过着原始的平等生活。奴隶社会和封建社会经济得到了发展，进而带来了等级制度，人人平等即成了人的梦想，成为人追求的目标。资本主义社会虽然是建立在“人人平等”的价值理念上的，但是“平等”仍然是停留在口号层面，资本主义私人占有生产资料必然导致的资本主义社会的不平等。

2. 平等是相对的，不是绝对的

马克思主义哲学认为，世界上任何事物都具有绝对性与相对性两个方面。平等作为人类的理想追求，也是人类的理性认识，同样具有绝对性和相对性。绝对的平等是不存在的。

3. 平等不是平均，防止平均化

长期以来，很多人曲解了平等的真正含义，认为平等就是平均。平等不等于平均。平等强调的是机会的平等、权利的平等、义务的平等，而平均强调的是具体的、形式上的平等。平均是为了得到平等的结果、可能会带来平等，但不必然带来平等，同样平等可能导致结果上的平均，但并不必然带来平均。我们要辩证地看待平等，树立正确的平等观。平均主义形成于原始社会，主要体现在劳动成果的分配上，在新的社会形态下，平均主义抹杀了事物的个性，已经不适应时代的发展，是树立正确的平等观所应避免的错误思想。平等是为了公平，但是公平不是结果的平均，它也不可能实现结果的平均。我们所追求的平等是法律面前人人平等。

二、教师应具有平等之爱，追求教育平等

教育平等权是平等权中的一种，它是平等权在教育中的体现。教育平等权是指每个人都应该享有受教育的权利，不论其性别、种族、民族、宗教等，国家应该平等对待每一个人，保证其参与教育活动不受歧视和限制，为其谋求自身发展、实现自我完善提供平等、充分的权利。教育平等权的价值根基在于人权的平等，在现实中即表现为对于每一位公民应一律平等，反对在教育方面的任何歧视性对待。

（一）教师应具有平等之爱

教师是教育的主体，在教育改革、实现教育平等中肩负着重要责任。

1. 教师的平等之爱是实现社会平等的要求

目前我国由于地区经济发展不平衡、社会阶层分化等原因让我国的教育实际上存在一定的不平等现象。教育平等是社会平等的重要内容，是维护教育公平公正的基础。追求教育平等是中国特色社会主义的内在要求之一。当每一个人都能平等地享有应该享有的权利，平等地获得应当享有的受教育权时，就会实现教育平等，进而促进整个社会的公平正义。“人只有靠教育才能成人”，“教育赋予我们在出生时所缺乏的一切和我们作为成人所需要的一切”。教育对个人具有重要作用，它不仅关系到个人的生存，还影响到个人将来的发展。在充满竞争的人类社会，获得平等的教育机会、教育资源，才能获得平等的竞争机会，展开平等的竞争。

2. 教师的平等之爱是教师职业道德的要求

《中小学教师职业道德规范》第三条明确规定：“关爱学生。关心爱护全体学生，尊重学生人格，平等公正对待学生。对学生严慈相济，做学生良师益友。保护学生安全，关心学生健康，维护学生权益。不讽刺、挖苦、歧视学生，不体罚或变相体罚学生。”“关爱学生”是师德的灵魂。亲其师，信其道。没有爱，就没有教育。教师必须关心爱护全体学生，尊重学生人格，平等公正对待学生。对学生严慈相济，做学生良师益友。保护学生安全，关心学生健康，维护学生权益。

3. 教师的平等之爱是教师特殊身份的要求

教师是人类灵魂的工程师，是青少年学生成长的引路人。“学高为师，身正为范”。教师法第三条规定：“教师是履行教育教学职责的专业人员，承担教书育人、培养社会主义事业建设者和接班人、提高民族素质的使命。教师应当忠诚于人民的教育事业。”学生因为教师的学识和道德修养而尊敬老师，爱戴老师。教师在从教过程中如果做不到平等，必然会引起师生关系的不和谐。教师工作是直接教育人的特殊职业，教师的思想政治素质和职业道德水平直接关系到学生德育工作状况和亿万青少年的健康成长，关系到国家的前途命运和民族的未来。

4. 教师的平等之爱是构建和谐社会的要求

社会主义和谐社会是人类孜孜以求的一种美好社会，是马克思主义政党不懈追求的一种社会理想。教育关系是社会关系的一种，教育关系的和谐是和谐社会的一部分。教师能否在教学中具有平等之爱直接关乎着教师在学生、家长心目中的位置，也间接影响了教育的社会结果。因此，教师在从教过程中能否做到对每一位学生具有平等之爱，直接关系到师生关系、家长与学校、民众与政府等教育关系，重建教育平等是构建和谐社会的必然要求。目前，实现教育平等的条件已初步具备，但完善教育平等的稳步推进有两个必要性前提。一是社会政治经济条件。经济持续增长的物质支撑和政治制度对权利的保障至关重要，这一点前文已有叙述，这里不再重复。二是对现有教育体制深度全面的改革。从现实性方面来看，其对于教育平等进程的影响和作用更为直接和深远。收费、不平等、质量滑坡、腐败行为等致使教育的社会声誉降到20年来的最低点，我们要防止经济主义等急功近利的短期行为对教育的伤害，以及由此带来的教育的失衡和异化。在和谐社会中，需要的是以人为中心、以人为本的价值理念，需要的是民主的教育、有用的教育、活的教育。教育成为社会文明、道德、文化的传承者，成为创新的源泉，才是和谐教育和平等教育的应然状态。

（二）教师要追求师生平等

平等作为构建理想社会的基本价值取向，是指人们在经济、政治、文化等方面享有同等的权利。教育平等是指人们在教育权方面享有同等的权利。教育平等主要包括两个方面：一是受教育者之间的平等；二是受教育者与教育者之间的平等。

1. 教师要保障学生间的平等

教育平等权是指公民依法享有的要求国家积极提供均等的受教育条件和机会，通过学习来提高其个性、才智和身心能力，以获得平等的生存和发展机会的基本权利。要实现教育平等，应当在社会建立一种平等的机制，合理分配资源，使得每一个人都能够平等地接受教育而不因其民族、性别、出生等受到歧视。党的十八大报告提出："大力促进教育公平，合理配置教育资源，重点向农村、边远、贫困、民族地区倾斜，支持特殊教育，提高家庭经济困难学生资助水平，积极推动农民工子女平等接受教育，让每个孩子都能成为有用之才。"作为我国的一项基本国策，教育平等的一再强调也体现了社会主义平等理念。这种平等尤其体现在对进城务工人员子女平等受教育权的维护上。

受教育者之间的平等主要包括以下几个方面：教育资源平等、教育机会平等、防止教育平均化。

第一，保障学生享有的教育资源平等。

对于教育而言，首先意味着每一个人能够在同等的条件下自由学习，充分发挥自我的主观能动性，尽可能地掌握各种知识、技能以及培养各种能力，天赋这种个人独有的不可消除的因素就被排除在外，权力也被排除在外。教育资源就是指师资力量、教学设施、生活设施、教育制度等资源。这些资源的获得，最终有赖于财政资源。教育资源的平等最终归结于公民对国家财政投入的平等享有和利用。对于学生来说，教育资源平等是指每一个学生能够平等获得、利用财政投入、师资、教学设备等资源。可以说，教育资源决定了人们教育机会实现的可能性、广度和深度。教育机会平等的核心在于教育资源的平等获得和利用。教育机会平等要求国家干预社会，使得条件相同的人能够享受到平等的对待。

第二，保障学生受教育的机会平等。

我国《义务教育法》第四条规定："凡具有中华人民共和国国籍的适龄儿童、少年，不分性别、民族、种族、家庭财产状况、宗教信仰等，依法享有平等接受义务教育的权利，并履行接受义务教育的义务。"第二十九条规定："教师在教育教学中应当平等对待学生，关注学生的个体差异，因材施教，促进学生的充分发展。教师应当尊重学生的人格，不得歧视学生，不得对学生实施体罚、变相体罚或者其他侮辱人格尊严的行为，不得侵犯学生合法权益。"教育平等权就是要求消除教育特权。所谓特权，就是某些人因为具有某种身份、属于某个特殊阶层或者享有某种特殊对待而使其获得的某种优势，其基于这种优势，可以比别人更容易获得利益而不必通过努力。对于那些不具有这种优势的人，他们的生活可能处于正常水平之下。特权阶层在社会中可能有着广泛的联系，单靠个人的力量无法消除这种不平等。因此，政府必须通过“平等的措施”消除特权，真正实现“人人享有平等的受教育权”。而要消除这种不平等，首先我们要做的就是非歧视的对待。

第三，注意防止教育平均化。

实质平等是教育平等不懈追求的目标。在追求受教育者之间平等的同时要注意避免“平均化”。采取平均的标准能够避免故意的不平等，然而在现实生活中，平均的标准不能解决全部的问题。我国实现教育平等的实践中，忽视现实差别的形式平等貌似最为公平，但实际上我们应该清楚地看到，在我国发展极不平衡的国情下，在永远无法抹杀的个体差异的前提下，看似完美的形式平等只能与我们追求的平等价值背道而驰。因此，平等并不等于平均，只有承认差别的实质平等才是我们所追求的平等。“一些人为了实现正义，竟然强硬地主张，所有的人都应当以同样的机会为出发点；然而我们需要指出的是，不论这些人的动机多么值得称道，他们的主张却是一种根本不可能实现的理想。”

2. 教师要追求师生间的平等

陶行知先生曾写了一首诗《小孩不小歌》，内容是这样的：“你若小看小孩子，便比小孩还要小。”这首诗很简短，却蕴含了在教育过程中要平等地对待学生的道理。教育者与受教育者之间的平等，即是教师与学生之间的平等。教师与学生都是教育过程中的主体，都是具有独立人格的人，两者在人格上完全平等，即师生之间只有价值的平等，而没有高低、强弱之分。师生关系是一种平等、理解、双向的人与人的关系，这种关系得以建立和表征的最基本形式和途径便是交往，离开了交往，师生关系就只是外在的，而不能成为教育力量的真正源泉，甚至反倒成了教育的阻力。

当前师生人际关系中普遍存在着教师中心主义和管理主义倾向，严重地剥夺了学生的自主性，伤害了学生的自尊心，摧残了学生的自信心，由此导致学生对教师的怨恨和抵触情绪，师生关系经常处于冲突和对立之中。改变师生关系因此被提到议事日程上来，成为一个焦点。可以说，通过交往，重建人道的、和谐的、民主的、平等的师生关系是我们追求教育平等的重要任务。相信在这样的师生关系中，学生会体验到平等、自由、民主、尊重、信任、友善，同时受到激励、鼓舞、指导和建议，形成积极的、丰富的人生态度与情感体验。

要实现教育的真正平等，任重道远。作为国家，要从制度层面上来解决国家的政策导向和法律强制力的支撑。目前教育出现的不平等现象是我们处于社会主义初级阶段、经济还不充分发达的情况下必然存在的现象，国家需要通过政策来对教育进行导向。同时，对于严重偏离教育平等的范畴，需要借助于法律的强制力来进行调控。

作为教师，要从观念上解决追求教育平等的重点是追求师生平等。中国有句古语，“一日为师，终身为父”，这种状态下的师生关系是一种拟制的父权关系，教师的地位是凌驾于学生之上，与我们所提倡的师生平等关系大相径庭。根据现代法理，教师和学生的地位在法律上是平等的，都具有独立的人格。教师不能随意侵犯学生的人格权，不能随意以居高临下之势体罚学生，不能随便以言语侮辱学生。教师要尊重每一位学生，尊重每一位学生的个性发展。

第三节 公正

公平正义是中国特色社会主义的内在要求。要在全体人民共同奋斗、经济社会发展的基础上，加紧建设对保障社会公平正义具有重大作用的制度，逐步建立以权利公平、机会公平、规则公平为主要内容的社会公平保障体系，努力营造公平的社会环境，保证人民平等参与、平等发展权利。

一、认真对待公正价值取向，树立公正观念

（一）理解公正的概念

公正，目前大部分论述将之理解为公平和正义，包含了公平和正义两层含义。“公平通常指一种基于一定标准或原则而对待人和事物的不偏不倚的态度。正义则通常与一定的社会制度特别是法律的尊严的体现相联系，主要指制度和行为结果中应然体现的原则。”

（二）了解公正的由来

在西方，公正最早见于荷马史诗。柏拉图在《理想国》中论述了自己的正义观——正义就是平等。亚里士多德从目的论而非功利论主义角度阐述了公正乃是一种适合或般配的公正理念。康德则主张一种德性正义，即“配得的幸福”理论，他认为正义社会应当是一个美德与幸福相称的社会。罗尔斯倡导一种“作为公平的正义”，在他看来，“正义是社会的首要价值，正像真理是思想体系的首要价值一样。一种理论，无论它多么精致和简洁，只要它不真实，就必须加以拒绝或修正；同样，某些法律和制度，不管它们如何有效率和条理，只要它们不正义，就必须加以改造或废除……作为人类活动的首要价值，真理和正义是决不妥协的”。

在中国古代，公正更多的是作为一种高尚的道德修养来加以提倡的。“大道之行，天下为公”即是公正之道的体现。儒家把“公正”作为君子的必备素质。例如孔子说：“政者正也，子率以正，孰敢不正？”孟子认为：“君义、莫不义，群正，莫不正。”贾谊曾提出了五十六对道德范围，“公”和“正”是其中的两个。古代思想家还把公正作为理想社会设计的要素之一。不论是孔子的“不患寡而患不均”的大同社会，还是近代康有为的“天下为公"思想，都深刻地体现出中国思想家对“公正”的追求。不仅如此，中国传统道德思想中一直重视以公正作为处事原则，用以调和社会矛盾，实现人际和谐。

（三）树立正确的公正观

公正是现代社会进行制度安排和制度创新的重要依据，是协调社会各个阶层相互关系的基本

准则，也是一个社会具有凝聚力、向心力和感召力的重要源泉。它是人类几千年来一直追求的理想和目标。

1. 公正是现代社会的基本需求

随着社会的不断发展、经济水平的不断提高，在调节各种不同利益关系的过程中只有遵循公正的原则，使得绝大多数社会成员都受益，才能获得社会不同利益群体的广泛支持和接纳，才能有效地整合社会各种资源和力量，实现全体社会的团结与合作。

2. 公正是构建和谐社会主义的必然要求

我国经济建设和社会建设在取得巨大成就的同时，也产生了一些突出的矛盾和问题，比如社会贫富差距扩大，部分群众贫困凸显；国民收入分配的城乡差别、区域差别和行业差别呈拉大趋势；社会就业形势严峻，失业问题比较严重；城市农民工生产和生活没有保障；农村剩余劳动力转移面临许多障碍等等。这些矛盾和问题实际上就是社会公正缺乏的体现，这也成为影响我国发展全局的重大问题，成为影响社会和谐的主要因素。

3. 公正是提高效率的最佳保障

一方面，公正有利于提高社会成员参与社会活动的积极性和主动性，促进效率的提高。因为主体内在的评价机制决定着他以什么样的方式和态度参与活动。如果一个社会的政治、经济、文化等秩序被认为是公正的，主体就能够做出积极的反应，其活动的结果也往往有较高的效率，反之，他就会做出对抗性的反应，其活动的效率往往是低下的。另一方面，公正有利于为持续的效率提供保障。公正的实现有利于整个社会的经济增长和公共福利的改进，能为持续的效率增长提供一个稳定的环境。在缺乏公正的社会，社会效率不可能得到持续地维持。只有在一个公正的社会中，才能实现充分的社会合作和社会整合，进而维持一种持续的社会效率。

4. 防止抽象、绝对的公正

社会主义公正观是社会主义核心价值体系的重要组成部分，也是人们常常挂着嘴边并追求的一种状态，那么到底怎样才算得上公正呢？我们认为，公正不仅仅是指形式上的公正，更重要的是实质意义上的公正。在处理个人与他人、他人与他人、个人与社会的关系中，要做到不偏不倚、公正有序。作为社会主义社会的成员，我们应努力践行公正的社会价值观念，不但要重视公正的程序和形式，还要重视公正的内容和结果，努力追求形式公正和实质公正的统一。马克思主义唯物辩证法认为世界上一切事物无不具有两重性，事物既有相对性的一面，又有绝对性的一面，二者相互统一。绝对公正是我们不断努力的方向，但是我们同时要看到公正的相对性和历史性，主张绝对的公正是与社会相脱节的，不现实的，容易让公正陷入绝对化、教条化的境地。在实践社会主义公正观的过程中，出现了盲目崇拜西方资产阶级的公正观，认为资本主义的公正观是最公正的制度，具有“普世价值”。但是，马克思就明确指出世界上不存在“永恒的公平”“抽象的公平”和“绝对的公平”。他用剩余价值学说揭露了自由竞争资本主义形式公平掩盖下的实质不公平。“西方资产阶级的公正观是一定历史条件下经济关系的观念化反映。”目前我国正处于社会主义初级阶段，对社会公正的追求应当从当代国情出发，不能一味追求绝对的、抽象的公正，更不能以未实现的所谓绝对公正来否定社会主义公正观。

二、教师应具有公正之心，追求教育公正

新中国成立以后，国家为实现教育公正采取了相关措施。但是因为特殊的社会时期，我国在消除教育不公的同时，又滋生新的教育不公，或者是表面追求教育公正，实质上又分等对待。因而，在相当长时间内，教育公正原则在我国并没有真正确立起来。一直到了改革开放以后，这一原则才初步得到确立。教育可以兴国，这是我国的基本国策。在教育的实施过程中，教师占着主导地位。因此，教师身上肩负着振兴中华民族的神圣使命，任重道远。

（一）教师应具有公正之心

教师具有公正之心是师德建设和社会主义核心价值观的必然要求。在从教过程中，师生关系是一个相当重要的环节。教师如何对待学生直接影响到学生的学习和生活状况。教师如果对学生抱着赏识的态度，能够提高学生的自信心；教师如果对学生吹毛求疵，学生会局促不安，丧失学习兴趣。教师在从教过程中有意无意表露出来的人生观、价值观也直接影响着学生人生观、价值观和世界观的树立。

（二）教师要追求教育公正

教师的工作是指向人类灵魂，给人正确信仰、价值观念的引导，因此很久以来，教师在社会上具有较强的公信力，但是现今社会中，教师这个职业的神圣感已经被过度的经济观念所冲击。教师在教育过程中出现了与追求教育公正相违背的行为和观念，我们需要扭转目前教育存在的这些不公正的现象。

市场经济条件下，价值观多元化对教师价值观的冲击，影响教师公正威信力的树立。随着市场经济的发展，社会出现了贫富差距，在多元价值观的冲击下，部分教师对钱权的关注度变高。因此，在教学过程中，面对学生时会自觉或不自觉地戴上有色眼镜，对学生的关注度与所收红包成正比，将红包多少视为学生和家长对老师的尊敬程度的表现。对学生的关心爱护跟其家庭背景挂钩，把本应对学生本身的关爱之心换成对学生家庭条件的窥察，歧视、漠视家庭条件困难的学生，在学生和家长中造成极坏的影响。

不少教师对学生缺乏耐心，不能真正以公正之心对待学生。有人说，这是个浮躁的年代。虽然说这种说法有以偏概全之嫌，但是它确实反映了部分人的心理状态。老师在从教过程中不能时时刻刻维护自己在学生心目中的形象，不能耐心地对待每一位学生。每个学生都是独特的个体，具有不同于其他人的特性。在他们的成长过程中，有的人较早地表现出学习的自觉性、主动性和积极性，因而在班级和学校生活中表现得非常优秀，而有的学生却属于“开化”比较晚的，他们会更多地表现出顽皮、不爱学习、难以管教的特性。不少教师往往凭表象就给学生定型，进而采取不同的态度对待学生。对听话的、成绩好的经常给予表扬，对成绩差、调皮的孩子经常呵斥甚

至体罚，学生从而产生抵抗的情绪，学习越来越差。教师在上课过程中对学生的关注和期待程度也会直接影响到学生的学习结果。现实生活中，部分教师会给好学生更多的关注、期望和表现的机会，而对“差生”则采取辱骂、冷暴力，这些都跟教育公正、社会公正相违背。

陶行知先生曾说过：“教育为公以达天下为公。”教育公正是社会公正的基础，而教师是教育公正的实施主体之一，因此，教师在从教过程中，能够以一颗公正之心对待每一位学生，相信教育公正的实现会向前迈一大步。教师追求教育工作的重点应该放在对学生的评价上。“随着人类社会的进化与发展，正义的观念逐渐与人们的道德职责、法制观念等相互渗透，使它‘不仅适用于客体的交换'，而且‘逐渐延伸到人与人之间的相互交往'。”教师在从教过程中，应对学生进行深入了解，不受学生家庭、学生缺点以及其他因素的影响而作出的中肯的评价，在此评价基础上，因材施教，尊重学生个性，让学生充分发挥特长，发展成为他应当成为的人。

第四节 法治

一、切实掌握法治价值取向，树立法治观念

（一）理解法治的概念

法治是人类政治文明的重要成果，是现代社会的一个基本框架。大到国家的政体，小到个人的言行，都需要在法治的框架中运行。对于现代中国，法治国家、法治政府、法治社会一体建设，才是真正的法治。依法治国、依法执政、依法行政共同推进，才是真正的依法；科学立法、严格执法、公正司法、全民守法全面推进，才是真正的法治。

（二）了解法治的由来

现代意义上的法治源于西方，生成于古希腊与古罗马时期。亚里士多德两千年前曾说过：“法治应当优于一人之治。”法律被人类视为摆脱愚昧走向文明的前提。在西方启蒙时代，在法国，卢梭、孟德斯鸠等人也提出了法治的思想，他们把法治与自由和平等联系起来，认为没有法治就没有自由，就必然导致专制统治。孟德斯鸠提出了著名的三权分立说，主张将国家权力划分为立法、司法和行政权，三种权力相互独立。在德国，黑格尔、康德也都推崇依法治国理念。法治是人类历史发展过程中一个古老而又常新的话题，时至今日仍是社会学、法学等领域富有活力的课题，而且已经成为各国政府普遍遵循的执法法则、共同追求的执政目标。

著名法家代表人物韩非子明确提出：“释法术而人治，尧不能正一国。”提倡依据法来治理国家。近代中国，梁启超在《中国法理学发达史论》和《管子传》两篇文章中提出“法治主义”，主张承袭古代法家传统，以法治整治乱世。法治是政治文明发展到一定的历史阶段的标志，凝结着人类智慧。

（三）树立正确的法治观

法治与法制是我们经常使用的两个重要的法律术语。法制，是指国家的法律和制度的简称。法治，是一种治理国家的理论、原则、理念和方法。法治与法制有着重要的区别。

第一，与权力之间的关系不同。与权力的不同关系是法治与法制的重要区别。法治强调的是法的统治，奉行法律至上，主张一切权力都要受到法律的制约。但法制并不必然包含这样的含义。

第二，产生和存在的时代不同。从严格的意义上讲，现代法治是资产阶级革命的产物，是资本主义时代才产生并建立的，只有在资本主义社会和社会主义社会才存在。而法制是从法律出现以来就产生的，在这个意义上，它甚至是法律的另一种表述，它早在奴隶制社会初期就产生了，它将于阶级分化社会，即奴隶制社会、封建制社会、资本主义社会和社会主义社会共始终。

第三，二者与民主、自由和人权等价值观念的关系不同。一般说来，法治都是与一定民主、自由和人权价值观念相联系。在现代社会，民主通常是法治的政治基础，自由和人权则是法治所要保障和维护的价值。但法制与这些价值都没有必然的联系，它既可以为这些价值服务，也可以为反对这些价值的制度服务。

（四）防止人治

法治与人治是两种截然相对的治国方略与理念。人治，是指以个人的能力来管理国家，强调个人权力在法律之上。法治，是指依照法律之规定来管理国家各项事务，简而言之，依法治国。法治与人治是根本对立的，要法治就不要人治，要人治就没有法治。

中国封建社会两千多年，长期处于人治之下，这种将个人意志凌驾于法律之上的治国方式导致了民不聊生，怨声载道。封建的人治思想并没有随着新中国的诞生而消亡，人治的思想和家长制的作风在很多地方还很猖獗。因此才需要将法治作为社会主义核心价值观提出来，全面推进依法治国。

强调国家依靠法治并不是不要依靠人的力量和人的作用，因为再好的法律与制度都需要人来实现与执行。因此不可以将“人的作用”与“人治”相等同，两者是根本不同的概念。

二、教师应具有法治之力，追求依法治教

（一）教师应该具有法治之力

1. 教师应具有法治之力，是维护教师自身权益的需要

在权力得不到有效控制、自由得不到约束的情况，任何人的权利都有被侵犯的危险。教师作为社会存在的一个主体，其权利也有被侵犯的可能。根据我国《教育法》和《教师法》的规定，教师具有进行教育活动，开展教育教学改革和实验的权利；有从事科学研究、学术交流、参加专业的学术团体，在学术活动中充分发表意见的权利；有按时获得工资报酬，享受国家规定的福利待遇以及寒暑假的带薪休假的权利等等。但是有些地方，教师工资得不到按时发放，被无故拖延；有的主管部门粗暴妨碍教师自主完成教育教学任务，违反教师聘期合同、侵害教师依据聘期合同

享有的权利；对教师进行考核显失公正。这些都是对教师权利的侵害，教师应根据相关法律，维护自己的权益。

2. 教师应具有法治之力，是依法治国的必然要求

法治作为当代中国的核心价值理念，是历史与现实的必然，是依法治国、执法为民、公平正义、服务大局、党领导社会主义法治理念发展的必然，是党在新时期培育和践行社会主义核心价值观的必要。作为教师，要具有法治之力，让法治精神和法治文化作为支撑，建设和谐的教育关系，充分发挥教师的社会使命和历史使命。

3. 教师应具有法治之力，是实现教育平等公正的坚强保障

法具有指引、评价、预测、强制和教育功能，它是人与人之间所形成的社会关系所发生的一种影响。教师在从教过程中，如果具有法治之力，必然会强有力地减少或者避免教育不平等、不公正现象，达到教育公正，实现教育的真正价值。

（二）教师要追求依法治教

依法治教，是指全部的教育活动都应当符合教育法律的有关规定，所有的教育法律关系主体在从事各类教育活动时都应当遵守或不违背教育法律的规定和精神。

依法治教是坚持教育为社会主义建设服务，保证国家教育事业迅速发展的主要措施。我国教育是社会主义教育，教育必须为社会主义建设服务，这是我国教育的根本问题，我国八届人大三次会议通过的《中华人民共和国教育法》从法律上规定了涉及教育改革发展全面性的重大问题，如对教育地位、教育性质、教育制度、教育体制、教育机构、教育者与受教育者、教育与社会等等，都作出了基本的规范，并把教育在经济社会发展战略中的首要地位建立在法制基础上，使之法制化、条文化、具体化，避免教育发展的大起大落，使教育按其应有的规律发展。

全面实现依法治教应当具备以下几个方面的条件：一是要有完备的教育法体系，做到教育“有法可依”；二是严格依法行政，健全严格、公正的教育执法制度，做到“执法必严”；三是做到教育司法公正，做到“违法必究”；四是具有较强法律意识教育主体，做到“有法必依气作为教师，在依法治教中最重要的就是不断提高自己的法律素养，培养法律思维模式，增强法律敏感度，使自己具有法治之力，在自己的岗位上实现依法治教。

第六章 高校青年教师社会主义核心价值观的准则

第一节 爱国

在社会主义核心价值观中，“爱国”是公民道德的价值支柱，是社会主义核心价值观中公民道德的基石和旗帜。

一、准确把握爱国价值准则，弘扬爱国主义

（一）理解爱国的概念

爱国是一种“由于千百年来各自的祖国彼此隔离所形成一种极其深厚的感情”。人们对养育自己的这片土地总是怀有非常质朴深刻的爱。这种情感并不是凭空产生的，从人类最初为求生存而自然的对血缘氏族形成一种依赖感，到后来有意识地将自己的命运与祖国的兴亡联系在一起。这种对祖国的爱是人类千百年依存于祖国生存发展的过程中，萌生，积累，升华而形成的，深融于每个人的血脉之中。人们都把自己的祖国比作母亲，对于生养自己的母亲，无论她贫与富、美与丑，都会有一种眷恋和热爱之意，这是人的天性，社会本能。

（二）了解爱国的由来

爱国是自国家产生以来就已存在的主题，每个国家的人民都倡导爱国，都把爱国作为一种最伟大、最崇高的思想感情进行阐释和弘扬。“爱国＂的概念在中国的历史文献中早有记载。《战国策·西周策》中在谈到秦国要吞并西周的时候，就提到：“周君岂能无爱国哉？”汉代荀悦《汉纪·惠帝纪》中记载：“封建诸侯各世其位，欲使亲民如子、爱国如家。”《晋书·刘聪传》中说：“臣闻古之圣王爱国如家，故皇天亦佑之如子。”中国传统价值观念认为，家国同构、家国一体。国家不仅是个人生息繁衍的地理环境和物质基础，而且是其赖以存在的精神皈依。个人、家庭、社会构成了彼此依存、相互依赖的关系，把个人的理想信念与安身立命紧密地结合起来，强调修身、齐家、治国、平天下的统一性。一个人的社会责任感先从家庭这一最小的社会单位开始，“君子务本，本立而道生”，“孝悌也者，其为仁之本也”。本着孝悌之心，把家庭伦理和

价值准则推而广之，推己及人，己所不欲，勿施于人，实现“己欲立而立人，己欲达而达人”。以天下为己任，本着天下兴亡匹夫有责的责任和担当，忠心报国，博施于民而能济众，致力于实现富国强兵、诚实守信的王道乐土。

（三）把握爱国主义价值观

一个国家的核心价值观承载着一个民族、一个国家的精神追求，构成社会发展最持久、强大的力量源泉。爱国是作为一个公民最基本的价值准则，更是社会主义核心价值观的基础。爱国情感是我们对自己祖国的直接感受和情绪体验，具有强烈的感染力和激发力，马克思指出，“激情、热情是人强烈追求自己对象的本质力量”，当和祖国相关的重大事件发生时，人们深藏于内心的爱国情感就会迸发而出，促使人们进行爱国的行动。但这种朴素的爱国情感往往带有非理性的特征，比如网络上的各种非理性的爱国言论，尽管出自一片赤诚的爱国心，但缺乏了理性的规范，往往会流于空泛的形式。爱国要有激情，但有激情缺少了理性的引导，那只是情感的简单释放，而很难真正推动社会进步与发展。必须将“爱国情感”上升为理性的“爱国主义”。这是因为：

1. 爱国主义反映了个人对祖国的依存关系

“爱国主义体现了群众对自己祖国的深厚情感，反映了个人对祖国的依存关系，是人们对自己故土家园、民族和文化的归属感、认同感、尊严感与荣誉感的统一。它是调节个人与祖国之间关系的道德要求、政治原则和法律规范，也是民族精神的核心。”这定义中，爱国主义一方面要从情感上理解，国民对国家天然的依存和归属，对本民族文化的认同以及担当；另一方面又要从理性上分析，国民共同遵循的行为规范和政治原则，其中既包含人类的正义性原则，又具有历史性和时代性特征，既有感性的认识，又有理性的要求。

2. 爱国主义体现了个人对祖国的报国关系

“爱国主义”的这种情感与理性的统一比朴素的“爱国”情感要更具有稳定性、概括性、倾向性、坚定性和全面性。“爱国主义”既要有激情，又要有深情，既要讲情感，又要有情操，既有外在的行动，又有内心的感悟。人们有意识地将拳拳爱国之心转化为理性的锵锵报国之行，有理有利有节地通过理性爱国行为，将自己对祖国的热爱之情转化为推动社会进步的现实力量和精神支柱，这正是爱国价值的体现。

（四）弘扬爱国主义

“在五千多年的发展中，中华民族形成了以爱国主义为核心的团结统一、爱好和平、勤劳勇敢、自强不息的伟大民族精神。”爱国主义是中华民族的传统美德，是中华民族精神的重要内容，爱国主义思想激励着一代又一代的中华儿女为了国家民族的前途命运努力拼搏，团结奋战，爱国主义始终是贯穿中国历史发展的一条鲜明的主线。

爱国与爱这个国家的社会制度是分不开的，在当代的中国，爱国主义和爱社会主义本质上是一致的。在当代的中国爱国主义就是要在中国共产党领导下，走中国特色社会主义道路，投身于建设中国特色社会主义建设的伟大事业，努力为实现中华民族的伟大复兴贡献自己的力量。

爱国主义是一个具体的历史范畴，爱国主义以社会主义为其必然的归宿并不是偶然发生的。从带领中国人民取得革命的胜利，建立起独立自主的新中国，实现了近代以来中国人民梦寐以求的爱国梦，到新中国成立 70 多年来，社会主义中国所取得的举世瞩目的成绩。是社会主义完成了爱国主义所要争取的民族独立统一，是社会主义实现了爱国主义所追求的国家富强、人民幸福。今天我们这个古老的大国正萌发出勃勃生机，经济发展速度始终处于世界领先地位，物质财富极大地丰富，国家实力极大地提高，人民生活极大地改善，积极地和世界各国展开交流与合作，国际威望日益提高并在国际事务中发挥着越来越重要的作用。爱国主义以社会主义为必然的归属，是人民的选择，历史的选择。

另一方面，社会主义以爱国主义为精神动力。在当代中国，爱国主义与社会主义有机的统一于建设有中国特色社会主义的伟大实践中。爱国主义历来是中国各族人民团结奋斗的精神支柱，是凝聚全党全国各族人民力量，广泛团结炎黄子孙的伟大旗帜。只有弘扬爱国主义，对中华民族的历史传统和现实特点有一个清醒的认识，才能使中国特色社会主义获得丰厚的土壤。只有弘扬爱国主义，把国家独立和主权放在突出的位置，才能使中国特色社会主义生根发芽。只有弘扬爱国主义，极大地挖掘和发扬中华民族的自力更生精神，才能使中国特色社会主义拥有茁壮成长的无尽动力。只有弘扬爱国主义才能为社会主义现代化建设提供强大的精神动力。

二、教师应具有爱国之诚，坚持爱国教育

（一）教师应具有爱国之诚

爱国是一种基本的道德诉求，爱国主义是一种高尚的道德情感。爱国是教师必须具备的高尚的情感，是教师对祖国最深厚的感情，今天，爱国更是每一位教师神圣的职责和必须履行的义务。习近平强调，广大教师“要注重加强中国特色社会主义理论体系的学习，加深对中国特色社会主义的思想认同、理论认同、情感认同，不断增强道路自信、理论自信、制度自信、积极引导学生热爱祖国、热爱人民、热爱中国共产党”。教师的职业自身特点与道德规范要求教师的职责不仅仅是传授知识，更是教会学生如何做人，如何坚守包括爱国主义品行在内的高尚情操。教师的品德对受教育者的思想形成和行为转化有着至关重要的作用，因此教师应该严于律己，以身作则，率先垂范。具有良好爱国认知、爱国情感和坚定爱国行为的教师，对学生爱国主义精神的培育将产生积极的影响；反之，则会弱化学生的爱国认知和爱国情感，甚至误导学生的爱国行为。

（二）教师应坚持爱国教育

1. 教师应坚定自身爱国主义信仰

教师必须端正自身的道德认知，提高自身道德修养，守好自己的价值观底线。具体而言，人民教师要具有爱国主义觉悟，领悟爱国主义真谛；要有爱国主义思想，做到祖国利益高于一切；要有爱国主义情感，做践行爱国主义的模范；要有爱国主义意识，随时随地将爱国化为行动。教师的思想认识、道德情操、政治觉悟水平的高低，直接关系到爱国主义教育的实施效果，影响爱

国主义教育的最终成效。

2. 教师应以身示范爱国主义信仰

教师是教育之本，师德是教育之魂，教师从教应以师德为先。爱国主义教育不是简单灌输到学生头脑中的理念与规范，而是每一位教师都应践行的操守，特别需要为师者以身示范，言传身教，这种对爱国主义的践行，对学生的影响更加生动具体，更容易接受。教师更要努力用自己的一言一行对学生爱国主义意识的形成进行潜移默化的影响。教育是祖国事业的一部分，教师工作的好坏直接决定着祖国的兴衰，教师应该始终和党和人民站在一起，自觉做中国特色社会主义的坚定信仰者和忠实实践者，忠诚于党和人民的教育事业，严肃认真对待自己的职责，尽力引导和帮助学生把握好人生方向。

第二节 敬业

社会主义核心价值观中“敬业”是公民职业生活中的价值准则，是公民职业道德的基本要求，体现了职业价值观的灵魂。

一、准确把握敬业价值准则，培育敬业精神

（一）理解敬业的概念

劳动的需要是人的本质的需要，是人满足一切需要的基础。人的劳动需要表现为对职业的需要。对于个人来说，职业生活是人的社会生活的主要组成部分，是人生旅程中最长、最丰富的一段。就业前的学习生活，退休后的休闲生活，也都与职业有紧密的联系。可以说，人生的成败得失大部分都体现在职业生活当中。职业所反映的不仅仅是人与自然的关系，更重要的是人与人之间的关系。这就要求劳动者在执业活动中必须遵守一定的道德准则，具备一定的道德情操和道德品质。

无数人生成功的经验表明，在职业生活中做一个有道德的从业者，保持为行业乃至社会大众所认可的职业操守，是取得职业成就的必备条件。对于行业来说，虽然一个行业的发展归根结底是取决于这一行业的生产力水平，但是从业者的职业道德也具有重大的作用。如果一个行业暮气沉沉，不思进取，哪有不被社会淘汰的道理？如果一个行业整体上“缺德”，或者这个行业充斥着大量的“缺德”的从业者，那么，这个行业不仅不能成为社会有机体的健康因素，而且势必成为这个社会的“毒瘤”。同样的道理，在一个由无数行业构成的社会中，“行风”影响着社会风气。积极向上的行业风范会给社会大众积极影响，体现出净化社会风气、引领社会风尚的正能量。

职业道德具有鲜明的职业特征，集中反映了特定职业、行业、产业自身的特殊利益和要求。因而，不同的职业道德要求各具特色。比如，教师应具备教书育人、诲人不倦的职业道德；医生应具备治病救人、救死扶伤的职业道德；国家公务员应具备公道正派、廉政为民的职业道德；商

人应具备诚实经营、童叟无欺的职业道德。不同的职业有着相应不同的职业道德要求，不同的历史阶段职业道德也打上不同时代的烙印。敬业是贯穿各种具体的职业道德的一般要求，作为职业道德，敬业是职业道德的共同性要求，是职业道德的核心所在。

（二）了解敬业的由来

敬业是中华民族的传统美德，《礼记·学礼》讲人成长是要“一年离经辨志，三年视敬业乐群”，认为敬业乐群是学校对学生考察的一个重要阶段，青年学生要达到的第二个阶段就是要学会敬业。唐代孔颖达对“敬业”的著述更为宽泛，没有仅仅停留在“学业”这个层面，他说：“敬业，谓艺业长者，近而亲之；乐群，谓群居朋友善者，愿而乐之。”到了宋代，朱熹从主体的心意态度层面解释敬业，他说：“敬业者，专心致志以事其业也。”后来，梁启超结合《礼记》里的“敬业乐群”和《老子》里的“安其居乐其业”两句话，总结出“敬业乐业”这一说法。在我国古代，许多仁人志士敬业尽责的故事广为流传，如“大禹治水，三过家门而不入”，“王猛为相，临终不忘国事”，诸葛亮“鞠躬尽瘁，死而后已”。传统的职业道德符合中国人的思维方式和生活习惯，容易被人民群众接受。

《公民道德建设实施纲要》明确的公民基本道德规范中“二十字”中有“敬业奉献”，“敬业奉献”从公民个人的道德建设看，是自我实现之本。

（三）把握敬业价值观

价值观是人们关于什么是价值、怎样评判价值、如何创造价值等问题的根本观点。价值观的内容，一方面表现为价值取向、价值追求，凝结为一定的价值目标；另一方面表现为价值尺度和准则，成为人们判断事物有无价值及价值大小、是光荣还是可耻的评价标准。价值观集中反映一定社会的经济、政治、文化，代表了人对生活现实的总体认识、基本理念和理想追求。职业价值观是价值观的重要组成部分，是价值观在职业生活中的具体表现。职业道德正是职业价值观的主要内容，敬业是职业道德核心，敬业观是职业价值观的灵魂所在。当前我国正处于发展的重要历史阶段，我们正在为实现两个一百年奋斗目标、为实现中华民族伟大复兴的中国梦而努力。在前进的道路上我们会遇到很多的困难和问题，很多都和从业者缺乏敬业精神，和他们的职业价值观息息相关，人们的职业价值观是否正确科学直接影响着这些困难和问题的解决。正是基于对职业价值观重要性的认识，党和国家对于职业价值观一直高度重视，党的十八大以来，中央明确将“敬业”纳入社会主义核心价值说之中，回应了全社会对职业道德建设中的突出问题的关切。

（四）培育敬业精神

随着我国改革开放的不断扩大和深入，社会的各个领域都在发生着深刻而巨大的变化，这种现象被称为“社会转型”。从世界历史来看，任何一个国家的社会转型，都会伴随着道德领域的深刻变化。从中国来看，无论是鸦片战争的爆发，五四运动的爆发，还是新中国的成立，都深刻促进了道德的变化。

1. 社会转型期职业道德问题严重

中国正在经历的社会转型，在道德领域引起了剧烈的变化，社会公德、职业道德、家庭美德、个人品德都在经历着转型。我们的社会转型是由改革开放主导的，社会转型首先是经济的转型，“四德”中与此直接相联系的就是职业道德，职业道德受到的影响最直接最大。经济上的对外开放，必然伴随、推动文化上的开放。这种开发是把“双刃剑”，一方面有助于我们吸收外国道德建设的有益成果，一些与市场经济相适应的新的职业道德规范正在逐步确立并发挥越来越重要的作用；另一方面，西方国家腐朽的价值观念、生活方式和思想文化也乘虚而入，冲击着我们的道德秩序。必须承认我国在职业道德方面存在不少问题。

2. 实现中国梦急需培育职业精神

敬业观与其他职业道德价值观一样，是随着社会分工的出现而逐步形成，随着社会分工的发展而不断发展的。在原始社会，随着人类历史上三次社会大分工的发生，形成了早期的职业划分，人们过着不同的职业生活，从事着不同的职业实践，承担着不同的职业责任，社会对其职业自然会存在不同的认识、评价和期望，从而形成原始的朴素的敬业观。

社会主义敬业观和资本主义敬业观虽同属于现代社会的价值观，但由于生产资料所有制的不同和价值导向的不同，社会主义敬业观和资本主义敬业观有着根本的不同。相较于资本主义社会资本至上，个人中心的敬业观，社会主义的敬业观是以劳动至上、集体导向、人的全面发展为取向的敬业观。不仅倡导职业的物质价值，更倡导职业的精神价值，唯利是图、金钱至上的价值观显然与社会主义社会敬业观格格不入。个人的力量是极其有限的，个人的力量只有形成一种合力，才有可能推动社会的变革和发展。社会主义敬业观提倡“人人为我，我为人人”的道德价值，坚决反对“人不为己，天诛地灭”的处世哲学，坚决反对利己主义、小团体主义和个人主义。社会主义敬业观所提倡的敬业精神目的是使人在职业的实践过程中，最大程度地挖掘自身潜力，提高自身素质，最终实现人的全面发展。

敬业价值的缺失，敬业精神的失落已经严重影响了社会主义现代化建设的进程，为了民族的伟大复兴，为了我们的中国梦，当务之急就是要加强社会主义敬业观的建设，培育广大劳动者的敬业精神，真正做到内化于心，外化于行，让每一个从业者、建设者从心灵深处迸发出强大的精神动力。

3. 教师应具有敬业之义

教育大计，教师为本。好的教育离不开好的教师，而一个好的教师必须具备好的敬业价值观。教师有着“人类灵魂的工程师的”的美誉，对于维护和调动教师爱岗敬业的积极性起到了十分重要的作用，总体上来说，我国教师队伍是比较稳定的，绝大多数教师都具有爱岗敬业的基本职业操守。人们把教师比喻为“园丁”“蜡烛”，赞颂的就是教师教书育人、爱岗奉献的敬业价值观。

第三节 诚信

社会主义核心价值观中“诚信”是公民道德的基本规范，社会主义核心价值的道德取向，是社会主义核心价值观的重要组成部分。

一、准确把握诚信价值准则，提高诚信意识

（一）理解诚信的概念

诚信是古今中外铸就的全社会具有最高认同度的道德准则之一。人无信不立，国无信不稳，社会无信不和，这已经成为大家的共识。到底什么是诚信？诚实守信。古人认为：“诚者，天之道也。”自然宇宙是物质性的，真实存在的，不以任何人的意志为转移，诚就是实际存在、真实无妄的意思。“诚之者，人之道也。”先贤认为，人是天地的产物，天道和人道具有一致性。既然天道的本质是诚，那人的个体德行和精神实质也是真实无妄、表里如一的。信字，讲的是言谈的诚实性，言由心出，表里一致。这种行为方式运用到人际关系之中，是指一种诚实不欺、遵守诺言的品格。千百年来，诚信始终是中华民族最基本的道德要求。除了言语的诚信外，还包含了心意的诚信和行动的诚信，这些都是诚信的重要内涵。

（二）了解诚信的由来

诚信是中国民族的传统美德，包含着言论与行动两个方面，要求言必信行必果，强调言论的真实与客观，人已无欺，真实无妄；重视对于言论的践行与笃守，一诺千金，一言九鼎。以儒家思想为主干的传统文化倡导诚信、守信的价值原则，要求仁人志士遵从“信”的价值准则。首先，“信”是安身立命的基础。其次，“信”是为仁的必然要求。把恭、宽、信、敏、惠作为“五德”，倡导“人则孝，出则悌，谨而信，泛爱众”。其三，“信”是与人交往的准则。反复强调，“与朋友交，言而有信”，并“日三省吾身”，反思：“与朋友交而不信乎？”以仁和义作为“信”的标准，推行德政于天下，“道千乘之国，敬事而信，节用而爱人”，把足食、足兵、民信作为为政的三个基本要求，如不得已必须去除，先后的顺序是去兵、去食，把“信”留在最后，因为“民无信不立”。儒家文化传统中，诚信、守信居于价值观的核心地位。

（三）把握诚信价值观

诚信是现代社会普遍适用的基本伦理原则，对每一个人起着规范引导的作用。在现代社会道德规范体系中，诚信作为一个最为重要和基本的道德规范，不仅是对个人的基本道德要求，也是对整个社会的道德要求，诚信是我国当代道德体系的基础和根本价值取向。如今，诚信不再是一种单纯的道德信念，单纯靠人的内心自觉来实现，它还是一种规范要求，其原则和精神已融入法律规范和经济制度中。社会主义核心价值观的构建离不开诚信这一道德的基石。我们的党历来重

视诚信建设，并把诚信作为治国理政的基本准则。可以说，倡导和培育诚信价值观，是党应对社会转型期出现诚信缺失现象的重要措施，也是通过社会伦理规范对接主流价值体系以凝聚社会共识的重要途径。

（四）提高诚信意识

社会是复杂的，当前我国社会诚信缺失现象严重，渗透到人们社会生活的方方面面，以至于出现了某种程度的诚信危机，甚至影响公众的情绪和社会的稳定。倡导诚信，是推进公民道德建设的基本要求，是社会主义核心价值观的要求。提高公民的诚信意识，不仅能解决我国目前社会发展中诚信缺失的问题，还能促进我们经济社会快速健康的发展，真正实现国家富强、民族振兴、人民幸福。

对于个人来说，诚信是我们的立身之基，唯有诚信才能得到他人和社会的认同和支持，才能生存并不断发展完善。孔子说："人而无信，不知其可也。"诚信使我们拥有超高的精神境界，使我们在和他人相处时有诚意，有信誉，使我们能愉快地和他人合作。而失信者将失去做人的起码依据和支撑其人生的基本条件，进而其生存、发展、完善都会受到严重挑战。

对市场经济来说，诚信是经济发展核心竞争力。诚信与市场经济发展历来密不可分，讲诚信则兴，不讲诚信则衰，这是市场经济发展的规律。诚信经营是社会主义市场经济中企业形象的根本，良好的声誉是企业在市场中取得竞争的胜利。今天我们的社会主义市场经济建设不断地发展完善，诚信是资本，更是经济发展的核心竞争力。

对社会来说，诚信是社会和谐之本，是构建和谐社会的重要条件。一个没有诚信、人人相互猜忌的社会是不可能和谐的。社会的管理是一个庞大复杂的系统工程，管理手段的核心是诚信。社会矛盾的解决需要时间和过程，如果没有相关方面的诚信承诺，社会矛盾就会不断扩大和延伸。唯有社会的每个人都讲诚信，没有虚假和猜疑，各自的利益才能公平实现。没有诚信就没有民主政治建设的基础，也就谈不上民主政治建设。诚信更是我们政府公信力和社会治理能力的前提和根本。

二、教师应具有诚信之德，坚持诚信教学

（一）教师应具有诚信之德

叶圣陶老先生说过："教育工作者的全部工作就是为人师表，凡希望学生去实践的，自己一定去实践；凡劝诫学生不做的，自己一定不做。教师的道德素质直接影响和决定着学生的思想品德。"教师的诚信之德如何，直接影响到学生个体乃至社会诚信文化的培育以及社会诚信行为的践行。教师诚信建设得好，就能培养出一大批德才兼备的学生，这些学生走上社会、进入各自岗位工作时才会以诚信作为基本行为规范，时时讲诚信，处处守诺言，从而推动整个社会诚信的健康发展。

（二）教师应坚持诚信教学

1. 教师应坚守学术诚信

近年来，教师学术不端和学风失范问题成为社会关注重点。由于职称评定、职务晋升、获取荣誉称号等对于学术论文有一定的要求，抄袭他人论文、拼凑伪造数据、发表论文学术造假、靠关系申报课题等学术腐败、诚信缺失行为出现在了从普通老师到校长、院士等不同的教科工作者身上，学术诚信缺失严重，影响极其恶劣。我们的教师应该就个人的诚信问题经常开展批评与自我批评，对自己严格要求。抄袭、剽窃、移花接木，剪刀槌糊之类怎能形成原创性成果？一个人不诚实地面对自己、面对他人、面对社会，就永远无法拥有真正的成功。之所以会出现种种问题，关键是没有把“诚实守信”意识上升到信仰的高度。教师的职业特点要求教师要将诚信的意识上升到信仰的高度。只有某一种意识和认识以及价值观念上升到了信仰的程度才能成为一个人自觉的行动，而这种信仰便成了行动的指南。当代教师的基本素质也要求教师一定要诚信，在教学和科研活动中，要诚实守信，认真备课、专心上课，做到不抄袭、不剽窃他人研究成果，不随意篡改捏造试验和调研数据，遵守科研规范。

2. 教师应以诚信为人师表

教师的任务在于育人，不仅用自己的学识教人，而且要用自己的品格教育人，用自己的人格去感化学生。为此，教师无论何时都必须在自己的师德修养上“以身立教”，倡导诚信之德，坚持诚信教学，成为学生的表率。教师必须具有言行一致、表里如一的诚信品德，才能在学生身上产生潜移默化的作用。教师要求学生做到的，自己必须先做到，要求学生不做的，自己必须坚决不做。如果教师在课堂上讲助人为乐，自己却自私自利，在课堂上讲文明礼貌，自己却随地吐痰，出言不逊，粗暴惩罚学生，在课堂上讲遵守校纪校规，自己却自由散漫，不遵纪守法，学生就会对教师在课堂上讲的道理、传授的知识打上问号甚至化为乌有。教师诚信的榜样不仅能激励和塑造学生的人格，而且当学生的思想或行为受到不良影响时，还会增强学生抵制各种干扰的意志力。教师诚信的言行会成为学生的一面镜子，用以时时对照检查自己的言行，使之易于发现自己的缺点，并及时改正。

第四节 友善

社会主义核心价值观中“友善”是公民道德的价值准则，是社会主义核心价值观中的重要内容，是社会主义国家正确处理人与人、人与自然、人与社会关系的行为准则。

一、准确把握友善价值准则，调节人际关系

（一）理解友善的概念

“友善”作为一种优秀的道德品质，自古以来就有着极为丰富的内涵。从字面的意义而言，

“友善”是“友”和“善”的统一。大体上，“友善”的意思是要向朋友一样来爱护和善待他人。亚里士多德认为“友善”是基于对善的美德的热爱和推崇而在人际间实现的关爱和互助活动，是自爱和他爱的完整统一。孔子提出“仁者爱人”，孟子强调的与人为善，其内涵都在于以善为原则来帮助和成就他人，进而实现自身人格的完善。所以，“友善”并不是毫无原则的建立人际关系的技巧，而是基于对善的美德的热爱而在人际间进行着的关爱和互助的活动。

（二）了解友善的由来

友善作为一种价值观，一直以来都备受推崇，在中国传统文化中有着深刻的思想渊源，以儒家的“仁爱”思想为核心价值。早在上古时代就有“尚仁爱、重人本”的说法，且《诗》《书》等典籍中有很多关于“仁”的记载和论述。到了春秋末年，诸侯纷争，使得礼崩乐坏，孔子将“尚仁爱”进一步系统化，并将其确立为儒家思想的核心。儒家认为，仁是人之本性的直接体现，“爱人”是“仁”的抽象价值向社会延伸的一种价值实践方式。《论语·颜渊》云：“樊迟问‘任'。子曰：‘爱人。'”明确了“仁者爱人”，将人性定格在善的一面，也就是“爱人”。所以，对于“友善”而言，儒家的“仁者爱人”本身是友善观的最直接体现。在孔子看来，对人有爱心，是一切美好品德的开端。但爱人首先是爱亲人，爱亲人是仁的本始。《孟子·尽心上》也说，“孩提之童，无不知爱其亲也”，“亲亲而仁民，仁民而爱物”。从培养这种真感情出发，爱亲人进而仁爱百姓，由仁爱百姓进而爱护万物，儒家这样推己及人，由近及远，便可以达到对其他人的“仁”，推及万物，这是儒家推广爱之心的典型步骤。有了“仁”，其他一切亲属间的感情以及更远的感情都有了着落，其他一切的美德也有了着落。友善因这样的历史基础和思维方式比较容易推广到公民之间，形成友善的公民关系，同时我们也要看到中国传统友善论的局限性，其目的在于维护统治者的统治集团利益。

（三）把握友善价值观

在不同的社会形态里，友善的实际调节力量和地位是不同的。在阶级关系对立的社会里，友善具有更多的理想性，它的实际调节力量相当有限，主要是少数德行高尚的人能够奉行，因此，无法上升为社会的核心价值观。在社会主义社会里，阶级对抗已经缺乏根本制度的基础，社会矛盾更多地体现为非对抗的性质，建设共同富裕的和谐社会成为社会主义社会的重要目标。人人为我、我为人人是人际关系的基调和主流，这就为友善创造了充分的实现条件进而使其调节力量空前加强，友善因而也具有了更多的现实性，更多的人能够在实践中普遍地体验到友善力量的存在和由此带来的益处，友善与幸福之间的规律性联系得到了最充分的实现，因此，友善也具有了被提升为核心价值观的社会条件。友善虽是世人渴望的美德，但并不是任何时候、在任何民族都能够变成现实，至于将其提升为一个民族的核心价值观，更需要有优越的制度条件和民族文化传统的支撑。中华民族以礼仪之邦闻名于世，友善是国人最重要的道德文化信仰。在建设中国特色社会主义事业过程中，公平正义的制度条件正在不断具备，每个人都有最好的机会能够最大限度地活出自己的真精彩，这必然为友善核心价值观的践行创造更为充分的社会条件。理解友善的意义和功能，要从社会主义本质要求的高度来认知，社会主义核心价值体系和核心价值观是社会主义本质的精神体现。社会和谐发展是社会主义本质属性，要实现社会和谐，人际友善是必然的保障。将友善纳入到社会主义核心价值观体系之中，彰显了建设整个社会和谐大同新局面的信心和期盼。

（四）调节人际关系

我国正处于全面建设小康社会的关键时期，友善作为公民道德的价值准则，一方面指引人们人格的完善和公民道德的培育，另一方面引领社会关系和秩序的优化。

友善作为个人的德行是个人取得幸福的重要因素之一，友善是播种快乐的使者。快乐是个体价值的一种体现，或人生目标的一种实现，是人通向幸福人生的价值指标之一。友善是一种珍贵的个人品质，快乐建立在友善的基础之上，快乐来源于社会成员之间的友善交往。离开友善的情感基础和价值追求，快乐只会成为一种自私的、狭隘的、邪恶的快乐，这实际上不是一种快乐，最终会走向快乐的反面。在众多的人际交往准则中，友善被认为是与人相处、达成共识的基本前提。在社会中不友善，就难以团结他人；在家庭中不友善，就难以和家人幸福相处。

对他人的友善，使你有可能成为他人尊重和回报的对象。对社会的友善，养成了你一种社会的责任感，社会将以更大的机会、价值回馈于你，你将享有更大的生存和发展空间。对自然的友善，自然将以美丽的景色给你精神的愉悦，以实际的生态资源利益让你生活更美好。在友善的交往中，我们感受到“人情味”，当你把友善的心态展示给别人，快乐的信息也随之传递。友善是人与人之间沟通的桥梁，是联系社会成员之间情感的价值纽带。离开了友善的规范作用，个体可以无限制地放大自我利益，缩小他人利益，结果就是自我利益的实现损害了他人的利益，导致个体的快乐丧失了善的标准。最高层次的“友善”是社会成员在追求共善的过程中所达成的相互认同。在“友善”中，自爱和他爱得到了完美的结合，自利与他利之间也构筑了通达的桥梁。友善作为社会公共的价值观是凝聚全社会的重要纽带，友善是人际和谐的润滑剂。

社会关系是人与人之间的关系，“友善”作为一种价值观，引领着人们在纷繁的社会生活中寻求人际间真挚的道德情感，也在实现自我价值和利益的脚步中追求人性的善和社会的公共价值。友善打开了人与人之间沟通的窗户，谁传递了友善，谁接受了友善，彼此的心灵就会靠近在一起，共同营造友善的社会氛围，建立起彼此文化与精神的家园。取得别人的信任，真诚的友善不可缺。你的一点一滴的态度和立场都会成为别人信任的理由和基础，懂得友善，用好友善，才能使你不断地获取别人信任，建立起友好的交际圈，形成和谐的人际关系。我们只有确立友善的价值目标，培育与人为善、乐于助人的道德情感，见利思义、顾全大局的行为准则，构建相互尊重、礼让宽容的和谐人际关系，形成关爱他人、团结互助、维护公平、伸张正义的社会风尚，才能促进人与人、人与社会、人与自然的和谐发展。

二、教师应具有友善之爱，坚持友善教学

（一）教师应具有友善之爱

友善是国民素质的重要组成部分，弘扬和培育友善价值观是教育的庄严职责和任务。一方面教师应该坚持友善待人的原则，无论何种学生，要以博大的胸怀去对待，把学生视为一个个充满个性的主体，一视同仁，营造轻松友爱的教育氛围，构建和谐的师生关系。教师的天职即要内心充满关心和爱护的友善之情，具有师德。

（二）教师应坚持友善教育

1. 教师应坚持友善之爱的教育理念

《中小学教师职业道德规范》规定“关爱学生，对学生严慈相济，做学生良师益友”等，据此，我们可以认为，用友善的态度，关爱的心对待学生，友善教学是法律对每一个老师要求。但教师对学生的平等、尊重、友善之心，和谐的师生关系不能只是依靠法律的强制力来实现，更主要还是应该依靠教师内心的师德修养。一个具有高尚的师德的教师会敞开自己的心扉，用心和学生沟通与交流，使学生感到温暖。他对学生的态度真挚友善，如沐春风，他对学生的教导真心实意，不图回报；他对学生的关爱尊重人格，持之以恒。每一位教师都应该相信，修炼自己的友善之情，以自己良好的师风师德，做学生健康成长的指导者和引路人，用自己的实际行动洒下爱的种子，滋润学生的心田，终有一天将在学生的人生中开出绚烂的“真善美”的花。

2. 教师应有友善之爱的教育方法

关爱学生是教师的天职，是教育工作的起点。对学生来说，教师关爱学生是学生个性充分自由、和谐、全面与健康发展的必要因素，是品德的催化剂，是激发学生学习兴趣的灵丹妙药。教师要尊重学生，平等对待学生，表达善意，心胸开阔，不斤斤计较，能够容纳不同意见；理解学生，了解学生的精神世界，学会站在学生的立场思考，用发展得眼光看待学生；把爱学生和严格要求学生结合起来，要严而有格，言而有情，严而有理，言而有行，真正的爱必然体现在严格要求之中；爱护学生，既关心学生的健康，又关心学生的发展，珍惜维护学生利益，保护其不受侵犯。

第七章 社会主义核心价值观下建立和完善青年教师导师制培养模式

青年教师是高校教师队伍的重要组成部分，是高等教育事业发展的希望所在。加强和改进高校青年教师思想政治工作，引导青年教师尽快适应高校教学、科研和育人工作，对于培育具有良好的道德修养和高水平业务能力的师资队伍，对于全面贯彻党的教育方针，确保高校坚持社会主义办学方向，培养德智体美全面发展的社会主义建设者和接班人，具有重大而深远的意义。近年来，一些高校尝试建立了青年教师导师制，使青年教师在更快地熟悉业务的同时，思想政治水平也得以很好地提升，从而尽快独立担当起教学、科研和育人工作。

第一节 青年教师导师制是加强青年教师思想政治工作的重要举措

实践表明，为刚刚走上高校教学岗位的青年教师确定一位教学水平高、学术能力强、具有强烈事业心和责任感的高级职称教师作为导师，助力青年教师成长发展，使其尽快成为合格教师的一员是加强青年教师思想政治工作、促进青年教师全面发展的有效途径。

一、青年教师导师制的发展

导师一词源自希腊语，原意是指宗教的传播者。随着时代的发展，导师逐步演化为对有相当的知识和智慧，并且传播知识和道德的人的总称。西方高等教育中的导师制最早是由英国牛津大学的威廉 · 威克姆提出的，牛津大学创办“新学院”，学生被牛津大学录取后到学院报到时，学院会指定一位导师对学生进行个人辅导。导师是学生所在学科的教师，不仅指导学生的学业，也指导学生的品行。导师通常以谈话的形式对学生进行辅导，文科生也会撰写读书报告提交导师接受指导。理、工、医科的学生，除了要修学课程外，还需到实验室做实验，所以他们接触的导师可能不止一个，但会有一位导师做总指导。后来牛津大学的导师制被哈佛大学、剑桥大学等全球多所知名大学相继采用。剑桥大学的导师制与牛津大学大同小异，导师是其学院制的核心。在剑桥大学，本科生入学后，所在学院会为其指定一名导师和一名学习指导员。指定的导师主要对学生发展进行指导，对学生的成长提出具有针对性的意见和建议。有的导师即使在学生毕业离校后，仍然和学生联系密切，甚至是关怀备至；学习指导员则主要负责对学生课程学习和教学安排的指导，着重对与其学习科目有关问题提出意见和建议。导师制直到今天仍是这些名校教育过程中的宝贵经验。导师制注重营造和谐、宽松、自由的教育环境，在指导内容上德智并重，在指导方式上重视个别指导、言传身教、循循善诱，从而使得导师制超越了仅仅作为一种教育手段的功能，而成为一个影响学生全面发展的过程，这正是现代教育必不可少的部分。正如普林斯顿大学本科生院院长格尔格斯所言："教育不仅仅是知识的传授，更重要的是人格的培养，过分实用的教育不可能产生高层次的人才。自信心、责任心、组织能力和献身精神这样的素质，只有在良好的大环境中长期潜移默化，才能逐渐形成。"在大学中学生导师制的建立，使得导师成为了学校品格和灵魂的载体，学生从导师的指导和教诲中所获得的不仅仅是知识，还有带着批判精神从事学习和科研的态度，以及影响其一生的思维方式，甚至在与导师交流的过程中达到精神的契合，使学生"在保持尊严、施展能力的同时形成履行社会职责所需的知识、修养、表达能力、性格、风度以及各种均衡和成熟的品质"。

在我国，导师制的发展历程并不很长。当时的国民政府教育部曾颁布过《中等以上学校导师制纲要》，又发布了《中等学校导师制实施办法》，为监督学生的思想行为，要求中等及以上学校设立导师。新中国成立后，我国高等教育采用的是苏联的教育模式，导师制被用于研究生教育，研究生入学后会有对应的指导教师，指导学生的思想品德、学习、科研和生活等。近年来，也有一些高校针对大学生设立导师制，对大学生开展个性化培养和教育，加强对大学生的管理和引导，以提高大学生的思想道德素质、文化修养和专业能力，从而更好地适应社会。

导师制由于具有因材施教、针对性强、效果显著的特点，亦被推广用于对新教师的培养。兴起于20世纪60年代，盛行于20世纪60年代的美国"新教师入门指导计划"，被认为是当时稳定教师队伍，提高教师质量的一项成功举措，该计划的核心就是导师制，到20世纪90年代，新教师入门指导计划成为美国"最受欢迎"的改革措施之一。新教师入门指导计划在执行上主要采取导师制和指导小组制，由聘任的优秀教师担任教学导师，对刚出校门、初次任教的老师提供指导和帮助，现已成为教师职业发展的有机组成部分。

赖特对美国近200所研究型大学的教师发展情况进行调查发现，六成以上的院校设立了正式的大学教师发展机构，四成左右的院校成立了大学教师发展委员会。这些机构和委员会的成立标志着在研究型大学中，已经普遍实行有组织地采取特定的策略来促进教师的职业发展，其中青年教师导师制是最重要的策略之一，即帮助青年教师寻找一个或多个专业领域内的资深教师作为导师，在青年教师和资深教师之间建立起指导关系。调查表明与没有参与导师制的青年教师相比，接受导师指导的青年教师参加教学、科研活动的频率更高，投入工作的时间和精力更多，科研产出成果也更为丰富，科研后劲更足。目前，美国的研究型大学基本都实施了青年教师导师制，英国在20世纪90年代，为促进教师专业发展、协助新教师成长也实行了教学导师制，由经过审查通过的、业务能力强的老师帮助新入职教师专业发展和成长。

20 世纪 90 年代以来，教学导师的概念在我国逐步被高校接受和推广教学导师有较长期相对稳定型和短期临时型即所谓正式导师和非正式导师之分，其中正式导师的指导关系相对稳定且有一定任期，具有明确的职责分工和工作规范；非正式导师一般是自选的、松散的、临时性的，作用不甚明显。正式导师通常由学校指定，按照一定的标准和程序，遴选出学术水平高、经验丰富的老师对年轻教师进行指导。

近年来，我国一些高校在积极探索开展青年教师导师制方面积累了很多经验。实践表明，青年教师导师制的建立和完善是高校促进青年教师发展，加强青年教师思想政治工作，促进师资队伍建设和提高教育教学质量的重要途径，已经成为很多高校培养青年教师的一项重要举措。

青年教师是师资队伍中比较特殊的群体。学校对青年教师往往寄予很大期望，希望他们更快地熟悉业务，尽快独立担当起教学、科研和育人工作，产出更多更好的成果。然而青年教师从学生转变为高校教师，刚刚开始独立开展工作，处于积累教学科研和人才培养经验的初期，面对着全新的工作和生活环境，甚至面对着可能需要的知识结构的调整，经历着巨大的角色转变。由于处于入职初期，青年教师自身的教学基本功尚不扎实，科研方向还可能需要重新定位或需要开拓新的研究领域，因此青年教师往往感到无所适从，迫切需要来自各方的支持和帮助，特别是来自同事、前辈的支持和帮助。而工作经验丰富、处于职业成熟期的老师，在教学工作中经过多年磨炼，科研工作也有多年积累，在人才培养方面也有很多的经验，有能力指导、帮助青年教师职业发展。青年教师的特点和迫切的成长需求促进了青年教师导师制的建立与发展。

在我国高校青年教师导师制，是指高校为刚入职的青年教师指定学术水平高，具有丰富的教学及科研经验，具有极高的事业心和责任感的高级职称教师为导师，帮助青年教师尽快适应工作环境，培养教学和科研能力，对青年教师的师德、教学、科研等进行全方位的指导，使其尽快成为合格教师的一种青年教师培养模式。我国高校的青年教师导师制虽然处于探索性实践和发展完善的过程中，但已经体现出在青年教师培养中的重要作用。具有良好师德师风、教学经验丰富、学术造诣较深的导师立足高校教育教学实际，对青年教师进行专门指导，可以非常有效地帮助新入职的青年教师尽快适应工作岗位，更好地确定职业发展目标和方向，传承优良的校园文化，树立教书育人的理念，同时尽早熟悉教学过程，尽快把握教学规律，更好地开展科研工作，从而迅速提高青年教师的教学、科研能力，缩短成长周期，降低青年教师培养的时间成本，实现青年教师业务能力和思想水平的双提升。

二、青年教师导师制有效促进了青年教师的成长发展

（一）青年教师导师制是提高青年教师思想政治素质的有效途径之一

随着高等教育的不断发展，青年教师作为高校教师队伍的重要组成部分，是办好人民满意高等教育、推动高等教育事业科学发展的生力军，是教育事业发展的希望，肩负着高校可持续发展

的重任。活跃在高校教学科研一线的青年教师，他们在教学、科研过程中与学生接触较多，与学生年龄接近，青年教师的道德情操、处世方式、行为准则、治学态度等对学生的健康成长至关重要。2013 年 5 月，中共中央组织部、中共中央宣传部、教育部党组联合印发了《关于加强和改进青年教师思想政治工作的若干意见》。文件指出，当前青年教师主体积极健康向上，拥护党的领导，对坚持和发展中国特色社会主义充满信心，热爱教书育人事业，关心爱护学生，为高等教育发展做出了重要贡献。但纵观高校青年教师的思想工作也存在一些需要提升和改进、加强的方面。

一些青年教师更关注于自身业务水平的提升，政治理论修养不够，理想信念模糊。有些青年教师不注重理论学习，对党和国家大政方针了解不够；有些青年教师在大是大非面前头脑不清醒，对国家的未来发展缺乏信心；有些青年教师甚至表现出政治信仰迷茫；还有一些国外回国的青年教师受国外各种思潮的影响，借学术研究之名给学生灌输一些非主流价值观，在课堂上信口开河。更有甚者，不加批判地用西方所谓的民主、自由否定中国特色社会主义，在课堂上公开宣扬西方资产阶级的价值观，对学生的世界观、人生观、价值观产生了不良影响。

一些青年教师重视教学科研能力忽视自身的道德修养。青年教师要做好教书育人的工作，首先要做到立德树人，教师的道德素养与学生的品德养成直接相关，这要求青年教师不仅要有渊博的学识和较强的教学工作和科研创新能力，还应具有较高的思想道德修养和崇高的师德，只有这样，才能在他们的职业生涯中更好地开启大学生心智，又能够很好地培植他们的心灵，进而培养高素质、高水平的人才。但由于高校教师评价机制等原因，一些青年教师把主要精力放在了争项目、评职称上，忽视了自身的职业道德修养；有些教师急功近利，不惜抄袭剽窃他人科研成果；有些教师收受学生礼品、透漏试题等。这些现象不仅影响到师资队伍建设，也会对学生的品德养成产生负面影响。

一些青年教师对业务不能够精益求精，职业情感缺乏。一些青年教师在工作中不愿承担更多的工作，对工作安排斤斤计较，上课照本宣科应付差事，下课不钻研业务，却热衷课外兼职赚钱，对于课程建设、教学方法的改革和专业学习更是无从谈起，仅仅把教师职业当成了谋生的手段，而不是把教师职业看成是实现自己人生价值的舞台。此外，由于高校青年教师大多数来自非师范院校，普遍缺乏对高等教育规律和大学生教育特点的了解，对如何调动大学生学习积极性，如何提高大学生思想认识等方面重视不够，只是简单地将书本内容传授给学生。部分青年教师常常是上课来，下课走，和学生沟通交流很少，不会主动了解、掌握学生的思想动态，更谈不上对学生开展有针对性的教育。有些青年教师简单地认为，大学生思想政治教育是思想政治理论课教师的事情或者是辅导员的事情，与己无关，缺乏对学生进行世界观、人生观、价值观引导的热情。

在青年教师中导致出现以上问题的原因，主要有三个方面。一是受社会环境中负面效应的影响和冲击。随着市场化改革的深入，人们的思想观念也在发生深刻变化。社会上拜金主义、功利思想、实用主义等思想观念，对高校青年教师的世界观、价值取向、职业意识产生了影响。市场经济的负面效应削弱了人们对主流意识形态的认同。二是高校的评价激励机制不完善。一些高校为了应对学科评估，盲目追求科研获奖、论文产出等硬性指标，对青年教师的思想政治工作不够重视。这种倾向无形中会影响到青年教师，使不少青年教师认为科研水平是硬实力，师德师风是软指标，出现业务工作与思想素质“一手硬、一手软”的情况。三是受青年教师自身的影响。现在高校的青年教师大多成长在改革开放时代，他们在改革的大潮中完成了高等教育，有些青年教师还有过西方留学的经历。他们的成长环境优越，但缺乏社会实践的历练，再加上青年教师刚参加工作不久，生活、教学和科研压力大，待遇又不很高，使得一些青年教师心理失衡，价值观出现偏差，有的觉得外国什么都好，对中国特色社会主义道路、理论、制度缺乏应有的自信。

实施青年教师导师制的实践表明，导师可以用丰富的育人经验指导青年教师成长，用良好的师德引领青年教师的发展，以自身的人格魅力影响青年教师的教学和科研工作。特别是围绕教师职业中的信念、理想、行为等对青年教师进行引导，能够更好地促进青年教师坚定理想信念，更好地树立社会主义核心价值观。导师群体彰显的爱岗敬业的职业操守、复杂形势下明辨是非的决断力、无私奉献的大无畏精神、勇于开拓和严谨务实的工作作风等，会起到很好的榜样作用，能在潜移默化中影响青年教师，解除他们思想上的迷茫。青年教师导师制在促进青年教师专业素养和教学、科研等业务水平提升的同时，在青年教师思想政治工作方面同样发挥着重要的促进作用，因而成为加强和促进青年教师品德修养、提升青年教师业务能力的有效途径。

1. 青年教师导师制可以有效地促进青年教师树立良好的师德师风

高校教师承担着教书育人的重要任务，教师的职业特点要求教师有高度的责任感和事业心，青年教师在接受教学及科研指导过程中，除了专业能力的提升，在其他方面同样会深受导师影响。导师通过在课堂教学和其他育人工作方面树立依法治教、为人师表的师德风范，展现爱岗敬业、关爱学生的工作作风，带动了青年教师的角色认同感，增强了青年教师的职业归属感，使青年教师明确了自身所肩负的历史使命和社会责任，从而加快了角色转换的过程，形成了正确的角色定位，与此同时提升了青年教师投身于教育事业的热情，坚定了从事教师职业的决心，促进了青年教师形成良好的专业素质与道德修养。

2. 青年教师导师制可以有效地帮助青年教师提高综合素质

在指导青年教师专业技能成长的同时，导师可以有效地帮助青年教师不断提升综合素质和工作能力，导师对青年教师在指导过程中肯定成绩，提出建议，指出不足，全面指导，有利于全面提高青年教师的教学、科研能力，乃至育人、管理水平，进而提高青年教师的综合素质，促使青年教师持续进步，做到全面发展，帮助青年教师在工作实践中张扬个性，不断创新，努力实现自身的价值，逐渐成长为一名优秀的高校教师。

3. 青年教师导师制可以有效地帮助青年教师缓解工作和生活压力

导师对青年教师的指导不仅仅只围绕教学和科研两个方面进行，还包括关心他们的学习、思想和生活。青年教师导师可以对青年教师在心理和情感上予以支持，缓解青年教师教学、科研、生活等方面的压力。当青年教师在工作、生活与职业发展过程中遭受挫折时，导师可以有针对性地对他们进行必要的指导帮助，让其感受到希望，保持乐观积极的心态，树立起应有的信心，从而增强他们对待心理问题的抵御能力和对待精神压力的化解能力。

总之，青年教师导师制，通过老教师良好的师德师风，影响和感染青年教师树立社会主义核心价值观，提高思想理论和政治水平，树立教书育人的理念，使青年教师在不断提升业务能力的同时，思想水平和道德修养也不断提高，对加强青年教师的思想政治工作是十分必要的。

（二）青年教师导师制是加强青年教师业务能力培养的有效途径之一

青年教师导师制有利于提高青年教师的教学、科研和育人能力。一方面，导师在“备、教、辅、改、查”等各个教学环节上给予青年教师以指导，既通过“示范课”“观摩课”和共同备课等形式向青年教师传经送宝，又采取了随机听课，课后让青年教师“评课”等措施，与青年教师共同研讨，指点、协助青年教师建立教学档案，熟悉教学过程，加强教学基本功训练，分析解决教学中遇到的问题，可以使青年教师教学水平得以尽快提升；另一方面，导师通过指导青年教师查阅文献资料，了解科研发展动向，积极带领青年教师参与课题的申报，指导青年教师选题、立项、设计方案，开展科学研究，撰写学术论文，促进青年教师找准科研方向，形成自己的科研思路，养成良好的科研习惯，开展科研创新，促进了青年教师科研能力的增强和科研水平的提升。此外，由于高校教师不仅要教书更要育人，导师可以用积累的丰富的育人经验，指导青年教师尽快熟悉学生特点，帮助解决在育人工作中遇到的问题或困惑，提高育人能力。

通常将教师职业发展和成长划分为适应期、发展期、成熟期三个不同的时期。青年教师参加工作的前五年左右为适应期，是青年教师初步适应教育教学工作的阶段，经历着由学生到教师角色的转换过程，是青年教师人生发展中一个重要的转折点。面临新的环境、新的人际关系、新的工作，处于业务能力、教学观念、心理素质形成关键时期的青年教师，有着强烈的自我发展意识，虽然对工作充满热情，但不可避免会遇到许多困惑。如果他们能在工作中取得预想的成绩，他们的付出得到相应的回报，就会提高工作的热情，增强对未来的信心，但如果他们在工作中遇到挫折和遇有不尽如人意的事情，就容易产生心理上的迷茫感而表现失落。实际当中，一些青年教师需要较长的时间，才能完全适应工作。对于那些处于专业形成期的青年教师来说，当遇到问题和困惑时，少有机会向别人请教，或不知向谁请教，有的青年教师甚至担心请求帮助可能会被认为专业水平不高，只好靠自己在实践中进行摸索。青年教师通过个人的实践摸索提高专业能力和专业水平，势必延缓成长时间，也会影响学校师资队伍的建设和教育教学质量的提高。

青年教师完成学业走上工作岗位后，如何尽快完成从学生到教师的角色转变，担当起教学科研和育人工作已经成为高校师资队伍建设中一个很重要的课题，从我国高校青年教师的构成看，大部分教师来源于非师范院校，他们虽然掌握了专业知识技能，但基本上没有接触或系统学习过教育学、心理学，不了解学生的学习心理，不熟悉教学过程，也没有教育教学实践经历。只有少部分来源于师范院校，系统学习过心理学、教育学等，经历过一段短时间的教育教学实习。近年来，随着高校引进国外优秀人才力度的加大，来自国外培养的人才补充、加入到高校师资队伍中来，这些青年教师还要面临如何尽快适应国内高校人才培养环境的问题。尽管很多高校对新走上教学岗位的青年教师都会进行一些岗前培训，讲授一些心理学、教育学内容，传授一些教学方式方法，介绍一些学校的教学、研究生培养和科研等相关规章制度，但往往局限于理论方面的介绍和制度规定的条条框框，青年教师的教育教学实践体验和切身体会不够是切实存在的短板。

由经验丰富的导师根据实际情况对青年教师实施一对一的指导，因材施教，帮助和引导青年教师熟悉教学规范，了解教学环境和教学流程，提升教学基本功，提高教学能力；指导和帮助青年教师明确科研方向，开展课题申报和项目申请，开展科学研究、撰写学术论文，帮助青年教师根据自身特点制定具体的、有针对性的个性化专业成长计划，充分发挥和利用自身的优势条件，从专业化的角度分析解决青年教师教学和科研工作中面临的问题，可以有效规避一些专业成长初期青年教师可能经历的盲目摸索，对遇到的实际问题能够较快找到切实可行的解决途径，使青年教师在专业成长的道路上尽可能少走弯路，充分发挥自身的潜能，早日脱颖而出。

总之，实施青年教师导师制，通过富有教育教学经验的优秀教师的传、帮、带，不仅有助于提升青年教师的思想素质，做到爱岗敬业、教书育人，更重要的是，还可以促进青年教师业务水平的提高，促进青年教师教学基本功的提高，促进青年教师科研能力的提高。

（三）青年教师导师制是提升高校教师队伍整体水平的有效途径之一

实行青年教师导师制，相当于明确了导师和青年教师之间对应的指导关系，当青年教师在教书育人工作中及科学研究过程中遇到问题、产生困惑时，与自己的导师进行必要的交流讨论，可以及时向导师咨询，寻求帮助，导师针对青年教师提出的问题，需要用自身的经历和掌握的知识进行分析、沟通，转换思路以某一新的角度给予关注，帮助青年教师规避在工作初期的盲目摸索，可以使青年教师在专业成长的道路上少走弯路，更好地激发投身于教育事业的热情，不断增强从事教学科研工作的信心。在实行青年教师导师制的过程中，从被指导的青年教师角度出发，通过导师的“传、帮、带”，从导师的敬业精神和严谨作风中青年教师得到了教育和激励，获得了启发，青年教师在导师的影响、帮助与指导下，综合素质得以提高，树立了良好的教风，提高了教学、科研能力。与此同时，在指导青年教师、与青年教师进行交流的过程中，从导师角度出发，实施青年教师导师制有助于导师增加信息来源、开阔思路，有助于导师和青年教师分享教学信息、教育理念，共同研讨、尝试新的教学方式方法，进行教学交流与经验分享，共同联手开展科研工作。这也势必会促进导师提高自己对教学、科研和育人等工作的进一步认识、理解和实践，并通过学术交流相互促进业务水平的提升。在交流过程中也会加深相互间的感情，在指导青年教师、与青年教师的互动过程中，促进了责任意识的增强，实现了教师间的相互促进和共同发展。或者在更多的教师中展开讨论，在此基础上，演变成为一种更广泛、更开放的学习与交流，增强了团队的凝聚力，促进了优良团队文化的建设，形成新老教师间的良性互动。这种教学相长的培养模式，实际上对培养与被培养的双方都非常有利，对师资队伍整体水平的提升亦有较大促进，从而加快了教师队伍的全面建设。

由于青年教师的导师承担着指导责任，因此在某种程度上来说扮演着领导者的角色，通常被赋予高于一般教师的地位，因而在帮助和引导青年教师解决教学、科研和育人等方面问题的同时，还可以协助解决教师之间、师生之间的矛盾与分歧。在教师团队建设中发生不和谐的事件时，导师也可以针对了解到的情况进行分析，提出合理、有效的解决问题的方案，调停、缓和对立与冲突，避免内部矛盾的激发，形成团队合力。

第二节 青年教师导师制的探索与实践

在青年教师导师制的实践过程中，各高校根据学校发展定位和相应的学科特点不同采取了不同的形式，形成了一对多、一对一和多对一型等多种模式，不同的模式侧重点也有所不同，形成了各自的特色，积累了不少经验。

一、青年教师导师制的几种模式

国外一些高校通过科研导师制帮助青年教师提高科研能力，在实践中形成了传统的非正式指导模式和一对一、一对多、多对一等不同类型的正式模式，还涌现出一导师多微型小组等新模式，这对青年教师乃至整个教师团队的科研能力都产生了积极影响。

目前在国内高校青年教师导师制也有不同的模式，其中常见的是一对多、一对一和多对一型。

（一）一对多型

一个一对多型的实例来自中国农业大学生物学院。中国农业大学生物学院按照学科专业选择德高望重的老教授作为“学科导师”指导青年教师成长发展。“学科导师”，是按照学科专业设立的青年教师的导师，是青年教师导师制的一种具体化。生物学院根据学科发展特点，按学科专业选聘具有丰富研究生培养经验和较高学术水平的在职或刚退休的博士生导师担任学科导师，负责协调和指导本学科专业青年导师的研究生培养工作和青年教师自身的成长发展。以往生物学院的青年教师来源多为国内甚至本校的博士毕业生或博士后，他们对学校乃至学院的具体情况比较了解，在教学、科研、生活等各方面适应较快。近年来随着对高层次人才的需求，中国农业大学生物学院从国外引进了许多海归青年教师，他们一入校就开始招收研究生。这些引进人才在外国学习、工作多年，科研能力较强，但对于国内的实际情况了解不够，与学生的沟通交流有待加强，对学生的培养能力和培养水平有待提升，有的教师直接把国外的人才培养办法运用到国内学生管理中，导致了水土不服的情况 - 生物学院设立的“学科导师”有效地指导和帮助了新导师加快适应学院环境，更好地开展教学和科研工作，采取有效方式培养研究生。在研究生培养各环节，根据培养过程中出现的问题，学科导师有针对性地与相关导师、学生沟通，切实提高了培养质量。特别值得一提的是，学科导师可以积极协助学院协调处理研究生导师与研究生之间的矛盾，帮助解决思想、生活方面的问题，促进了师生关系的和谐发展。生物学院除创立学科导师制度，利用导师的经验和阅历，帮助青年导师在思想上、业务上得以提升外，还通过组织学科骨干教师与青年教师座谈实行集体指导，通过组织青年教师联谊活动等促进青年教师之间的相互交流和相互帮助。

另一个一对多型的实例来自安徽中医药大学中医临床学院。安徽中医药大学中医临床学院通过举行青年教师拜师仪式，为青年教师确定指导教师。该校聘请校内外中医专家作为导师，遴选学历高、有潜力的青年教师跟师学习。此举旨在发挥具有深厚中医理论知识和丰富临床经验的专家作为导师的传、帮、带作用，指导青年教师提高治病救人的本领，树立高尚的医德，更好地继承与发扬中医学术精华。中医的实践性很强，老中医的很多经验是在实践中摸索和传承下来的，而且很多知名老中医有着良好的医德医风，青年教师可以在传帮带过程中加以学习和传承。中医院校青年教师导师制在某种意义上有着对传统“师承”模式的沿袭作用，“师承”模式是我国中医得以传承的基本模式。

（二）一对一型

北京林业大学经济管理学院借鉴其他高校实施青年教师导师制成功经验基础上，根据学院的具体情况制定了切实可行的实施办法。由于在工作、学习和生活中，导师会成为青年教师自觉或不自觉模仿的对象，导师的治学态度、文化修养、人格魅力等对青年教师综合素质的提高起着潜移默化的作用，选聘好导师就成为青年教师导师制实施的关键。北京林业大学经济管理学院在选聘导师时，除了要求导师具备丰富的教学经验、过硬的专业本领之外，还要有良好的师德修养；除了要有乐于助人的精神之外，还要有善于助人的能力，尤其是要有极强的责任心。因此，学院对导师的职称、阅历、教学能力、科研能力、学术地位等都提出了具体的要求。学院要求选定的导师要与青年教师、教研室负责人三方共同为青年教师制订培养计划，并经分管副院长审定后，由导师对青年教师按培养计划进行指导，以实现预期培养目标，使青年教师在政治思想素质、业务水平、工作能力等方面均能适应教学的需要，培养青年教师良好的职业道德和敬业精神，使青年教师在较短的时间里全面熟悉各教学环节，掌握教学规律，尽快独立承担起教学任务，成长为教学骨干。指导教师还要指导青年教师编写教案，并通过开展跟班听课等形式指导青年教师教学实践，具体包括教学目的、教学方法、教学内容、授课进程、板书设计等细节的指导，以及教具、现代教学手段的使用和课后的自我分析等项目的开展等。学院要求导师每学期至少调阅所指导青年教师讲授课程的一章节教案，并对教案提出书面意见，交教学办公室备案。导师在审阅教案时，如果发现问题，要及时指导和帮助青年教师予以修正，并与青年教师共同探讨，以解决教学中遇到的难题。学院还要求导师跟班听课，要求导师每学年不定期随堂听课至少 5 学时以上，对青年教师的课堂教学进行具体的分析和有针对性的辅导，对青年教师在教学中出现的问题，提出整改措施。导师的听课记录和课堂评价要报学院教学办公室备案。学院不仅要求导师跟班听课，也要求青年教师跟班听导师的课，即所谓的“双边”听课。担任导师的老教师长期工作在教学第一线，通过数十年的教学磨炼，在品德修养、专业知识等方面有着丰富的积累，逐步形成了自己独特的教学风格和驾驭课堂局面的能力。青年教师有目的、有计划、系统地听经验丰富的老教师的课，可以向老教师学习在课堂上如何组织教学内容，如何运用教学方法和教学手段安排好教学环节，如何运用教学语言和表情，以及如何正确对待学生的个性差异，实行因材施教。此外，指导教师还要指导青年教师进行广泛的文献研读。当代大学生思想活跃，视野开阔，求知欲强，这要求教师不仅要有丰富的专业知识，还要有扎实的教育学知识和广阔的知识面。虽然青年教师大都拥有博士学位，但这并不等于说他们对所教学科的知识掌握就一定很到位。硕士、博士阶段的学习更强调的是“专”，青年教师在研究生学习阶段对专业研究方向之外的知识大都涉猎不多。同时，青年教师大都未受过师范教育的训练，缺乏教育学、心理学的知识；而且受知识结构和阅历的影响，知识面也不够广阔。学院要求青年教师自觉地加强学习，广泛阅读文献书籍，并做好读书笔记。导师要为青年教师介绍本学科的发展方向和前沿知识，向他们推荐阅读资料和经典著作，检查青年教师的读书笔记或译文笔记，督促他们制定中长期学习计划，使其扩大知识面。加强科研辅导也是导师的重要指导内容之一。在青年教师指导制度中，学院鼓励导师将青年教师吸收进所主持的科研项目组，帮助青年教师确定科研方向，引导青年教师撰写科研论文或教改论文；同时要求青年教师应完成导师指定的学习和科研任务。为了充分发挥青年教师导师制的作用，北京林业大学经济管理学院专门制定了青年教师指导制度实施办法，对导师的选拔、职责、考核和待遇，对青年教师的基本条件、培养要求、考核和待遇，对青年教师指导制度实施的基本程序等，都做了具体的规定。学院还印制了《北京林业大学经济管理学院青年教师指导制度青年教师手册》，以方便青年教师和导师按要求完成相应内容。实施办法还明确了对导师制实施情况的考核形式，包括日常考核和结果考核，其目的既是为了督促，也是为了总结和交流经验。日常考核，就是定期或不定期地检查导师及青年教师执行导师制的进程和结果，通过抽查青年教师的备课教案、导师的指导记录、双方的听课记录以及随机听课、与学生座谈等形式了解导师是否履行了职责，青年教师的教学能力是否有所增强，以便及时发现青年教师导师制实行过程中的问题。结果考核，是在每学期、每学年检查学生的教学质量评价结果，要求导师和青年教师分别做出相关的书面总结，并在教研室汇报，然后由教研室做出评价和提出改进意见。

浙江湖州职业技术学院下发的相关文件中指出：学院决定选派一些品德高尚、精于教学、科研能力强的骨干教师，一对一结成对担任青年教师的导师，以培养青年教师的敬业精神及良好的师德和教风，使其尽快适应并融入学校教育环境和所处的社会环境，帮助他们提高教学水平和科研能力，将他们打造成为一支适应时代发展要求的、富于创新精神和发展后劲的青年教师队伍，从而带动教师队伍的发展，不断提高教育教学整体水平。

（三）多对一型

蚌埠医学院公共课程部采用“2+1”辅导模式，即为每位青年教师安排两位治学严谨、教学经验丰富、学术水平高、科研能力强的导师，指导青年教师熟悉高等教育教学规律，掌握教学方法和手段，全面提高教学科研技能和业务水平，尽快适应高校教师岗位，使青年教师接受为期两年的导师制培养。同时有两位导师指导，可以使青年教师感受不同的教学风格，博采众长，并可以兼顾到导师自身繁重的工作任务，以免影响导师自身的工作或影响指导效果。

也有不少高校通过建立校企合作，为青年教师搭建双导师制的培养模式。一方面学校组织本校教学经验丰富的专家对青年教师实施校内导师制，具体责任和任务落实到人，定期检查阶段性成果；另一方面学校与各个专业相关的企业进行联合，将青年教师分批次选派到企业，跟随企业中的专家学习，通过与企业沟通、协商，建立校外导师制培养模式。通过了解企业的新知识、新技术、新方法，通过将企业的生产实践经验应用到本专业的实践教学过程中，提高学校教师实践能力，以此通过校企合作实现双导师制的培养模式。

二、青年教师导师制存在的问题与不足

高校青年教师导师制是通过选拔一批师德高尚、学识渊博、业务水平精湛及经验丰富的中老年教师，从思想、教学、育人和科研等方面，对新上岗（或转岗）进入高校师资队伍的青年教师进行全面指导，帮助其尽快成长的教师培养模式。在高等学校设立青年教师导师制，目的在于有效发挥中老年教师的“传、帮、带”作用，不断提高青年教师的思想素质和业务能力，促进青年教师的不断成长与发展。通常高校教师缺乏全面系统的职前教育，岗前培训不仅时间短，而且实践性不够，所以实行青年教师导师制很有必要。青年教师导师制的设立也具有成本低、方式灵活、针对性强和具有双赢性等优点，是一种值得推广的、有效的青年教师培养模式。但根据目前我国部分高等学校的实践情况以及相关研究，高校青年教师导师制也存在一些需要进一步解决的问题。

（一）缺乏行之有效的激励措施

部分已经实施了青年教师导师制的学校或学院，虽然在总体政策上有开展青年教师导师制的要求，但没有出台相应的操作规范和明确的配套政策，制度不能得以落实，效果也难以得到保证。其中，最关键的还有青年教师导师制的经费落实不到位的问题，学校没有设立专项的财政预算和支持经费，缺乏相应的激励措施。配套政策缺乏势必影响教师参与的积极性，不利于持续深入地开展青年教师导师制工作。

（二）缺乏必要的评估考核和监管机制

已经建立导师制的一些学校或学院，在导师制开始推行的时期，指导教师及青年教师都非常重视，效果也比较显著。但随着青年教师越来越多，加之随着时间的推移学校对青年教师导师制工作的监管、评估会有所松散，执行过程往往逐渐流于形式。产生了设立教学导师后有与无一个样，导师对青年教师教学指导工作好与坏一个样，对于指导过程的监管控制无法保障，缺乏必要的、应有的过程管理环节，绩效考核的标准不够科学，必要的调整也不及时，没有形成包括启动过程、指导过程、期满考核等关键点的完整的考核指标体系，考核工作开展难以到位。这种对青年教师导师制比较松散的管理方式，使青年教师导师制有效性受到很大影响。

（三）工作落实不到位效果不明显

可以看出，在青年教师导师制的实践中，尽管有些高校建立了青年教师导师制，但有的因为导师的责任不够明确，青年教师配合不够积极；有的机械地根据青年教师导师制的要求，选定思想素质较好、教学经验丰富的导师，不加区分地安排对新上岗、转岗进入教师队伍的教师进行指导，根本不考虑导师是否愿意指导指定的青年教师，也不大兼顾青年教师的兴趣爱好和他们的专业特长、职业发展定位，只是按部就班地参照已有的青年教师培养计划进行实施，严重影响到后期指导工作和培养实践；有的导师放任自流，既没有对青年教师进行应有的指导，也不提出任何具体的培养要求，两者之间除了培养计划书约定的指导与被指导关系之外，没有任何实质性的指导行为与培养工作，或者指导老师对青年教师有一些指导，但往往浅尝辄止，蜻蜓点水，甚至只是象征性地谈一次话，无论从量上还是质上，都没有达到预期的目的，甚至没有达到规定的基本要求；有的指导老师虽然严格履行导师制的规定与培养计划要求，尽心尽力地完成指导工作，但由于观念陈旧，志趣不同，方法不对，适得其反，难以满足青年教师的个性化发展的需要；有的指导老师不是从帮助青年教师专业成长的角度来履行导师职责，而是让青年教师为其服务，进而造成了两者之间，不是应有的指导与被指导的关系，而是一种类似于老板与雇员的关系等，这些问题在一定程度上消减了青年教师导师制的积极作用，使得实施效果不够明显。

第三节 建立符合高校特点和发展定位的青年教师导师制

尽管青年教师导师制是加强青年教师思想政治工作，促进青年教师健康成长的有效途径，但由于每个高校的发展定位不同，所拥有学科专业的特点各异，因此建立符合高校自身特点的青年教师导师制以及建立相应的、有利于持续发展的运行模式十分必要。

一、将青年教师导师制作为高校开展青年教师思想政治工作的重要举措

曾任清华大学校长的梅贻琦先生认为：所谓大学，非大楼之大，乃大师之大也。教师是高校办学主体，是人才培养水平的关键所在。而青年教师的培养和发展在师资队伍建设中，又是学校的未来和希望所在。作为高校师资培养的有效途径，青年教师导师制有着培养方式灵活、多样，培养内容具有针对性强的优点，有必要将导师制纳入高校师资队伍建设和青年教师思想政治教育体系，将导师制作为高校培养青年教师的一项重要举措制度化。但毕竟理、工、农、医以及其他类别高校间，甚至同一学校的不同学院间，因学科特点、学院管理模式和方式各异，应建立符合高校和院系自身特点的青年教师导师制以及一系列相应的配套规章制度，从而科学、有效地引导和推进导师制工作，保障导师制的有效实施。

青年教师导师制的规章制度应包括青年教师导师制的实施办法、中期检查和期满考核办法等，使得青年教师导师制的实施有章可循、职责明确、管理规范。对改进和加强青年教师思想政治工作来说，指导教师应当不仅仅是“教学导师”或“科研导师”，更是青年教师的“德育导师”

或“思想导师”。导师对青年教师要有意识地在政治上加强引导，实施指导过程中应把意识形态领域思想影响和思想政治教育蕴含在对青年教师的指导之中，使青年教师能够在提高业务能力的同时全面提高思想政治觉悟和综合素质。

青年教师的需求是多元的，涉及思想、育人、教学、科研等多个方面。导师制在制度设计时应明确指导目标和指导重点，要求导师从政治思想、教育教学和科学研究等方面进行全面指导，以免导师不知道应该“指导什么”和“怎么指导”。

目前从国内各高校青年教师导师制实施情况的比较来看，在以下几个方面都有了一定的经验。一是导师的选择。所有高校对导师的职称都有明确的规定，要求教师具有高级职称，具备丰富的教学经验、良好的师德师风、严谨的治学态度，在业务上必须具有扎实的教学功底、深厚的专业知识、较强的科研工作能力。二是培养对象的范围。虽然在工作时间和年龄的规定上，各高校有着一定的差别，但总的说来，青年教师导师制培养的对象主要是没有师范教育背景、没有高校教学工作经验的青年教师。三是培养内容的规定。培养内容涉及教育教学、科学研究和思想品德等方面。一些学校还对教育教学的指导内容作了详细而明确的规定，如课堂教学、教学基本功指导等，为青年教师适应学校的教育教学环境，开展好课堂教学工作提供帮助。科研方面则主要利用导师资源进行传、帮、带，帮助青年教师顺利开展起自己的科研工作。四是培养方式的选择。有一对一、多对一、一对多的多种形式的交流和指导，帮助青年教师成长。听课也已成为青年教师教学培养的主要方式，虽然不同的高校对听课的数量有不同的要求，但课堂教学培养指导已经成为导师制中最常见、最容易进行量化考核的形式。一些高校对导师和青年教师的听课要求是双向的，不仅要求导师听青年教师的课，也要求青年教师听导师的课；一些高校的听课以要求青年教师去听导师的课为主，同时辅以听其他老师课的规定。五是要及时地总结与考核。总结与考核是保障青年教师导师制有效实施的重要环节。一些高校在考核方面的要求很具体，把导师对青年教师开展指导工作的考核作为其工作职责的一部分，与职称评定、津贴发放、教学评价等相结合；同时把对青年教师是否接受导师的指导作为主讲教师资格获取的必要条件。总结与考核，可以有效地督促指导与被指导的双方都能认真履行指导和被指导职责。对于考核的组织形式学校也有所不同，有的学校，只要求青年教师所在院系进行总结考核，有的学校则进行的是校级考核。这也是值得不断探讨和规范青年教师导师制发展的重要方面。

二、建立可持续发展的青年教师导师制运行模式

（一）加强导师遴选

导师的遴选非常重要。青年教师导师制能否有效实施很重要的一点是要把好导师的质量关。需要对导师在政治思想、师德师风以及教育教学、科学研究等方面进行综合考察，本着“育人为本，以德为先”的原则，要遴选政治立场坚定、具有高度责任感、师德师风高尚、业务能力较强的中老年教师担任导师。因此应建立严格的导师遴选制度，根据责任心、业务能力、沟通能力等

多方面考察选择导师，授予青年教师的导师资格。

河北农业大学对青年教师的导师遴选与聘任要求如下：具有教师资格，同时具有高级职称（或相当于高级职称）的教学科研能手，是研究生指导教师；师德良好，作风正派，治学严谨，身体健康，业务能力强，工作认真负责，有相当的教学经验，比较熟悉被指导青年教师所在学科专业的教学计划，熟悉教学和科研工作的规章制度，教学评价良好以上。第一年新来的青年教师每人配备一名导师，原则上一名导师所带青年教师不得超过 3 个。遴选程序是先由各系提名，院党总支考察，院学术委员会讨论，院长批准后上报学校，青年教师根据发展需要和个人兴趣，实行双向选择，最后由学校正式聘任，并报学校教务处、人事处备案，聘期一般为三年，可连聘连任。河北农业大学对导师的职责规定如下：①指导青年教师尽快适应大学的工作、生活，端正学习、工作态度，树立良好的教风。②帮助青年教师了解所在学科专业的发展方向及前景，了解本专业的学生培养目标和教学计划。了解所在学科、专业的知识结构体系，各课程之间及其相关学科、专业之间的关系。根据本专业学生培养计划、社会需求和青年教师的个性，指导青年教师选择开设公共选修课进行锻炼。③结合学校、学院党总支的部署，开展第二课堂教育，指导青年教师参加本学院和学校组织的教学比赛和撰写每学期所担任课程教学的总结报告。④结合导师的科研课题或青年教师自己设计的题目，指导青年教师进行综合实验技能锻炼和撰写专业论文。⑤关心青年继续教育和进修情况，指导青年教师的教学科研发展，注重青年教师综合能力的培养，完善青年教师的知识结构。及时解决青年教师教学、科研和学习中遇到的问题，并对青年教师教学、学习上的要求和意见向学校有关部门反映。指导青年教师进修，帮助联系学校及相关的科研院所等进修单位。⑥发现学习成绩突出和有特长的青年教师，向学院提出因材施教的培养计划。

中国农业大学生物学院在导师遴选中，借鉴了教学督导组成员的构成形式，聘请有条件的、优秀的退休教授作为“学科导师”成员。将退休的德高望重的教授作为青年教师的导师人选，可以让退休教授发挥余热，使他们长期积累下来的教书育人的宝贵经验得以更好地传承下来，而且，退休教授不仅阅历丰富，更重要的是时间充裕，可以利用网络、电话、直接交流等多途径与青年教师保持经常性的交流。

聘请校外同行专家指导青年教师，也是很多高校采取的一种形式。高校可以通过聘请“讲席教授”等形式，邀请外校的知名专家学者对本校的青年教师进行“一对多”的培训与交流，集中性地对青年教师传授经验，打开思路，扩展视野。

（二）明确培养目标

由于青年教师每个人的情况各有不同，培养方向和未来发展定位也各不相同，因此以人为本、因人而异地制定个性化的培养目标十分必要。青年教师的成长发展需求是多元的，涉及思想、教学、育人、科研等多个方面。如果指导目标不明确，导师的指导就不能很好地把握重点，从而影响指导效果。党的十八大把立德树人作为教育的根本任务，并提出要“加强教师队伍建设，提高师德水平和业务能力，增强教师教书育人的荣誉感和责任感”。实施青年教师导师制，不仅是为了促进青年教师业务能力的提高，也是为了促进青年教师政治素质的提高。导师在对青年教师的指导过程中，应把思想政治教育寓于对青年教师的业务指导之中，从加强新时期青年教师思想政治工作的角度来说，青年教师的导师不应仅是青年教师教学科研的“教学导师”或“科研导师”，还应是青年教师的“思想导师”或“德育导师”，在帮助青年教师业务能力提升的同时，引导、培养青年教师实事求是、严谨务实的科学态度和教书育人、爱岗敬业的道德品质。

（三）制订培养计划

根据学校师资队伍建设的总体要求和青年教师培养目标，结合青年教师的。具体情况，一般由学校（或院系、教研室）、导师和青年教师三方共同制订一套科学、周密的培养计划，并且采取必要的措施严格执行和落实培养计划。辽宁中医药大学基础医学院青年教师导师通过学院、导师、青年教师三方共同签订协议，明确各自职责，并作为阶段检查、评估的依据。协议规定：导师要对青年教师负责，从政治思想、师德师风、教学能力等方面认真履行指导职责。青年教师要虚心向导师学习，树立正确的职业观，明确自己的责任与义务，并在导师的指导帮助下，尽快掌握科学有效的教学方法，提升科研能力。同时学院的管理部门要负责对双方执行情况进行监督，以便进一步考评和促进导师制的实施。基础医学院还制订了新教师的详细培养计划（简称“二年制八个一计划”），青年教师在导师的指导帮助下完成的计划内容：做一个为人师表、爱岗敬业、身正学优的大学教师；编写一套完整、规范的教学资料（教案、讲稿、教学日历、多媒体课件等）；讲授一门课程；认真听课，包括一门承担的课程、一门相关课程；参加一项科研、教学研究课题；撰写一篇以上教学研究、教学改革论文；发表一篇以上科研学术论文；中医学类新教师参加一学期的临床实践。

一些学校在实施青年教师导师制过程中，为了确保培养计划的有效实施，还对指导过程进行考核，特别建立了培养档案。培养档案的主要内容：培养计划；教案、课件、授课计划；参与进修或培训素材；教学研讨心得；随笔与杂记；学生对课堂教学的反馈信息；同行给予的评价；参与或申请的课题；发表的论文或著作摘要；听课记录；教学笔记；政治理论学习体会或自我成长总结等。指导教师根据和青年教师共同制订的指导计划，督促新教师有意识地汇集具有代表性的档案素材。培养档案的建立过程是对新教师专业发展的成长记录，也是对指导与被指导双方互动关系不断深入的过程记录，有利于指导过程的细化和对指导效果的考核评估。

（四）建立激励机制

仅仅确定了合格的导师、制订了明确的培养计划是不够的，相应的激励措施必不可少。健全的机制是制度有效运行的基本条件和必要保障。为促进青年教师导师制的实施，建立有效的激励机制十分必要。激励机制是青年教师导师制可持续运行的保障和动力，它对于青年教师导师制的顺利实施有着至关重要的作用。对于导师来说，对青年教师成长发展悉心指导是一项艰巨的工作，会占用很多的时间和精力，需要付出巨大的努力，而且还会有很大的压力。工作量认定、相应的绩效奖励或政策待遇等是十分必要的，对担任导师并很好完成指导工作的老师应该给予一定的绩效、待遇，在职称晋升、荣誉评定等方面应有所考虑。经验表明，指导教师都是有丰富经验的年长教师，本身教学和科研工作任务都比较重，且往往身兼多职，为了保证青年教师导师制的良性循环，鼓励导师和青年教师更好的合作，加大激励措施，对指导教师和进步显著的青年教师都给予一定的奖励和表彰，可以促进青年教师导师制的有效实施和良性发展。现在很多高校青年教师导师制可持续地、有效地实施不够理想，其中很重要的原因就是没有相应的经费和政策支持。可以制定青年教师导师制的专项经费预算，用于必要的指导教师的绩效津贴，开展与导师制相关的交流研讨活动、教学观摩活动、业务培训等。可以纳入青年教师人才工程项目中，分配以专门的资助经费用于导师制实施。

（五）完善考核办法

建立科学的考核、评估体系是实施青年教师导师制的有力保证和重要环节，青年教师导师制的考核一方面要考察导师职责履行情况，另一方面要考察青年教师成长情况。根据考核时间可以分为日常考核、中期考核和期满考核，有过程监督、亦应有结果考核。

加强考核是确保青年教师导师制取得实效的必要措施，需要在实践中不断完善考核评估制度应根据指导教师与被指导青年教师的职责，建立全面的、科学的考核与评价标准，严防执行过程流于形式。对青年教师和导师双方的考核可从多个层面展开，在期满、日常、阶段性的关键点都要进行考核，保证青年教师导师制的实施效果。

从考核内容上来说，可以考核思想品德、教学效果、课题进展等情况；从考核形式上来说，可以采取教师自评和民主评议等方法；从考核办法来看，应对导师的具体指导要求以及青年教师必须达到的目标等制定科学的考核体系，明确具体的考核评价指标。可以采用自评与他评相结合，综合评议、交叉评议相结合，过程考核与结果考核相结合，定性评价与定量评价相结合的多样化考核形式，从制度安排上保证青年教师导师制的实施效果。

导师职责履行情况考察要点：一是导师帮助青年教师树立正确的世界观、人生观和价值观，培养青年教师严谨踏实、实事求是的科学态度和爱岗敬业的精神，教书不忘育人的理念；二是对青年教师进行课堂教学示范、旁听青年教师试讲和课堂讲授，从教学内容、教学方式方法及教学组织安排等各个环节进行指导，指导青年教师备课情况，协助青年教师选用合适的教材、教参等情况；三是帮助青年教师全面了解学科科研工作前沿进展情况，有针对性地协助青年教师结合国家需求确定科学研究方向，制订切实可行的科研发展规划，指导研究项目和研究课题的申请申报，指导具体的研究工作的开展。

青年教师成长情况考察要点：一是虚心求教，尊重导师，积极主动地争取导师在思想方面、教学方面和科研方面的指导，积极主动向导师汇报思想情况、教学情况和科研工作进展情况；二是完成导师指定的知识学习要求、教学基本功训练、科学研究工作等任务情况；三是在导师指导下，掌握教学过程各环节的基本规范，了解所承担课程教学的内容，完善教学大纲，组织教学安排，选定参考教材；四是完成跟随导师的课堂教学进行观摩学习，并做好听课小结；积极参与导师科研项目、课件制作、教材编写等；五是申请课题和科研经费情况，以及撰写并发表学术论文情况。

可以每年组织培养中期和期满的青年教师汇报，展示教学、科研工作进展，促进青年教师入职后对工作的投入和良好工作作风的养成。发挥学术组织的作用和教师集体的力量，青年教师首次开课试讲、科研进展情况汇报、培养中期和期满的综合考核等由学术委员会、教学委员会等相关专家进行考核、指导。

（六）建立全方位的指导体系

导师制的有效实施，不仅要利用好本部门、本单位优秀导师资源，还可利用校外优秀师资资源，建立一支优秀的青年教师导师队伍。高校应多途径寻求、联系校外在岗的或离退休的专家、教师，以及实践经验丰富的校外行业专家等，列入青年教师导师的选聘范围，或在校内确定教学导师指导教学、学科导师指导科研和研究生培养、思想导师开展思想政治教育等，由多名导师对青年教师进行共同指导，充分发挥名校、名师、名家的示范作用和辐射功能，建立校际交流、学校与社会交流等多渠道培养机制，可以与教师的访学进修项目等相结合，实现优势互补和资源共享，从而形成全方位的青年教师指导培养体系。

青年教师导师制在国外由来已久，发展也较为成熟，但国内高校尚在起步探索和积极实践的阶段。目前国内越来越多的高校开始积极尝试，采取多种措施促进青年教师导师制的实施效果。毕竟实践已经表明，实施导师制对青年教师的成长是大有益处的，是提高青年教师教学水平和科研能力的有效手段。相信青年教师导师制将不断发挥应有的作用，通过导师对青年教师的道德修养和科研、教学、育人等业务能力等的指导，培养和带动青年教师积极向上、勤奋刻苦、教书育人、科研创新，从而促进高校教师队伍整体水平的不断提升。

第八章　社会主义核心价值观下高校青年教师社会实践的探索

“纸上得来终觉浅，绝知此事要躬行。”自古以来，中国知识分子都强调经民济世、知行合一的实践精神。教师是人类灵魂的工程师，承担着神圣使命。传道者自己首先要明道、信道。高校教师要坚持教育者先受教育，努力成为先进思想文化的传播者、党执政的坚定支持者，更好地担起学生健康成长指导者和引路人的责任。因此，作为代表教师队伍未来的青年教师更应该通过社会实践更好地认知社会，密切与生产劳动和人民群众的联系，改造主观世界，进一步提高教书育人水平，不断成长发展，更好地承担社会责任，坚持立德树人。

第一节　社会实践是高校加强青年教师思想政治工作的重要途径

青年教师贴近学生，是高校教师队伍的生力军。通过何种有效途径，既能够满足青年教师成长诉求，又能够将思想政治工作入脑入心，不断提高思想政治工作实效，正日益受到各方关注。中共中央组织部、中共中央宣传部和中共教育部党组联合发布的《关于加强和改进高校青年教师思想政治工作的若干意见》和中共中央国务院印发的《关于加强和改进新形势下高校思想政治工作的意见》，都把开展青年教师社会实践作为加强思想政治工作、完成立德树人根本任务的重要途径。

一、青年教师社会实践发展概述

马克思、恩格斯认为，实践是指人类所特有的对象性的物质活动或感性活动，它是客观物质性、主观能动性、社会历史性的统一。社会实践是实践活动的一个组成部分。社会实践是青年教师更好地熟悉国情、社情、民情，不断促进理论联系实际的应用和创新的活动，是成长发展过程中改造主观世界、促进自身全面发展的活动；是在社会生活中改造主观世界、促进自身全面发展的活动；是在走向社会过程中与生产劳动和人民群众密切联系，适应社会、承担社会责任的活动；是青年教师思想政治工作的重要途径。

我国传统文化也是倡导社会实践。古人有“行万里路，读万卷书”的格言，有“于无文字处读书”的教诲。两千年前，孔子为实现其治国安邦之道，曾率众弟子谋求与列国诸侯，虽到处碰壁，但其修身、齐家、治国、平天下的入世思想则泽被后世，绵延不绝。明朝思想家王阳明强调知行合一，认为“知是行的主意，行是知的功夫，知是行之始，行是知之成”。这都说明，社会实践对人品德塑造的重要。

经过长期的思想政治工作实践，我们党认识到理论与实践相结合的重要性，并把其作为指导我们党思想政治工作的正确原则。所谓理论与实践相结合，就是既要学习和掌握基本理论，又要从实际出发，实事求是。毛泽东同志还提出“自觉能动论”，强调思想、理论的指导作用。因此，我们党特别重视实践，强调要在实践中学习，要向实践学习。认为革命实践是一个锻炼人、培养人的大学校。新中国成立后，我国始终把教育和生产劳动相结合。《中共中央国务院关于教育工作的指示》明确指出，党的教育工作方针是教育无产阶级为无产阶级政治服务，教育与生产劳动相结合。《中共中央关于改进和加强高等学校思想政治工作的决定》颁发，其中明确表示，“青年教师是高等学校未来的希望所在，但其中不少人缺乏实践锻炼，对他们应严格要求、热情帮助，使他们不断提高政治、业务水平，做好本职工作。凡是缺乏实践锻炼的青年教师，都要安排一定的时间参加社会实践”。特别是近些年来，随着青年教师思想政治工作日益受到重视，《国务院关于加强教师队伍建设的意见》指出建立教师学习培训制度，推进高等学校中青年教师专业发展，建立高等学校中青年教师国内访学、挂职锻炼、社会实践制度。《教育部中央组织部中央宣传部国家发展改革委财政部人力资源社会保障部关于加强高等学校青年教师队伍建设的意见》要求各高校要组织青年教师广泛开展社会实践活动，帮助他们进一步了解国情、社情、民情；要鼓励青年教师到企事业单位挂职锻炼，到国内外高水平大学、科研院所访学以及在职研修等，促进青年教师在教学科研、社会实践中锻炼成长；要鼓励青年教师在教学科研和社会服务实践中大胆探索、发挥所长，对于成就特别突出的青年教师予以破格任用。《中共中央组织部中共中央宣传部中共教育部党组关于加强和改进高校青年教师思想政治工作的若干意见》明确指出，要拓宽青年教师思想政治工作途径，坚持与青年教师专业特长、职业发展、服务社会等相结合，创造条件，加大投入，积极为青年教师开展社会实践搭建平台，保证每名青年教师每年至少参加 1 次社会实践活动。积极选派青年教师挂职锻炼，鼓励青年教师参与产学研结合项目，深入基层参加生产劳动，开展调查研究、学习考察、志愿服务，进一步了解国情、社情、民情，正确认识国家前途命运，正确认识自身社会责任。近期，中共中央、国务院印发了《关于加强和改进新形势下高校思想政治工作的意见》，明确要求建立中青年教师社会实践和校外挂职制度。

二、社会实践促进青年教师思想政治工作增实效

当前，各高校顺应时代发展，结合青年教师成长特点，不断提高思想政治工作针对性和实效性，努力做到因事而化、因时而进、因势而新，把社会实践作为思想政治工作重要途径，不断丰富工作内容。社会实践在工作目标、工作对象、工作内容等三方面都能解决主要矛盾，促进青年

教师思想政治工作不断出实效。

（一）内化外化辩证统一促进先进思想文化入脑入心

青年教师思想政治工作是思想政治工作的组成部分。思想政治工作重要的是使受教育客体能够将教育内容入脑入心，能够内化于心，外化于行。归根到底就是实现内化和外化的辩证统一。所谓内化是指在思想政治工作过程中基本矛盾转化的一次飞跃，即将社会发展所需要的思想文化化为受教育客体的认识，是一个由外（社会发展需要）向内（个人的精神世界）的发展过程。所谓外化是指在思想政治教育过程中基本矛盾转化的二次飞跃，即将受教育客体所产生的新思想道德认识转化为行为实践，是一个由内（思想文化认识）向外（行为实践）的发展过程。思想政治工作的基本矛盾，是社会发展所需要的思想文化与受教育客体现有水平的矛盾。思想政治工作的重要任务就在于解决这个矛盾，将社会发展所需要的思想文化转变为受教育客体的思想文化。这个矛盾贯穿在思想政治工作的全过程。在思想政治工作过程中，这个基本矛盾表现为两次飞跃。第一次飞跃，即所谓内化一将社会发展所需要的思想文化转化为受教育客体的思想道德认识。第二次飞跃，即所谓外化一推动受教育客体将新的思想道德认识转化为实践，转变为行为习惯。一个成功的思想政治工作过程，只有将社会发展所需要的思想文化内化为受教育客体的思想道德认识，再将受教育者的思想道德认识内化为行为实践，并且变为行为习惯，才能说教育者形成了社会发展所需要的思想文化，也才能说这个思想政治工作过程已经出了效果。

师者，所以传道授业解惑也。传道者自己首先要明道、信道。青年教师要坚持教育者先受教育，努力成为先进思想文化的传播者、党执政的坚定支持者，更好地担起学生健康成长指导者和引路人的责任。因此思想政治工作首先要让青年教师了解先进思想文化，进而认同，再而内化于心，最后自觉外化于行，积极践行。社会实践拓宽了青年教师的视野，使其不再局限于书本之中、象牙塔内，能够更全面深入地了解当前社会发展所需要的先进思想文化。知其然，然后知其所以然。传统文化学习、党史国史教育等社会实践也能够帮助青年教师更好地了解当前先进思想文化的形成是根植于中国特色文化和中国的历史发展进程中，了解中国共产党是先进思想文化的代表。这也正符合中国传统观念“纸上得来终觉浅，绝知此事要躬行”。将枯燥的理论学习，以社会实践的方式活灵活现地展现在青年教师面前。随着学习的不断深入，青年教师会积极学习先进思想文化，不断改造自身的主观世界。随着主观世界的不断完善，会自觉产生具有先进思想文化的行为。实践是检验真理唯一标准。此时，社会实践又为这样的行为提供了检验是否学到位的重要途径，也是传播先进思想文化的重要途径。可见社会实践很好地解决了内化与外化的矛盾，将其辩证统一。

（二）主体客体相依相存，充分发挥青年教师主观能动性

主体与客体是思想政治工作的基本构成。所谓思想政治工作主体，是指在思想政治工作过程中的主动行为者，是具有主动教育功能的组织或个人。在思想政治工作过程中，教育者和受教育者都是主动行为者，都具有主动教育功能，因而都是思想政治工作过程的主体所谓思想政治工作

客体，是指在思想政治工作过程中教育主体的行为对象。相依相存是相互依存并且能够相互转化。在思想政治工作过程中，思想政治工作主体和客体是相互依存并且可以相互转化，有主体的主动教育才会存在客体的受教育，有客体的受教育需求才会需要主体的主动教育。同时，在一段过程中的主体可能是转化为另一过程中的客体，同样，客体也会转化为不断过程的主体。在高校思想政治工作中，青年教师是思想政治工作的客体，但在学生思想政治工作中，其又是主体。充分认识到这种主客体关系，更能发现社会实践在青年教师思想政治工作中的优势。

社会实践是“践行—认知—认同—践行—（完善）认知—认同”的循环过程。青年教师社会实践不但有其作为主观能动者的实践活动，也有作为客观指导者参与学生实践的活动。教育中强调教学相长。社会实践能够创造一个教育与被教育共存的良好氛围。青年教师在指导学生社会实践中，感受认知自身思想道德、业务能力的不足，进而激发其主观能动性，自觉地通过社会实践不断完善。同时，青年教师也可以将在社会实践中掌握的思想升华、能力提升，转化为自身的教育素材，施教于学生，真真切切努力做好立德树人。社会实践让思想政治工作的主客体相互依存，转化促进，以客观需要为动力形成主观能动性，进而提高自身思想政治工作实效。

（三）思想实践融会贯通生动思想政治工作内容

思想政治工作的主要内容，是根据社会发展的要求，以及思想政治工作客体的思想实际而确定的。它不仅体现思想政治工作的性质，而且是实现思想政治工作目标与任务的重要保证。思想政治工作目标内在规定的丰富性以及对教育对象素质发展的多方面工作的需要，决定了思想政治工作的具体内容也是全面、广泛、具体的，包括世界观、人生观、价值观、道德等。对应当下的青年教师思想政治工作，包括思想理论、价值观念、法律法规、道德品质、文化、历史等多方面内容。其中很多内容属于思想层面，需要通过生动的方式，形象的载体，化“虚”为实，帮助青年教师更好地学习掌握。

社会实践正好能够通过学习考察的方式，让青年教师学习马克思列宁主义、毛泽东思想、中国特色社会主义理论体系，深入贯彻习近平总书记系列重要讲话精神；通过志愿服务的方式让青年教师积极践行社会主义核心价值观，提高社会公德、职业道德、家庭美德、个人品德教育；通过挂职锻炼的方式，增强青年教师的国家意识、法治意识、社会责任意识；通过组织重大历史事件纪念的探索活动、国家公祭仪式，参观爱国主义教育基地等主题教育活动，帮助青年教师更好地了解中华优秀传统文化和革命文化、社会主义先进文化、中国共产党史、中华人民共和国史、改革开放史和社会主义发展史。通过社会实践的生动形式，能够很好地展现思想政治工作的丰富内容，不断提高工作实效。

第二节 高校开展青年教师社会实践的主要举措和成效

一、当前青年教师社会实践的主要举措

（一）建章立制促进工作推进

国家高度重视青年教师实践，全国高校思想政治工作会等会议都对此予以关注，并把其作为提高青年教师思想政治工作的重要途径。各级部门和地方政府也先后出台了《国务院关于加强教师队伍建设的意见》《关于加强和改进高校青年教师思想政治工作的若干意见》《关于进一步加强和改进新形势下高校宣传思想工作的意见》《关于加强和改进新形势下高校思想政治工作的意见》《关于组织北京高校青年教师开展社会实践的实施意见》《北京高校青年教师中国特色社会主义理论教育培训方案（2015 ~ 2019 年）》等文件。各高校也针对性地出台了加强青年教师社会实践的相关文件。

教育部成立了教师司，加强教师特别是高校青年教师思想政治工作。各省市积极推进，如北京市。市委教育工委牵头建立北京高校青年教师教育培训工作协调机制，加强与市委宣传部、市委党校及相关部门沟通协作，保证培训质量，指导督察各高校开展好本校的青年教师相关培训工作。各高校要加强统筹，系统设计，做好市级培训的调训工作，研究制订本校青年教师培训工作规划，结合实际确定年度培训重点任务；加强对院（系）工作的指导督察，推进落实，保证全员覆盖。各高校也成立相应机构，统筹组织部、宣传部及科研、财务、人事、后勤等管理服务部门，加强部门间联动。如中国农业大学成立了教职工思想政治工作领导小组，北京交通大学成立学校青年教师思想政治工作领导小组。各高校也注重发挥院系的能动性，建立了校院两级工作体制，加强联动。

（二）形式多样增强工作实效

青年教师的社会实践是一项受众多、涉及面广、社会影响大的系统工程，形式也是多种多样，从不同纬度有不同分类，如从参与方式角度可以分为自主的社会实践和指导青年教师社会实践，从实践的内容可以分为专业调研实践和社会认知实践，此外，还包括挂职锻炼等社会实践方式，本书总结概括为如下几个基本形式：挂职锻炼，调查研究、学习考察、志愿服务。

1. 挂职锻炼

解放初期，教育部就曾组织北京大学、清华大学 800 余名师生分赴西北、中南、西南参加土改工作半年。接着各地相继组织大批教授、讲师和青年学生下乡参加土改，使广大师生的思想受到极大触动。改革开放以来，随着地方经济建设的发展，对于年富力强且具有较强专业知识的高校青年教师需求日益增加，形成较为常态化的挂职锻炼制度。如北京市出台了《关于组织北京高

校青年教师开展社会实践的实施意见》，明确要求每年定期组织高校青年教师赴相关企事业单位挂职锻炼。青年教师挂职锻炼作用明显。一方面可以锻炼作风、培养能力。青年教师挂职能够走出象牙塔，亲身体会基层的工作状态，开阔视野，拓宽思路，提高处理问题、协调解决问题的能力，同时，锻炼实事求是、求真务实的作风，提高实践能力。在实践中锻炼，在锻炼中提升。基层接触的都是具体工作，坚持多听、多看、多想、多问。适应基层、体验基层、感悟基层，要善于总结经验教训，改进工作方式方法，实际工作能力才能切实得到增强。另一方面可以增强敬业精神和社会责任感。挂职锻炼可以深切感受良好工作氛围，了解基层规章制度和真实的奋斗目标，油然而生爱岗敬业的思想。通过挂职锻炼的社会实践，真正体验社会脉搏，增强理论的创造性。

中国人民大学实施了“青年教师基层挂职锻炼计划”，选派多名青年教师到安徽、广西、云南等地区县挂职，挂职岗位涉及教育、科技、文化、商务、政法等多个领域。从相对简单的学校环境到事无巨细的基层一线，青年教师通过“经风雨，见世面、长才干”，进一步了解国情、社情、民情，补上了实践的一课。中国矿业大学加强企业实践平台建设，建立了“高校青年教师挂职锻炼”项目，组织了青年教师赴山西焦煤霍州煤电集团有限责任公司、山西冀中能源集团矿业有限责任公司等公司挂职，鼓励青年教师用己所学为企业解决技术难题，使高校“服务社会”功能通过“挂职锻炼”得以充分体现。北京交通大学多次组织青年教师赴西部地区和北京市机关单位锻炼，其出台了《北京交通大学鼓励青年教师挂职锻炼暂行办法》，鼓励青年教师赴重大工程现场或实践基地、大型企事业单位等进行挂职锻炼。此外，北京交通大学还开展校内挂职锻炼，已有超过八批近百位青年教师参加挂职锻炼，其中 3 人走上校级领导岗位，11 人走上初级领导岗位，多人成为本学科的带头人。

2. 调查研究

毛泽东同志在《反对本本主义》中，提出了“没有调查就没有发言权”。调查研究概念广泛。基本解释是，为了解情况，考察分析。若作为调查与研究词组，可解释为对事物进行系统周密的考察和了解，并进行钻研和思考。调查研究既强调信息来源，即要深入调查，强调掌握一手信息，更注重对信息的分析研究。结合高校实际情况，我们认为调查研究是通过入户调查、走访座谈、产业调研等多种方式，结合学科专业，系统分析，更深入地了解社会发展、经济建设、文化传承特别是相关专业领域发展等情况的实践活动。

北京化工大学连续坚持开展暑期青年教师社会实践活动，从最初的社会调查发展成进革命老区、石化企业和农村社区，有针对性地推进产学研结合。参加活动的青年教师人数累计超过 500 人次，参加展示的科技成果达 140 多项，能够转化为生产能力的项目也达到三分之一，通过调查研究，为青年教师创造条件，接触社会，深入实际，有效地帮助青年教师成长发展，院士、长江学者、博士生导师在内的多名资深教授都曾参与其中。

3. 学习考察

学习考察更侧重在学习，是为了获得知识和技能，进行的实地观察调查活动。虽然，高校青年教师受过良好教育，具有较强的国际视野，但也要通过不断的学习交流，拓展国际视野，紧跟业务前沿，学习兄弟高校先进教学科研经验、相关产业行业领域企事业单位实际经验。

中国农业大学启动并实施“青年教师成长工程”。鼓励并积极推进青年教师到国外一流大学或科研机构进行研修，开拓国际视野。自启动以来，资助近500位青年教师进行5 ~ 12个月的出国进修。派出的老师以基础课、公共课教师为主，在国外期间除要求进行合作研究外，还要求跟听至少一门本科生课程。青年教师回校后普遍反映收获很大。华北电力大学（北京）组织优秀青年教师代表赴上海交通大学、浙江大学、广西大学等高校交流学习，为青年教师长才干，搭建了更加广阔的平台，创造更多更好的机会。不但各高校积极开展学习考察活动，各地方教育主管部门也积极组织学习培训、外出考察等活动，如北京市制订了北京市哲学社会科学教学科研骨干研修工作规划，连续组织在京高校哲学社会科学骨干教师特别是青年教师，参加北京市高校青年骨干教师理论培训班。

4. 志愿服务

志愿服务及志愿者活动最早起源于西方发达国家，20世纪90年代传入中国。特别是随着北京奥运会的举办，志愿服务的观念日益深入人心。对于教师群体，这一概念也不陌生。从支教、义工到社会服务等各方面，广大教师也都参与其中。为进一步鼓励教师参与志愿服务，教育部出台了《关于教师参与志愿服务活动的指导意见》。提出，高校教师可在知识服务、科学普及、文化宣传、政策咨询、专业培训等方面，积极开展科技文化医疗服务下乡进社区，科技成果惠民生，专业对口支援交流，生态环境保护，社会调查和政策建议，扶危济困，应急救援，重大活动服务等志愿服务活动，为国家经济和社会发展提供智力支持和技术服务。创新志愿服务形式。将教师个体志愿服务与团队志愿服务统一起来，提升协同服务能力，更好地满足服务对象的多元需求，逐步形成类型多样、特色鲜明、作用明显的教师志愿服务队伍。将教师志愿服务与学生志愿服务统一起来，教师在带头参加志愿服务的基础上，指导帮助学生开展志愿服务活动，形成有效的实践育人成果。将教师短期志愿服务与长期志愿服务统一起来，学校可在接受志愿服务的地区或单位建立长期交流合作的志愿服务基地，通过系统持久的志愿服务，使教师深入基层、深入一线，增强社会责任感，使志愿服务成为教师成长的新途径。教育部指导成立的“全国教师志愿服务联盟”，纳入中国志愿服务联合会系统，整体指导全国教师志愿服务活动。

（三）社会化培训夯实工作基础

1. 开展理论培训，坚实思想基础

理论指导实践。青年教师社会实践需要良好的理论作为基础。所谓理论学习，除了自身专业理论学习外，思想理论学习更是不可或缺。当前，各地政府纷纷开展理论培训，提高青年教师理论素养。山东省出台了《山东省2015 ~ 2019年社科理论骨干和哲学社会科学教学科研骨干研修工作规划》，推动培育和弘扬社会主义核心价值观，传承和创新中华优秀传统文化，不断巩固马克思主义在意识形态领域的指导地位。北京市也出台了《北京高校青年教师中国特色社会主义理论教育培训方案（2015 ~ 2019 年）》，组织了高校青年教师理论培训班。各高校也结合自身实际，建立理论培训制度，清华大学建立了青年教师马克思主义理论研讨班，中国农业大学围绕四有好教师，以模块化教学为主，建立了教师研修计划。

2. 建设实践基地，固化实践成果

社会实践基地是社会实践的良好载体。各地区、各高校充分发挥自身优势建立基地。北京市要求市委、社会工委负责协调社区社会实践基地建设与管理，市委、农工委负责协调农村社会实践基地建设与管理，市国资委负责协调国有企业社会实践基地建设与管理，市财政局负责经费审核，中关村管委会负责协调中关村园区高新企业社会实践基地建设与管理。高校负责推荐本校青年教师参加市级示范项目；开展校级社会实践项目，落实市级示范项目以外的本校青年教师社会实践任务。

二、青年教师社会实践取得的成效

（一）帮助青年教师全面认识国情民情

人是社会的一员，自身成长会受到社会环境的影响。而这种影响，正是通过各种媒介呈现的信息影响着我们。当前，伴随着科技进步，特别是互联网、自媒体等多种媒介的不断发展，人们获取信息的渠道日益广泛，了解社会的方式也更加多元和便捷。与此同时，大量碎片化、主观化的信息，也像洪流一样冲击我们的社会认知。真假信息难辨，断章取义、片面偏颇的信息混淆视听，让我们无法准确地了解真实的社会。在社会实践中，青年教师能够更深入地认识国情、民情，更深刻地感受国家经济发展、文化建设等各方面的巨大成就，能够更客观地审视当前仍然存在的社会发展不均衡、不协调等问题。通过社会实践，青年教师可以看到，在农村和山区，能够看到部分地区基础教育依然薄弱，人民生活依然贫困；在城镇，能够看到经济发展以损耗资源和牺牲环境为代价的问题依然凸显；在企业，能够看到科技水平落后、专业人才匮乏、创新能力不足等问题制约着企业的发展和国际竞争力的提高。在社会实践中，青年教师服务社会、传播文化，为当地的文化建设和企业的科技创新带去新的理念和成果，为区域经济发展作出贡献。青年教师的所见所闻能够使他们感受到国家、社会、企业对整体文化素质提高和对人才需求的迫切性。开展文化和科技服务的过程，又是获得社会认可和自我价值得以实现的过程，这都能够增强高校青年教师的责任感与使命感，使他们自觉把自己的人生理想与国家富强、民族振兴、人民幸福联系在一起，义无反顾地担当起教书育人，为国家培养合格建设者和可靠接班人以及提高国民整体文化素质的神圣职责，成长为具有奉献精神并忠诚于党的教育事业的工作者，成为投身科学研究，推动国家科技创新水平不断提高的生力军。

为此，各级教育主管部门，各高校都积极开展青年教师社会实践工作，是学校实施师德教育和提高教师综合素质的重要方式，可以帮助青年教师更好地了解发展的中国和发展的世界。有的高校坚持利用寒暑假组织青年教师深入社会了解国情民情教情。2015 年，中国农业大学以青年教师基本功大赛参赛选手为骨干，开展暑期社会实践，现已出发。此外，随着当前海外留学归国和非本校青年教师的大量引进，中国农业大学在新教师岗前培训阶段增加社会实践环节，充分依托该校场站园和北京市高校青年教师社会实践基地，开展新教师社会实践工作。帮助广大青年教师更好地认同农大文化、了解社会发展，通过实践锤炼促进知行合一。

（二）帮助青年教师增强教书育人能力

知识就是力量。就知识本身而言，大体包括陈述性知识和程序性知识两种。前者是说明“是什么”的知识，后者是关于“怎样做”的知识。如果说青年教师以前通过专业学习获得的是陈述性知识，那么，社会实践无疑有利于青年教师程序性知识的掌握和陈述性知识的理解。社会实践突出客观全面，突出从实践中学，以实践为检验，以实践为导向，注重运用知识，解决问题。因此社会实践是青年教师升华知识层次、提高知识全面性的检测器。

社会实践能够帮助青年教师提升业务水平和科研能力，为其成长成才搭建平台、创造条件，增强青年教师思想政治工作的实效性。首先，通过参加社会实践，青年教师实现了理论与实践的紧密结合，了解企业和社会对于人才能力和素质的新需求，为未来教学和科研积累了生动的素材，为做好教育教学工作、培养全面发展的合格人才打好基础。其次，青年教师还能够敏锐地发现问题，利用专业特长解决生产实践和经济发展难题，与企业、政府开展以项目为驱动的科研合作，促进科研成果向生产力的转化，这能够增强青年教师的问题意识和创新意识，提升他们的科研能力和工作本领。最后，来自不同学科背景的青年教师在社会实践中组建团队开展学习交流、调查研究，能够为日后回到学校后进一步开展学科交叉和渗透起到积极的推动作用。通过社会实践，既可以促进青年教师教学水平和科研能力的提高，又可以使青年教师的聪明才智得以充分发挥。

（三）帮助青年教师践行社会主义核心价值观

青年教师思想政治工作是加强和改进新形势下高校宣传思想工作的重要内容，因此青年教师思想政治工作的任务必然要以宣传思想工作任务为基础，如《中共中央办公厅国务院办公厅关于进一步加强和改进新形势下高校宣传思想工作的意见》指出：“加强和改进新形势下高校宣传思想工作的主要任务：一是坚定理想信念，进一步增强理论认同、政治认同、情感认同；二是巩固共同思想道德基础，大力加强社会主义核心价值观教育，提升师生思想道德素质，使社会主义核心价值观内化于心、外化于行，成为全体师生的价值追求和自觉行动；三是壮大主流思想舆论，切实加强高校意识形态引导管理，做大做强正面宣传，加强国家安全教育，加强国家观和民族团结教育，不断巩固马克思主义指导地位；四是推动文化传承创新，继承和发扬中华优秀传统文化，促进社会主义先进文化建设，增强国家文化软实力；五是立足学生全面发展，努力构建全员全过程全方位育人格局，全面落实立德树人根本任务，努力办好人民满意教育。”

教育部要求各高校将师德师风建设工程，把社会主义核心价值观纳入教师教育课程体系，融入教师职前培养和准入、职后培训和管理的全过程，特别是针对青年教师，集中开展社会主义核心价值观专题培训。北京林业大学通过举办“最美北京人 · 身边北林人”宣讲活动和“立德树人，尚德爱生”等主题教育活动，塑造了“身残志坚，呕心沥血为学生俯首，无怨无悔，全心全意建和谐家庭的李健、史啸云夫妇”等多个北林先进教师的典型代表，以身边的榜样深化学校师生对中国特色社会主义的认识，深化对社会主义核心价值观的认识。

（四）帮助青年教师打造交流互动平台

青年教师群体有自身发展诉求，也有社交需求。青年教师大多具有高学历背景，学识专业扎实。但当前科学研究越来越多需要多学科交叉互通，这就需要各专业的教师彼此能够加强交流。此外，青年教师成长过程中会遇到工作压力大、生活困难多工作、交际面窄等各种问题，与同龄人的交流，能够更好地帮助他们舒缓压力，愉悦身心。社会实践作为一个开放的活动平台，能够给予青年教师彼此交流的自然和谐的外部环境，也能够提供交流的便捷渠道。

北京航空航天大学启动“助成长、促发展”工程，着力加强青年教师“教学、科研、思想文化交流平台”，组织青年教师书友沙龙、校长推荐书目等活动加强校领导与青年教师以及青年教师相互之间在大学文化、个人学术方向、科研等方面的交流沟通，增强了不同学科教师之间学术资源共享。同时，也在青年教师之间传播学校改革发展思路、办学理念以及大学文化精神。中国农业大学组织了青年教师互助组、青年教师学术沙龙等各种实践活动，强化学科间的交流互通，并通过心理辅导等方式，舒缓青年教师压力。

第三节 构建适应新形势的青年教师社会实践模式

《关于进一步加强和改进新形势下高校宣传思想工作的意见》明确表述高校作为意识形态工作前沿阵地，肩负着学习研究宣传马克思主义，培育和弘扬社会主义核心价值观，为实现中华民族伟大复兴的中国梦提供人才保障和智力支持的重要任务。以此为指引，当前青年教师社会实践工作应以立足提高教师队伍思想政治素质和育人能力为基础，通过构建工作大格局强化组织保障，通过主题教育唱响主旋律，建设校内外基地，拓展社会实践阵地。

一、完善社会实践组织体系

（一）坚持党委领导与组织育人

《关于坚持和完善普通高等学校党委领导下的校长负责制的实施意见》明确指出，坚持党管人才原则，党委领导学校思想政治工作和德育工作，坚持用中国特色社会主义理论体系武装师生员工头脑。培育和践行社会主义核心价值观……组织育人既是工作要求，也是青年教师成长的诉求。随着时代发展，青年教师面对的挑战越来越多，更加需要党组织的关心关怀。党组织可以充分发挥优势，发挥党员教师表率作用，吸引党外优秀的青年教师加入党组织，注重培养，帮助广大青年教师成长成才。

组织育人要以创新党组织的工作机制，加强党支部“三力建设”，推进学习型党组织建设。

一要提高党支部吸引力，增强党员的光荣感、责任感和归属感，对党员应关心、关爱和关怀，体现组织的温暖，这样对党外教师也有很强的吸引力，润物无声。二要增强党支部凝聚力，党支部要保障党员权利，了解党员诉求，要给予帮助、指导，提供服务，力所能及为党员排忧解难。三要提高党支部战斗力，要把党员荣誉感更好地树立起来，落实好“双培养”，把党员培养成骨干，把骨干培养成党员，充分发挥每个党员的先锋模范作用，团结带领教师党员积极为学校发展做贡献，增强党支部影响力，从落实国家知识分子政策和人才政策的高度，做好知识分子工作，尊重知识、尊重人才。同时，积极以学习型党组织建设推进教师党员理想信念教育。

（二）坚持顶层设计与工作协同

社会实践是系统工程，需要高屋建令瓦顶层设计，更需要多部门协同的组织保障。高校应积极贯彻落实《关于进一步加强和改进新形势下高校宣传思想工作的意见》，着眼未来，高度重视青年教师队伍建设，特别是社会实践和理论教育工作，并把其作为提高广大教师思想政治素质和师德水平的重要抓手。可以通过党委常委会和校长办公会集体商议，结合高校实际，出台相关制度文件，强化顶层设计。

同时，社会实践工作牵涉面较广，涉及校内外多部门和单位，完善的工作体制机制建立校院协同、部门协作的工作体制机制，明确职责分工，推进工作落实。在校内，成立多部门负责人等参加的专门领导机构，如教职工思想政治工作领导小组，应该进一步建立健全相关规章制度，加强与政府部门、实践基地和社会各方的沟通，维护教师权益，加强监督考核，为实践育人提供保障。在校外建立由政府教育部门主管、高校主办、实践基地及社会各界共同参与的管理体制。例如成立各级社会实践工作委员会，由省、市政府牵头，由政府、部分高校和企业负责人、各类社会组织代表等组成，负责统筹协调和领导本地区的青年教师社会实践工作。

二、聚焦社会实践主题

在全国宣传思想工作会上，习近平指出，坚持团结稳定鼓劲，以正面宣传为主，是宣传思想工作必须遵循的重要方针……必须坚持巩固壮大主流思想舆论，弘扬主旋律，传播正能量，激发全社会团结奋进的强大力量。作为高校宣传思想工作的一部分，青年教师社会实践工作主题一定要唱响时代主旋律，把坚定的理想信念放在首位，始终坚持用中国特色社会主义理论体系武装师生头脑，确保社会主义办学方向。全面贯彻党的教育方针，强化政治意识、责任意识、阵地意识和底线意识，以立德树人为根本任务，提高青年教师思想政治素质和育人能力，积极培育和践行社会主义核心价值观，不断坚定广大青年教师的中国特色社会主义道路自信、理论自信、制度自信、文化自信。

（一）要坚持理想信念教育

开展爱国主义教育，组织青年教师赴革命遗址、革命老区、革命烈士纪念碑等开展学习考察和志愿服务，有助于他们感受中国共产党艰苦卓绝的奋斗精神和可歌可泣的光荣事迹，给青年教师以心灵的震撼、精神的激励和思想的启迪；开展中国特色社会主义教育，组织青年教师赴社会主义新农村、改革开放示范区等开展调查研究、挂职锻炼等活动，让青年教师置身其中，亲身体验社会主义建设的伟大成就，感受改革开放以来的巨大变化，进一步领会只有社会主义才能救中国，发展才是硬道理的深刻含义，从而坚定走中国特色社会主义道路的信念，坚持正确的政治方向。

（二）坚持社会主义核心价值观培育

推动社会主义核心价值观融入社会实践，建立完善师生志愿服务体系，成立全国和地方公益性教师志愿服务组织，协调指导教师志愿者开展活动，着眼于服务好教育系统这个大任务，逐步向服务社会延伸；实施“实践育人共同体建设计划”。促进政府、学校、企业、社会等按照“目标共同、机制共建、资源共享、责任共担”原则建立实践育人共同体，整合各方资源、发挥集聚效应、推进深度融合，实现实践育人规范化管理、常态化服务、品牌化培育、项目化配置、信息化支撑、社会化运作。

（三）坚持提高师德水平

创新师德教育，引导教师树立崇高理想。要将师德教育摆在教师培养首位，贯穿教师职业生涯全过程。要多渠道、分层次地开展社会主义核心价值观教育、理想信念教育、法制教育和心理健康教育等。有计划地将师德教育纳入青年教师岗前培训和日常教育中。对新担任教学工作的教师，所在院系要为其选派师德好、业务强的指导教师。创新教育理念、模式和手段，大力宣传基层师德建设工作先进做法和典型经验，建立定期交流机制。充分利用校内外教育实践基地对教师开展师德教育活动。邀请校内外师德典型、教书育人楷模、名师等与广大教师面对面交流，传授教书育人心得，充分发挥先进典型的示范激励作用。举行新教师入职宣誓仪式和老教师荣休仪式。有计划地组织教师参与调查研究、学习考察、挂职锻炼、志愿服务等实践活动，通过深入开展青年教师暑期社会实践、教学基本功比赛、学术沙龙、社会实践调研成果评选等活动，将师德教育融入教学科研、社会服务活动当中，切实增强师德教育效果。

三、增强社会实践参与度

社会实践是一个系统工程，涉及面广泛，不但有作为主体的思想政治工作者和作为客体的青年教师，也包括作为外部因素的社会资源提供者。社会实践增强其实效，需要各方的广泛参与。

（一）模块化定制广泛吸引青年教师参与

青年教师群体因为专业不同、年龄不同、成长环境不同、教育背景不同等因素，也会具有差异。人文社科专业的青年教师思想会更加活跃，工作时间弹性会比较大，而自然科学专业的青年教师因专业性质，思维会更加严谨，实验室工作时间较多。不同的群体具有不同的特点，也会有不同的受教育诉求。因此，在开展社会实践过程中，要充分考虑他们的各种特点和需求，做到因材施教，因时而动，因势而导。

打造社会实践模块，可以以内容为主，如以理想信念教育为主的主题教育模块，以社会认知为主的学习考察模块，以业务提高为主的挂职实践模块等；也可以以专业群体为主，包括人文社科专业课程模块、非人文社科专业课程模块；也可以以年龄为主或以教育背景为主，如海外归国教师实践模块、非本校教育模块……不同的模块化社会实践设计，形成菜单定制式的个性化思想政治工作方式，能够更好地满足不同群体青年教师需求，也能够更广泛地吸引青年教师参与。

（二）完善激励积极吸纳社会资源参与

青年教师社会实践需要企事业单位等社会资源提供如社会实践基地、实践师资等实践条件，不断完善社会实践需要拓宽社会实践渠道、丰富社会实践内容，也更需要吸纳社会资源广泛参与。

1. 完善经济激励机制

社会资源参与社会实践需要付出经济成本。因此，要建立完善适度激励的经济支持体系。由政府出台的支持青年教师和实践基地的财税金融政策，对提供实践条件的企事业单位给予补贴、奖励等经济激励；各高校可以结合实际与社会资源共建，开展社会实践的同时履行社会服务的职能。同时，要统筹兼顾各方利益，充分利用好经济杠杆，掌握好尺度，避免资源浪费。强调主业结合，双方受益，社会实践设计过程中强调将内容与企事业单位主业相结合。

2. 提高社会责任意识

充分发挥社会资源的主观能动性，需要强化社会责任意识。将积极营造良好的社会氛围，强化社会认知，把支持青年教师社会实践作为企事业单位履行其自身社会责任的一项内容。通过参与青年教师社会实践，自觉提高自身的责任意识和服务意识，更好地服务社会发展，弘扬社会主义核心价值观。

四、完善实践保障体系

青年教师社会实践是一项系统工程，要做好做深做实，需要完善政策保障机制，梳理各方责任；强化经费支持，切实保障青年教师社会实践工作经费投入；加强队伍建设，根据工作需要配备青年教师社会实践工作专兼职工作人员，充分调动社会资源参与积极性。加强全局性、前瞻性问题研究，把握青年教师成长规律，做好工作提供理论支持和决策依据。

（一）强化政策保障和经费支持

无规矩不成方圆，完善的政策能够保障工作顺利有序推进。通过完善规章制度，来明确政府、高校、社会组织、青年教师在青年教师社会实践中所应承担的责任和义务。尊重青年教师成长规律、思想政治工作规律，保障青年教师权益，对于参与社会实践的青年教师在职称晋升、教学科研、工作安排等方面给予适度支持。

建立政府主导、高校配套、社会资源自愿参与的经费支持体系。通过专项资金保障青年教师社会实践工作的基本需求，提供青年教师生活补贴。各高校结合自身实际，予以配套支持，特别是在鼓励青年教师指导学生社会实践等方面，进行专项支持。

（二）加大实践基地和工作队伍建设

社会实践需要载体承接各项工作内容。丰富的基地体系能够更好地满足社会实践工作需要。合理布局社会实践基地，在原有的基地基础上，充分调动社会资源参与，不再局限于短期的学习考察，深化社会基地建设内容。可通过基地挂职等方式，“高校－青年教师－基地（企事业单位）”三方联动，形成产学研的有效互动，在思想教育的同时，更好地服务社会发展。

专项工作需要专业的队伍。强化青年教师社会实践工作队伍建设，根据工作内容，配备专兼职工作人员，加强工作人员业务培训，提高工作的科学化水平，同时，充分发挥青年教师在社会实践中的自我管理能力，发挥青年教师互助组等组织作用，更好地保障社会实践高效推进，成果惠及方方面面。

五、青年教师社会实践活动的设计

（一）社会实践的组织设计

坚持思想引领原则，社会实践始终要突出思想政治教育这条主线，将教育与社会实践相结合，将理论教育和实践教育相结合，是理论联系实际的具体体现。要坚持把思想政治教育贯穿青年教师社会实践的全过程，引导青年教师在社会实践中了解社会、认识国情、提高业务、提升师德，进一步加深对中国特色社会主义理论体系的理解，加深对党的路线方针政策的认识，了解法律法规，密切同人民群众的感情，自觉践行社会主义核心价值观。

坚持业务提升原则。结合青年教师专业的特点与实际，不断创新校外社会实践活动的内容、形式和载体。充分发挥专业特色优势，引导青年教师开展社会调查、专业实践、志愿服务、科技普及、红色教育等内涵丰富、为广大青年教师喜闻乐见的社会实践活动，帮助他们走出象牙塔，与社会更广泛地接触和交流，进一步开拓视野、了解社会、增长才干。

坚持责任担当原则。师者，传道授业解惑。青年教师更加有责任与担当。青年教师走进田间地头，走进三农事业第一线，把先进理论知识、前沿的技术理念送到基层，推进三农事业发展。同时，通过志愿服务等活动，丰富了广大基层群众的精神文化生活，充实了贫困地区教师队伍，宣传了当前的政策方针，传播了正能量。

（二）社会实践的主题设计

社会实践主题是对社会实践目标的集中体现和对内容的高度概括，是社会实践活动设计的重要一环。社会实践主题就是青年教师通过社会实践所要学习、解决的社会现象或问题。社会实践主题设计要坚持围绕中心原则，结合当前青年教师思想政治教育的中心任务；要坚持简洁高尚原则，主题的表现形式要直截了当、简洁得体。通过主题设计让社会实践的意义得以升华；要坚持易于宣传原则，社会实践不但注重实践参与者的收获，也要形成全体效应，扩大影响，在社会形成良好风气，因此主要便于宣传推广。

（三）社会实践的内容设计

社会实践的内容含义广泛，主要包括实践的形式。在长期的社会实践活动中，我们已经形成了多种规范、稳定的社会实践形式，如理论宣讲会、社会调研、挂职锻炼、志愿服务、学习参观等。社会实践地点的确定要结合主题，便于内容教育。地点选择要注意安全、效果等方面，最好能够依托实践基地，如城市的社区、街道，农村的象征，企事业单位，爱国主义教育基地，部队等。基地的建设要本着合作共建、互利互惠的原则，激发学校、青年教师、基地等多方面积极性，利用各自的优势和资源，建立多层次、多类型、多功能的基地。

（四）实践教育的组织实施

1. 学校（院系）集中组织实践团队

集中组织的团队实践，是指由学校或学院根据社会实践的实际需要，有目的、有计划组建的临时团队或由学生根据共同兴趣爱好自行组织的临时团队开展的社会实践活动。这种组织形式主题鲜明，参与度广，成果丰富。

2. 个人自主实践

主要是以个人为单位，青年教师根据自己的兴趣爱好、专业特点，自行确定实践内容和地点。个人自主实践能够充分发挥青年教师自主性。

案例：中国农业大学暑期青年教师集中实践培训

青年教师占我校教师队伍近五成，而专任教师中青年教师比例更高。今年适逢我校综合改革启动、着手制订“十二五”规划的重要时点，凝聚青年教师力量，帮助他们尽快适应农大生活、了解行为规范，有助于青年教师成长为四有好教师，有利于世界农业大学目标的实现，有利于立德树人根本任务的完成。我校注重上好第一课，从新教师岗前培训开始，为此，2015 年 8 月我校组织 42 名青年教师赴张家口红色察哈尔干部学院开展暑期集中培训。

一、工作情况

为贯彻落实中央 59 号文件，进一步加强教职工思想政治工作，以培养四有好教师为目标，构建主题教育、社会服务、业务学习、师生共建四个学习模块，开展一系列培训活动。2015 年 8 月，在完成校内岗前培训后，42 名青年教师在我校教职工思想政治工作领导小组办公室组织下赴张家口红色察哈尔党员干部学院进行实践培训，接受红色革命传统教育，参观调研现代农业基地，与毕业生代表和地方农业部门负责人座谈交流。

（一）开展主题教育活动，以史为鉴红心永铸

理想信念是一名好教师的基本要素。我校通过开展主题教育、形势政策教育、理论学习等活动，告知相关政策法律，强化底线意识。校领导亲自走上讲台，对新教师给予关怀。书记、校长共同欢迎新教师。党委书记姜沛民寄语新教师要完成好“三个转变”即由社会人向教师角色的转变，由研究人员向教学人员的转变，从普通教师向农大教师的转变。校长柯炳生介绍了学校的办学定位、发展目标、教育教学、科学研究、保障支持系统等方面的改革措施，以及近年来推进内

涵式发展的显著成效。他指出，面向未来，学校有着新的目标、机遇、挑战和任务，希望学校发展的美好愿景在这一代青年教师的身上实现。

此外，在2015年岗前集中实践培训期间，新教师听取了新形势下教师思想政治工作辅导报告。辅导报告中，党委宣传部部长、学校教职工思想政治工作领导小组办公室主任陈明海讲解了当前形势下加强教师思想政治工作的重要意义，传达了学校党委对于加强和改进新形势下教职工思想政治工作的重要部署，介绍了针对此项工作的主要举措及近期重点工作。此外，《中国农业大学教师手册（试行本）》由教师思想政治工作领导小组编写完成，并在新教工中进一步征求意见、发放使用。

（二）构建社会服务平台，教育实践基地揭牌。

教师思想政治工作，是高校意识形态工作的重要内容。为力求虚功实做，我校积极拓展教育平台与载体，在曲周教职工思想政治工作基地基础上，建立将张家口红色察哈尔党员干部培训学院建设成为中国农业大学教育实践基地。党委副书记秦世成、张家口市组织部常务副部长戎狄文分别致辞，我校教职工思想政治工作领导小组部分成员出席会议。我校在红色察哈尔党员干部培训学院建立了教育实践基地，搭建今后开展教育实践活动的又一重要平台。红色察哈尔党员干部学院位于张家口万全县杏花沟，已形成较为成熟的教学培训体系，拥有多个红色革命、现代农业、新农村建设、户外拓展相关教学场地设施，是国家行政学院、中组部全国组织干部学院等单位的现场教学基地。

（三）注重业务学习实效，知农爱农学农务农

作为农业大学的教师，只有了解农业发展现状，掌握农业生产技能，熟悉农村生活，倾听农民心声，才能够更加热爱三农事业，才能够更好地从事教学科研实践，培育更多英才。为此，我们组织“校地合作与发展”座谈会，由张家口市农业局局长李晓红、农科院副院长黄文胜分别向青年教工介绍了近年来张家口的“三农”工作、农业经济发展、农业科研、县域农业经济等情况，并组织青年教师走到田间地头，分组考察了京北坝下水土保持、生态林业、新农村建设、设施农业发展情况，参观了农耕文化博物馆，了解现代基层乡村治理模式。此外，我们组织老师分组前往万全县霍家房村参观生态园区，开展入户调研。

（四）建立师生共建模式，立德树人再出新招

立德树人是教育的根本任务。培养什么样的人，塑造什么样的人，一直是老师所探求的问题。教学相长相互促进。本次实践活动特意设计了校友座谈，一方面为校友提供必要的科技服务支撑，另一方面也为青年教师展现了培育英才的实例。校友们坦诚讲述工作以来的心得体会，老师也深受感动，感动他们投身三农的热忱，感动他们深入农村的伟大，更感动百年农大的责任与担当。这次交流也为青年教师走上讲台准备了鲜活的案例，更加激发了他们教书育人的动力与激情。

二、工作成效

（一）构建了思想动态调研平台

第一手新教师思想状况。思想工作是人的工作，要了解思想状况最好的方式就是面对面的交流，共同地生活，共同地劳作。为了更好地了解教师，教职工思想政治工作领导小组办公室成员也与教师一起参加团队建设。我们从分组讨论中及时掌握了教师思想动态，为今后教师思想政治工作决策提供参考。

（二）构建了交叉学科协同研究平台

我校教工思想政治工作围绕教师发展，以解决实际需要和问题为突破口。为此本次实践活动组织了校地合作、校友论坛、团队建设等一系列活动，搭建了科研对接，特别是教师之间的学科交叉研究平台，有利于日后科研成果产出。

（三）构建了青年教师情感交流平台

青年教师工作不久，也处于一个转变期，自身也在不断适应，也会遇到很多意想不到的问题和压力。通过本次培训，特别是素质拓展活动，让大家更快地破冰，从陌生或者生疏到熟识，从紧张到放松，从被动交流到主动坦诚。同时，我们也一次次以培训为契机，建立了融媒体交流平台，从 QQ 群到微信群，交流将会更加便利。在可期的未来，青年教师自组织将会逐渐壮大，从而为青年教师提供舒缓压力、情感释放的交流平台。

第九章 社会主义核心价值观下提高青年教师职业发展能力

中组部、中宣部、教育部党组《关于加强和改进高校青年教师思想政治工作的若干意见》指出，要“进一步增强工作的主动性、积极性和创造性，通过政治上主动引导、专业上着力培养、生活上热情关心，促进广大青年教师坚定理想信念、练就过硬本领、勇于创新创造、矢志艰苦奋斗、锤炼高尚品格，全面提高思想政治素质和业务能力”。要“关心解决青年教师实际困难”“关注青年教师心理健康”“搭建青年教师成长发展平台”，从着力解决青年教师实际问题入手做好青年教师的思想政治工作。

高度关注个人成长发展是青年教师突出的特点，也是当今时代的典型特征。高校青年教师思想政治工作就要紧紧把握这个特点，贴近生活、贴近实际、贴近青年，以全面促进青年教师成长为根本着眼点和基本立足点。高校青年教师职业生涯初期如何顺利度过，各种职业生涯困境如何应对，职业发展能力如何提高，是值得高校青年教师、高校、教育主管部门及社会相关组织等各方密切关注的问题，也是做好青年教师思想政治工作的基础。

第一节 提高青年教师职业发展能力是新时期思想政治工作的重要内容

由于高等教育的普及化、全球化与市场化，并在提升国家竞争力中占据愈来愈显耀的位置，高校的人才培养质量及学术产出越来越受到高度的重视。高校教师作为教学运作和学术研究的第一线人员，尤其是青年教师由于受到来自婚姻家庭的沉重经济压力以及教学、科研工作的挑战，往往陷于职业压力高度膨胀的困境之中。过度的职业压力对高校青年教师的职业发展造成巨大的冲击，使他们背负沉重的思想包袱。国内外的研究者、大学的教学和师资管理部门，多年来对大学教师职业发展开展了深入的研究和实践。

大学教师职业发展其实就是广义的大学教师发展，是教师在个人特质与外部环境的交互作用下，在职业等级、角色、内容、能力等各方面不断成长与进步的复杂历程，是大学教师个人发展、教学发展、专业发展与组织发展的统一，包含了大学教师外职业生涯发展与内职业生涯发展。外职业生涯发展主要是指对职业生涯外在需求的满足，包括学术职务阶梯式晋升、学术共同体获得认同、福利待遇不断提升和职业内涵的扩展等。满足这些需求主要取决于外部组织，教师按照组织规则行事，个人无法完全控制，体现了职业或组织对个体期望满足。内职业生涯发展主要是关于教师个人素质与内在发展要求，体现在与专业和组织相关的各种知识、能力、观念、心理素质的成熟与提高，表现了个体对组织或社会期望的实现。实质上是“教师个人职业社会化的过程”，教师个人通过内化职业价值、获得职业手段、认同职业规范以及形成职业性格而不断成为教师的过程。由此可知，内外职业生涯发展都不同程度地涵盖了教师教学、专业、个人与组织发展的内容，内职业生涯发展主要对应个人发展，外职业生涯发展则主要对应组织发展。

一、大学教师发展概述

大学教师发展广义上指发生在大学教师身上的总体变化，这些变化源于学校环境中各种因素的影响。狭义上指为改进大学教师的教学或科研成效而设计的一些发展项目，它包含四个层次：改进课程的设计，改进教学技能和对学生学习的评价（教学发展）；提高专门技能或学科研究（专业发展）；提高管理职能方面的绩效（组织发展）；改变大学教师对自身的理解和认识，改善他们的社会和组织环境，改变他们对自己工作的态度（个人发展）。大学教师发展长期以来就是增强高等教育活力必不可少的策略和手段。

著名高等教育学家潘懋元认为，大学教师发展的内涵主要包括三方面：一是学科专业水平，包括基本理论、专业知识、实践能力；二是教师职业知识、技能，包括教育知识、教学能力；三是师德，包括学者人文素质、教师职业道德。

大学教师发展理论的演变与大学教师评价体系的演变以及大学教师发展的制度化进程相伴随，随着高等教育发展的需要适时进行调整，结合最新的教学与学习理论不断进行探索和实验。大学教师发展理论从无到有发展起来，在实践和探索中逐步形成了三种主要的理论模型。

第一种理论模型。大学教师发展的第一个模型由伯格威斯特和菲利普斯提出，这个模型建立的假设基础是这样的：大学教师发展展开的三个层次是态度、过程和结构。如果仅仅注重一个层次的变化，教师发展的项目便断难获得成功，大学教师发展是由教学发展（过程）、组织发展（结构）和个人发展（态度）三块相关的活动组成。改善一所学校的教育质量至关重要的关键点在于大学教学问题，但是这并不意味着教师发展活动想要取得完满的成效，光重视教学发展就足够了。如果一个教师从内心不重视教学，或者并不是首先把自己作为一个教育者，就不可能把时间用在学习新的教学技术或探讨新的教学方法上。当向这样的教师介绍大学教学方法时，他们通常会采取一种消极的抵触态度或者干脆避而不见。这样的教师也往往对教学的价值缺乏足够的认识，不会形成自己一套清晰完整的教育哲学，不能正视自己在教学方面的不足，并对新的课程改革无动于衷。所以，一个有效的大学教师发展项目首先必须涉及和教育教学相关的价值观哲学和自我认知等方面，也就是教师对待教学的态度。同时，如果大学教师遭遇到来自学校或院系政策、规章和程序方面的限制，即使他有接受发展机会的意愿，对教学态度积极，愿意反省自己的教育哲学，却同样也不会取得教学的成功。所以，组织结构与态度（个人发展）和过程（教学发展）一样，能迅速地、彻底地对冲大学教师发展项目的作用，反之则能起到事半功倍的作用。所以根据第一个理论模型的范式，涵盖教师个体态度、组织结构和教学过程等几个层次，是一个成熟和完整的教师发展项目必然具备的条件，缺一不可。同时一个教师发展项目的各个组成部分之间、每个组成部分内部的活动之间必然存在着不同的作用关系，和大小不同的作用力。

第二种理论模型。大学教师发展的第二个模型由盖夫提出。盖夫别出心裁地使用“教师更新”一词，意思是教师发展是一个内涵更为宽泛的术语和全局性的概念，教师更新的对象包括所有高等教育机构的所有教师，无论其职位、专业和教学经验的差异与否。盖夫定义大学教师发展是一个“提高能力，扩展兴趣，胜任工作，从而促进教师专业与个人发展的过程”，他澄清了大学教师发展的类型：个人发展（态度）、教学发展（过程）和组织发展（结构）。盖夫相信个人发展和教学发展涵盖了大学教师发展概念所有的要素，更多地密切关注科目和课程设计是他对教学发展含义的理解，目标是“学生学习的改进”。他认为态度、过程和结构三者之中的任何一个都能独立发展，没有必要考虑其他两个因素的进展。

个人发展是涵盖强化个人价值观、获取大学教师职业相关知识、增强差异敏感性、缓解教师精神压力、提高人际交往和自我诊断技能的过程。教学发展着重于学习的过程和条件，包括改进学习需要和风格的评价，改进教学材料、单个课程和整体课程的规划、实施和评价。组织发展强调大学组织环境的变革，要形成有益于大学教师更新的组织环境。改进高校激励机制，稳定冲突解决程序和制度化大学教师发展方法都是组织发展的内容。

第三种理论模型。伯格威斯特和菲利普斯对几种重要的理论模型进行了重新推理，修正和补充了之前的模型，提出了基于一种更为宽泛的制度背景的新的概念模型。

这一新的模型保持了继往关注的态度、结构和过程三个层次，同时拓展和深化了前两个模型中的观点，把大学教师发展的三个组成部分和三个维度综合到一起，举例说教学发展既影响到过程层次，也影响到结构和态度层次。现实中的大学教师发展活动是不可能孤立存在的，独立进行的大学教师发展各个组成部分之间必然存在着部分重叠的现象，比如教学发展包含在专业发展之中，个人发展和共同体发展都会关注教师个体的利益，因此前几种理论模式都进行了尝试，却无法对大学教师发展进行清晰的分类。大学教师发展的每个部分所追求的目标是有所侧重的，像组织发展和共同体发展两者都是着眼于高等教育机构层次的，组织发展是为教师发展创造有利的组织环境，并用以提高组织效能，共同体发展是侧重满足组织和社区中教师个体的需要。

重点教师个人教师个人，教学进度，课程学术与行政管理计划，系与部目标澄清价值观、态度和教育哲学，改善教师内心和人际关系的机能提高教学效能提高组织效能活动人生规划工作坊，教师言谈，人际交往技能培训，个人成长工作坊，支持性和治疗性的咨询服务课堂观察与诊断，微观教学，教学评价，教学方法与技术，课程设计，课程发展组建团队，冲突管理，进行决策，

管理培训

新理论模型认为任何大学教师发展都需要在一定的制度环境中进行。大学教师的发展必定是在一定的制度环境下完成的，而不管大学教师发展的维度与组成部分之间如何交叉、重叠，相互作用，相互影响。教师发展既然脱离不了组织所处的制度环境，那么大学教师发展的领域就应该延伸到单个高等教育机构之外。制度发展所创造的环境包容了个人发展、教学发展、组织发展和共同体发展，还有一个更宏观的制度环境，是在制度发展之外。这说明大学教师发展受外部社会环境的影响越来越深，同时外部制度环境的支持也是成熟的大学教师发展项目离不开的。

教师发展是一个终身学习的过程，是一个教师的职业素质，职业道德，职业情感，职业理想不断成熟、创新与提升的过程，是一个不断发现新问题，解决新问题的过程。这个过程中需要教师自身通过主动的学习和努力来不断提高自己的专业能力，教师专业成长还需要必不可少的重要条件那就是良好外部环境的创建。自身努力与外部环境这两方面的条件在教师专业成长中是相互作用、相互促进、缺一不可的。教师专业成长同时代表着高等学校教师在职业生涯中所体现的变化与发展，是完善一个包括知情意行在内的综合体系，这种变化与发展不但体现在外在的教学和科研行为上，而且存在于教师内在的教育观念之中。这种变化一般从某个局部开始：或是专业知识结构的变化重组，或是教学实践活动更加合理有效，或是专业技能的提高与完善，或是专业情感的升华与教育信念的坚定，或是科研水平和能力显著提高。而这些变化都会促使教师专业素质提升

大学教师发展是为了使教师能够胜任教学、辅导、研究、行政、社会服务等各项工作，而通过各种方式，协助教师在专业和个性方面成长。教师发展的重心从学术研究、课堂教学转移到终生的职业生涯。高校很少重视教师在各个生涯阶段可能遇到的发展困境、身心问题或是家庭问题，这些问题大都被认为与学校无关，教师应予以自行解决。其实，当代大学教师与前辈相比，在职业生涯发展经验方面有相当大的差异，必须应对更多的挑战。这些问题对教师专业发展的影响巨大，高校应提供诸如心理咨询、生涯指导与体能训练等更多的服务。现有的高校教师聘任、晋升制度虽然在一定程度上能提高大学教师工作、研究的积极性，但高校为教师所做的并不多，没有关照全体教师各个生涯阶段的成长需求。

二、新时期青年教师思想政治工作必须围绕提高教师职业发展能力

在我国经济社会体制发生深刻变化的过程中，高校教师也会产生这样或那样的思想波动，产生一些不良心理。只有做好教师的思想政治工作，才能调动教师教学、科研和管理的积极性，主动开展工作；才能使教师始终保持昂扬向上的精神状态，正确面对个人的利益得失；才能使教师形成良好心态，促进高校和谐稳定。做好教师的思想政治工作要从多方面入手，但最为关键的是解决好教师的实际问题，尤其要解决好影响教师职业发展的问题，提高教师职业发展能力。

高校教师思想政治教育的内容包括几个方面：党的教育方针教育、社会主义核心价值体系教育、理想信念教育、职业道德教育。在以提高质量为目标的高等教育内涵式发展进程中，我国主

要高校均加强了青年教师队伍建设，希望通过更加深入地了解青年教师的职业发展状况，帮助青年教师合理规划职业生涯，促进青年教师的可持续发展。综合比较各高校对青年教师成长和思想政治工作的政策和措施，可以总结出以下几个特点：从单纯科研鼓励转向教学与科研并重。最初阶段，各高校对青年教师培养都比较侧重于科研能力的提高，从职称评审、进修培养、论文项目奖励、国际化能力等角度对青年教师科研条件的完善以及拔尖人才的涌现予以支持。近年来，各高校普遍认识到高校育人功能的重要性以及青年教师教学能力提高的必要性，因此在对青年教师的激励举措上更多地考虑教学发展的要求，尤其是借鉴国外大学经验成立教学发展中心，通过研讨会、示范教学等形式提升青年教师的教学积极性和教学投入。探索青年教师的心理规律，不再依赖单纯的物质激励手段，而更多应用精神激励的方式。近年来，越来越多的高校把青年教师队伍建设作为学校发展的头等大事，纷纷提出了人才强校的战略，高校领导也通过多种形式与青年教师群体进行不定期的交流，听取青年教师的诉求，了解青年教师的思想状况，缓解青年教师的心理压力。“顶天立地”成为对青年教师的新要求。建设世界一流大学是我国众多高校的目标，科研成果向国际前沿标准靠拢成为各高校对青年教师的普遍要求。然而，光“顶天”并不能解决我国高校人才培养的难题，青年教师还应脚踏实地，立足于国情，坚定中国特色社会主义理想信念，唯此才能成长为立场坚定、业务精湛、品德高尚的青年人才。

工作实践中我们体会到，开展青年教师思想政治工作一定要坚持两个“结合”：一是思想政治工作必须与人的全面发展结合起来，加强青年教师的思想政治工作切忌空洞说教，一定要以青年教师发展为中心，关注教师的业务水平、综合能力和思想素质的全面发展，从而增强思想政治工作的实效性；二是，思想政治工作必须与解决实际问题结合起来。青年教师思想政治工作的前提就是要把握青年教师群体的特点，把青年教师的需求放在首位，急青年教师之所急，想青年教师之所想，帮青年教师之所需，解青年教师之所难，这样才能增强青年教师的归属感和向心力。

要从根本上解决好青年教师的政治思想问题，使青年教师全面快速地成长为合格的教学科研人才，担负起应有的工作任务，帮助青年教师提高职业发展能力无疑是最根本的解决办法。

第二节 拓展教师发展中心的职能和作用

高等教育机构为回应社会变革所采取的最核心的改革措施是教学改革和教师发展项目的实施，高校教师发展成为一种保障高等教育质量及获得对高校改革支持的关键的策略性手段。在院校层面主要由教学中心或教师发展中心来承担大学教师发展项目的组织工作，该中心通过每年设立的各种项目和提供的针对性服务，为改善教学发挥重要作用，有效地满足了学校和教师的需要。我国各高校近些年先后建立的教师发展中心，虽然仍处在向欧美同类机构学习和模仿的阶段，但已经逐步在教师的全面发展和职业发展能力的提高方面展开了一些有益的探索。

一、教师发展中心的发展历程

美国作为世界高等教育最为发达的地区之一，成立的密执安大学和密执安州立大学的教师与教学发展中心是第一个真正意义上的教师与教学发展中心，其具体任务是为教师和研究生发展提供服务，评估与评价，教学技术支持，促进教师发展合作等，引领了世界各大高校对教师发展的关注。自20世纪90年代，位于美国各州的世界一流名校掀起了成立教师教学发展中心的热潮，如芝加哥大学、普林斯顿大学、耶鲁大学、哥伦比亚大学、加州大学伯克利分校等都致力于为教师教学水平的提升提供一定的支持和服务。目前，美国高校共拥有近1000个教师发展中心，其建设的数量堪称世界之最，在此潮流的影响下，世界其他国家的高校也纷纷成立类似的机构。据统计，世界100强大学几乎都成立了教学中心（有的称为教师教育发展中心，或教师教学发展中心）。

德国的所有大学教师均有机会参与针对高校教师专业发展所提供的服务与咨询，80%至90%的高校拥有自己的高校教师专业发展机构或者与其他高校以网络的形式展开合作，参与高校教师教学能力进修的德国青年学术人员超过50%。德国还投入大量资金，对高校教师进行继续教育培训，着重强化和提高教师的整体素质，并以项目资助形式推进教师专业发展。例如，德国大学设立了“海森堡奖学金”，用于奖励获得高校执教资格的优秀青年学术人员，资助他们在受聘为教授之前在校内从事与其资格相适应的研究工作。

20世纪60至70年代，为应对高等教育大众化所带来的压力，英国一些大学陆续建立起校本大学教师发展中心，其中一些大学还建立了校本大学教师发展中心网站。这个时期大学教师发展项目最普遍的实施方式是课程、出版物、会议、咨询等。《教育改革法案》的颁布，取消了新教师终身制，促进了大学教师在各个高校之间的流动，在无形中增加了临时性的大学教师和研究人员的数目。各个大学在80年代到90年代陆续建立起校本大学教师发展中心和大学教师发展中心网站。大学教师发展项目的形式逐渐多样化，大学教师发展项目的内容逐渐实用化。英国政府颁布《未来高等教育》法案，增加科研投入，通过针对低收入家庭的资助措施，进一步扩大了高等教育的入学机会。英国政府所采取的新政策将大学的前途与大学教师的发展联系起来，大学教师的教学和科研质量关系着大学所能得教学和科研经费的多少，通过拨款陆续批准成立74所教学与学习卓越中心。大学教师发展中心的发展逐渐成熟，出现针对不同的大学教师发展群体的区别性发展项目；有些大学教师发展中心推出大学领导课程，开始重视机构发展；有些大学教师发展中心将大学教师发展与个人发展联系起来，出现大学教师项目发展的多样化，大学教师发展组织者团队专业化和大学教师发展的项目特色化等趋势。

日本政府用立法的方式大大推动了教师教学发展中心的建立。新加坡、中国香港和台湾地区的部分高校也在同一时期陆续建立起类似的教师发展机构。

经过总结境外大学教师教学发展中心的发展历程，可以发现其职能演变过程，从过去单纯地为教师发展提供服务，包括开展教学研究、教师培训与咨询，提供教学资源和技术支持等转变为关注学生的“学”，旨在通过改善高校教师教学水平和能力来达到学生学习质量的提升，进而建立高等教育质量的内部保障机制。

随着大学教师发展在中国日益引起重视，我国很多高校在此政策引导下相继建立了相关的教师发展机构。

二、教师发展中心的作用发挥和职能拓展

国内外的教师发展机构从大的类型来分可以分为两类，一类称为教师教学发展中心或卓越教学中心，其职能主要针对提高教师的教学能力开展各类培训或辅导；另一类称为教师发展中心，其职能除涵盖提高教学能力外，还包括了教师发展的各个方面。教师发展机构往往由教学发展中心起步，逐步向教师发展的职能扩展。在我国，教师发展中心的职能还应该根据我国高校特点，向帮助教师提升职业发展能力和参与教师思想政治教育方面拓展。

（一）国外教师发展机构的职能发挥

教师发展中心的组织规模要根据中心所承担的任务来确定，如果中心要完成教学研究、新教师培训、教学创新推广、培训助教，中心就需要充足的人力，并且要求中心工作人员必须是多学科、跨领域的专家。教学发展中心需要处理好内部组织关系与外部组织关系，也就是中心教师规模要合适，职位安排要合理，有足够的密切合作的单位。其中与各院系建立正式的联系网络是教学中心尤其要理顺的外部关系。另外，除非中心本身配有技术方面的专家外，与学校技术中心建立良好的合作关系也很重要。在外部组织方面，教学中心主任汇报的对象一般是教务长或副校长等学校主管教学的负责人。

教师发展机构主要以一对一的咨询、促进教学的计划、材料阅读、指导与定位计划、中期课程评估等方式来开展活动。哈佛大学博克中心开发了满足特殊群体发展需要的许多项目，比如帮助外籍教师学好英语，能够让他们参加分组讨论，观摩录像以及通过电子信箱提供建议。在新泽西州的布鲁戴尔社区学院，提供给教师的培训计划包括成立实现教师发展组织化和正规化的教师发展委员会，建立一个研究教师发展问题的教育研究中心，对教师进行周期性轮训，开展非正式渠道进行沟通的分组讨论等。

开展工作坊是教师发展中心最通常的做法，以提供大学教师创造交流教学经验的机会。工作坊可以在整所大学开展，中心聘请教学技能精湛的教师为有待提高教学技能的教师传经送宝。工作坊的内容包括理解教学的多样性，对演讲效果的评价，准备教案，在课堂上鼓励合作学习，制定完善的讲授提纲，满足学生的需要等。此外，教师发展中心还会开展新型教学设备和资源使用方法的培训，例如教会教师正确使用多媒体和网络资源。

根据现代的教学理念，教学中心对教师进行的培训已经不再只是简单的对演讲技巧的提高，必须采用参与式的小组讨论式的教学方式，将行动学习融入教学的过程。根据卡内基一梅隆大学教学中心专家弗顿的理念，优秀的教师必须对所讲授的课程表现出极大的热情，同时具备高超的

课堂组织能力，鼓励探究式学习，能够迅速捕捉学生的反馈，与学生保持默契的互动。因此，教学中心必须追随现代教学观念与方法的革新，但教学技术手段的进步并不必然带来教学效果的提升，比如 PPT 的使用不见得比传统的幻灯片效果更好。反而传统而保守的教学方式有时更能体现先进的教学理念。在网络时代，网络与多媒体虽然为学生提供了大量信息，却并不能教会让学生自己解决问题的方法，而成功的教学应该是引导学生去自己解决问题，因此必须引导教师使用正确的教学方法指导学生的学习。

对教师发展机构的评估是组织与规划教师发展机构必不可少的步骤。评估包括内部评估与外部评估，内部评估主要是对中心开展的活动、拥有的师资、实现目标的程度和教学质量的评估。外部评估是指由相关学科与教师发展的专家组成的小组来进行的评估。在教师发展中心规划和建设的初期就需要考虑对中心评估的问题，要考虑它能否满足学校的特殊需要，能否领导学校的教学创新等。对教师发展中心的评估跟对教师的评估一样是困难的，不管是评估标准的设定还是实施取决于教师发展的需要，不同大学教师发展中心的目标存在差别，但总体特征是为教师的发展提供规划和帮助。在对教师发展的规划提供帮助时，必须将日益凸显的教师评价问题纳入到教师发展的过程中来。当然，在实施的过程中，教师中心对一些评价结果进行保密，尽力维护受评教师的自尊，同时把不触动终身制评议，不与职务晋升挂钩作为评估的前提条件。

（二）国内教师发展中心的职能与作用

当前我国政府提出了以建设高校教师发展机构来推进教师发展的意见，一些高校也积极地进行了探索，这将有效地推动高校教师发展的工作。不同大学的教师发展中心的目标并不相同，这主要取决于每所高校自身发展的方向以及教师的实际能力和需要，但共同使命和宗旨都是为教师的发展提供正式的规划，帮助他们在教学上能够更好地胜任工作，高校教师发展中心主要都是围绕创造教师教学成长的机会，搭建教师教学研究和交流的平台，提供教学技术与方法的咨询服务，创建教师合作的环境，促进教学资源共享，进行教学质量评估等几个方面来开展工作。

其一是提升教师专业素养。大学教学的问题，表面上是教师的教学能力和水平的问题，实质上是教学作为一种专业的问题，正是因为其在大学和教师身上并没有得到真正解决，才导致了诸多教学问题的产生。很多大学不重视教学专业建设，很多教师既缺少专业技能的训练，也没有专业的基本理念和信念，尤其是缺乏关于教学工作的专业认知，将从事教学简单地理解为上几门课，将上课简单地理解为对学生的知识灌输，而并没有意识到教学实际上是一种具有高度专业性，需要进行严格专业训练方能胜任的专业工作。大学教师发展中心应当通过各种可能的途径，利用各种学术资源和专业权利及影响力，为全校教师提供专业教育和训练，强化其专业认知，进而提升其从业理想和专业信念水平，促进其专业发展。

其二是教师培训与指导。教师培训是教师发展中心最基础的功能，也是当初中心得以成立的初衷。培训主要包括教学理念和技能、研究能力和方法、学术道德和职业发展等方面。我国高校以前培训重点主要放在新人职教师群体，对入职后的教师缺少可持续发展的项目。目前高校教师发展中心应着重针对不同发展阶段的教师制订相应的发展计划，实施不同的培训项目，逐步形成系统完善的发展计划。了解教师需求，根据其需求，提供教学理念和技能、研究能力和方法、学术道德和师德等方面的培训和交流，帮助教师对其职业生涯进行规划，促进其职业发展，尤其是教学能力和水平的提升，使教师在这里可以找寻到解决其问题的方法。

其三是教学交流与咨询。教师发展中心可以利用优势搭建温馨的教师交流平台。通过名师讲座、专题研讨会、网络教学论坛等形式，组织教师对共同感兴趣的教学研究项目、教学方式方法等进行交流与探讨，并充分发挥网络的作用，促进教师之间的合作与互动。在交流内容上，避免教育理论的说教，多些贴近教学实践的生动，涉及的主题应当轻松可掬。教师发展中心，为教师、院系、学生等提供了咨询平台。教师咨询是为满足教师的个性化需要，提供教学促进、教师政策等的咨询服务，其分为简短咨询和深度咨询，简短咨询一般涉及教学方面的相关的信息和政策，其借助网络或电话几分钟就能解决；深度咨询包括课程设计、教学方法改进创新、学生评教结果解释、教学心理咨询等，其需要专业人员针对性的定制方案。教师发展中心还为专业学院提供咨询服务，对院系的教学管理提出一些建议和帮助。

其四为教学评价与反馈。教学评价是大学教学内部质量保障的重要组成，当然也是中心的重要功能。只有真正了解清楚教师和学生教和学的情况，才能更好地开展教学工作。经常性和制度化的教学评价将促使教师关心教学，提高教学质量。因此，教师发展中心需要针对性设计全校的教学评价体系。比如专家评教体系、同行评教体系以及学生评教体系。中心接受学校、院系、团队甚至个人委托，对教师教学进行评价和反馈，并且根据反馈的结果组织相关专家对教师教学进行诊断，提出针对性的建议。当然在这个过程当中，中心会遵循保密的原则，只有在教师同意的情况之下才能将评价结果公布于众。针对评价反馈，中心也可以出台一些奖惩的措施，设立教学奖，优秀的教师和项目给予奖励。反之，对于连续评价结果不佳的教师则要针对性给予诊断和后续改进建议，营造优良的教学文化。

其五是提高办学水平和人才培养质量。大学办学水平和人才培养质量涉及大学内外众多相关机构和人员，既包括大学几乎所有的学术科系和各类教师，也包括各级党政管理部门。由于管理体制和方式的原因，我国大学办学功能分化严重，办学运行和监督由行政机构负责，办学水平和人才培养质量由学术机构负责，缺少一种能够综合性地引领教学发展方向，促进办学水平和人才培养质量提高的机构。作为一种新生事物，教师发展中心的出现正逢其时，它可以利用自身跨行政与学术的特殊属性，在现有行政机构和学术机构所发挥作用的基础上，开辟教学促进和教学引领的新领域，既能为行政机构提高教学管理、组织和监督的水平提供思想和理念支持，又能为学术机构实施教学创新、促进教学现代化提供动力、指明方向。从国外大学的相关经验来看，教师发展中心正是通过这样的方式为大学办学水平和人才培养质量的提高做出了卓越的贡献。

我国教师发展中心的作用发挥还属于教师发展的初级阶段，其组织建制呈现较大的差异性，运行方式也表现出多样性，功能发挥具有较明显的一致性，与此同时，内涵建设与外部关系的协同合作仍有待加强和完善。

（三）教师发展中心的职能与作用有待进一步拓展

当前教师发展中心工作中一个明显的缺陷是对教师个体发展的关注不足。教师发展包括个人发展、组织发展、教学发展和专业发展等不可忽视的环节。教师个人发展、个人激励、个人自治、自我实现在组织发展中的价值，需要高校在为教师发展提供组织保障的时候给予足够的重视。教师希望能够掌握自己的发展方向和未来前途，能够满足其在学习、工作、生活及其发展等多方面的利益需求，如果教师个人发展得以实现，必然会有利于调动教师工作的积极性，从而提高教师发展活动的有效性。

教师发展中心应当加大对青年教师职业生涯规划的指导。高校青年教师职业生涯发展是指高校青年教师的职业素质、能力、成就、职称等随时间轨迹而发生的变化过程，及其在教师职业岗位上所度过的、与教育教学活动相关的连续工作经历。高校青年教师职业生涯发展包括“外职业生涯”（工作内容、环境、工资、福利待遇）和“内职业生涯”（能力、素质、人际关系、自我实现等）两个方面。高校青年教师职业生涯发展的阶段处于未定型期，具有不稳定性和可塑性等特征，他们的成长与发展处于一个不断成熟的过程，属于职业生涯发展的探索期。有必要对各种影响青年教师职业生涯发展的因素进行深入剖析，例如有着很大差异的青年教师的基本素质、成长环境、秉性和个性等，以为高校制定青年教师人力资源政策提供依据。加强对高校青年教师职业生涯规划的指导具有十分重要的意义，理由之一，可以促进教师对自身专业发展的反省认知，使高校教师认清自己当前的发展位置，预期未来的发展方向，从而确立专业发展目标，制订专业发展计划；理由之二，可以有效分析教师在不同阶段的不同需求和特征，有利于指导教师专业发展活动的设计和开展，并根据实际情况制定发展目标，促进教师专业发展。高校教师首先需要认识清楚自身所处的阶段和具备的特点，才能做到扬长避短，发展自我。

教师发展中心应当关注青年教师的心理健康。近年来我国高等教育事业快速发展，政府、社会为高校教师提供了更宽广的发展空间，同时政府、社会、学校和家长又对高校和高校教师寄予了非常高的期望，这给高校教师带来了巨大的压力，高校教师职业压力增大，使高校教师成为当前心理问题和精神疾病发生率较高的人群之一。性别、年龄等人口学变量，人格特征、应对方式以及角色冲突和模糊等个体因素都可能影响高校教师的心理健康；而职业压力通过影响教师的人际交往，造成教师社会支持水平降低，进一步损害了教师的身心健康。学校组织环境是教师感受到的最大压力源，它通过教学要求，教学科研资源分配，教师间、上下级间的合作与支持水平，教师对学校组织的认同感和归属感能够预测高校教师的职业倦怠程度高等教育体制改革、社会与学校评价及其带来的学生问题、工作负荷、教师自身发展需要均从社会环境层面对高校教师心理健康产生影响。所以，应该在教师发展中心下建立专门的心理咨询辅导站，以便于帮助教师进行自我心理辅导，指导教师评价压力源，缓解高校教师因为工作压力而产生的心理压力，培养教师自己应对压力的能力。目前很多教师的知识仅限于自己所研究的专业知识，对于教育学、心理学方面的知识了解不足，当教师自己产生心理问题时往往不能够及时察觉和及时解决。建立专门的心理咨询室，聘请专业的心理咨询人员，对教师的心理健康状况进行辅导，使教师能够清楚地认识自己的心理状态，并对自己所产生的心理问题进行及时的调整，不断地完善自我。发展中心还可以定期为教师进行心理健康的普查活动，举办相关讲座，传授一些心理健康方面的知识和自我调节的方法，进而帮助教师正确地应对来自各方面的压力，引导教师积极、健康地解决心理健康问题，学会自我解压。

教师发展中心要加强对青年教师的思想引导。根据我国高校的特点，教师发展中心在全面促进青年教师专业发展的同时，应当将思想引导渗透到所开展的每一个项目当中，潜移默化地将思想政治教育的内容融入到青年教师的个人发展过程中。一是将党的教育方针教育融入到提高青年教师素养教育的过程中，让青年教师首先明确教育为谁服务，培养什么样的人，确立育人为本、德育为先的教育思想，使学生在德智体美各方面都得到全面发展；明确教育要坚持为社会主义现代化建设服务；教师要积极参加社会实践，进一步了解社会、认识国情，增长知识、丰富阅历，锤炼意志、奉献社会。二是将社会主义核心价值体系教育融入到教师培训和指导中，让青年教师形成科学的世界观、人生观和价值观；坚定中国特色社会主义共同理想，坚定走中国特色社会主义道路的信心；增强高校教师的民族自信心、自尊心和自豪感，营造鼓励创新、支持创新、肯定创新的开放环境，引导高校教师解放思想、与时俱进，敢于并善于走在时代前列；以爱国守法、敬业爱生、教书育人、严谨治学、服务社会、为人师表为荣，遵循职业道德规范，忠诚人民教育事业，在诲人不倦的过程中实现人生价值。三是将理想信念教育融入交流与咨询之中，帮助高校教师自觉运用马克思主义的立场、观点和方法观察国家命运，分析问题和解决问题，提高明辨是非的能力；引导高校教师准确了解国情，正确把握形势，从而更加坚定走中国特色社会主义的信心。四是将职业道德教育贯穿于评价与考核的过程，激发高校教师严守教学纪律和学术规范，切实肩负立德树人、教书育人的神圣职责；把职业道德建设制度化，建立和完善一系列和职业道德规范相配套的管理制度、工作制度、奖惩制度等，使职业道德化“软”为硬、化“虚”为实；广泛开展宣传教育，使高校教师明确在职业活动中提倡什么、反对什么，允许什么、禁止什么，形成以讲职业道德为荣、不讲职业道德为耻的舆论氛围。

高校教师发展中心的根本任务是促进教师的全面发展，它的一项重要功能应当是激发和引导教师发展的自我意识和主动行为。因为教师的发展需要内力的作用，而内力作用的产生离不开外力的推动，使这种内力发生作用的助推器就是高校教师发展中心的激励功能。只有强化教师发展中心对教师主观意愿发掘和引领的激励功能，才能确保其根本任务的顺利完成，从而使教师发展成为真正意义上的个人和组织共赢的过程。

第三节 为青年教师发展提供更多展示和锻炼平台

高校内部包括教师发展中心在内的高校青年教师培养各相关机构要按照青年教师发展的基本模式和路径，分工协作、提供多种多样的发展平台，使青年教师各方面的能力都有展示和锻炼的机会，从而促进青年教师自身发展和职业发展能力的提升。

一、高校教师发展的几种基本模式

通过高校教师发展促进高等教育质量的提升已经成为高等教育领域的共识，探索适合我国高等教育文化的高校教师发展模式成为实质推进高校教师发展的关键所在。研究者将中国高校教师发展模式归纳为四种类型，即平台支持模式、培训指导模式、自主发展模式和混合生成模式。

（一）平台支持模式

主要包括教师 / 教学发展中心、学科专业发展平台、教学学术共同体、项目平台等以构筑平台形式推动的教师发展路径和操作方式。教师发展中心，以推动本校教师发展为服务目标的教师教学中心之类的组织建构是欧美国家大学组织创新和发展的结果目前，我国许多重点大学从形式上都设立了教师教学发展中心这样的机构，但各校发展情况差异较大，制度建设还有待完善。学科专业发展平台，是教师发展的重要途径，高校要破除学科即科研的逻辑，通过制定相关政策、建立一系列的制度，进一步建设成适合教师全面履行学者职能的平台。教学学术共同体，目标是使教师共同致力于创新教学的各种实践。教师除了应具备学科知识与一般教学法知识外，必须在教学过程中发展另一种新的 PCK，即“教师个人教学经验、教师学科内容知识和教育学的特殊整合”，是“教师最有用的知识代表形式”。项目平台，是高校教师非常熟悉的研究或实践途径，是为了某一目标而执行的任务，如教研项目、科研项目、教育部质量工程项目中的教学团队建设等。

（二）培训指导模式

主要包括教师入职培训、教学督导、教学评估等以专题形式组织的培训和指导性教师发展路径、操作方式。入职培训即岗前培训，是指以新补充到高等学校从事教育教学工作的人员或其他人员为受训对象，对其进行初步的职业适应性培训，旨在为新教师适应学校文化、平衡工作和生活等提供有效指导和帮助的校本化服务和针对性培训活动。我国高校也建立起了一支具有自身特色、不同于其他的教学督导队伍，发展至今已成为我国高校内部质量保障体系建设中的一支不可或缺的力量。他们通过涉及面广泛的调研、督促、检查、评估、指导、咨询等工作，也发挥着促进教师及其教学发展，最终促进学生的成长与发展的作用。其工作形式是多样化的，有常规听课督导、专项调研督导、教师评价与咨询、课程评估与指导等形式。教学督导是我国高校比较传统和常见的方式，能够使教师获得关于教学的建设性反馈，将其转型到教师发展和教学促进专业服务方面，定位为教育和教学发展者的角色，是推动当前我国高校教师发展的有效路径。教学评估，我国高校普遍开展的课程评估或教学评估工作，或是为了促进课程体系和专业建设，或是为了评价课程质量和教师的教学水平，对人才培养方案的落实、人才培养质量的提升起到了促进作用，成为高校质量工程建设的重中之重。在这种发展性指导模式中，教师获得的专业知识不再是集中培训时的知识条目和枯燥理论，而是生动的案例和经验，即便是不足和遗憾，也激发出发展愿望和新需求，有助于推动传统的以“教师——教材——教室”为中心的教学模式向以“学生——经验——活动”为中心的现代教学模式的转型。

（三）自主发展模式

主要包括教师自我指导、情境学习和建立档案袋等教师主动的发展方式。教师不是被建构和被发展者，而是积极的自我建构和发展的主体，是一种主动发展模式。自我指导，教师的专业自我是个体对从事教师工作的感受、接纳、肯定并将显著影响其教学行为和效果的心理倾向，是教师自我发展的内在的主观动力。在自我指导的发展路径中，教师自身在职业发展中扮演着关键的角色。情境学习，高校教师情境学习的途径有很多，一是高校普遍成立教师教学发展中心后，提供了经常性的各类教育教学研讨会、报告会、工作坊等活动可供教师选择。二是各个院系都有学科专业规划和队伍建设思路，或者课程建设团队等，通过与同事共事、参与研究、观摩资深教师的课程教学、请同行指导等，有助于形成合作学习情境。三是丰富的在线资源和学习途径。建立档案袋，档案袋或电子档案袋是欧美国家普遍用于教师质性评价的方法，由于关注评价的发展性、反思性功能，具有促进教师“有结构”地反思自己的作用，也成为了教师专业发展的重要途径。特别是电子档案袋的使用，还有助于推动教师的信息素养水平的提升，进而推动现代教育技术在教学中的运用。

（四）混合生成模式

主要包括专业协会和网络模式等教师发展的路径和方式。混合生成模式既具有平台作用，能得到专业的指导，又为教师自我发展提供便利的条件，是广受欢迎且行之有效的模式。专业协会，在专业性职业发展和从业人员专业化发展方面发挥着积极的作用。国际上在推动教师专业化发展方面极为活跃的高等教育专业与组织发展协会（POD）、国际教育发展联盟（ICED）和教职工与教育发展联合会（SEDA）就是优秀范例。其共同的使命都是维护各自会员的权益并提供相关服务，以促进教师、教育机构及高等教育的发展为目标，特别是多元化的国际同行成员的构成加速了全球教师及教育发展的进程。网络模式，是一种新的组织模式，目前越来越多的国家，特别是网络技术发达且应用广泛的欧美国家，重视教师发展网络在推动专业化方面的积极作用。全国高校教师以网络培训中心则主要利用数字化和网络化技术，以培训网站为载体，全国高校教师网络培训省级分中心和城市分中心为支撑，开展高校教师培训工作。这些网络体系和组织在今后的工作需要从“教师培训”转向“教师发展”，利用现代网络技术，提供更为广泛而生动、便捷且即时的发展项目，满足教师的不同发展需求。日益增多的各高校教师教学发展中心，以通过建立网络联盟，共享信息资源，共同促进教师的专业化发展。

高校教师发展的现实诉求是期望得到课程与教学知识、能力的全面提升；希望教师发展活动能够深入到学科教学实践之中；有组建教学研究团队、开展共同体活动的需求和意愿；更希望通过面对面的方式而不是在线的方式开展教师发展活动。高校教师发展作为组织变革的重要部分，同样需要形成制度化才能确保可以持续推行下去，高校教师发展的这几种模式为我们提供了多种教师发展的路径和方式，这些模式需要高校教师发展相关部门，密切配合，多措并举，共同施力。

二、搭建多样化的教师发展平台

青年教师专业成长和职业发展需要按照其成长的特点，遵循青年教师发展的模式和路径，由学校相关部门建立多样化的教师发展平台，针对青年教师各个方面的发展需要提供具体指导，以促进青年教师职业发展能力的尽快提高,使青年教师的专业发展按照正确的方向快速健康地前进。

（一）教学反思

高等学校青年教师的自主成长是长期持久的过程，其自我完善离不开终身不息的自省、自责、自励、自强。反思是教师以自己的教学活动为思考对象，对自己所做出的行为、决策以及由此所产生的结果进行审视和分析的过程，是一种通过提高参与者的自我觉察水平来促进能力发展的途径。美国心理学家波斯纳曾提出教师成长的公式：教师成长 = 经验 + 反思。可以说，反思是青年教师自我教育的手段，是青年教师自主成长的核心因素。正确的反思方式和策略可以保证青年教师反思的质量，并使青年教师在职业活动中养成反思习惯，提高青年教师反思能力，加速青年教师的自我成长。

（二）合作学习

合作学习是 20 世纪 60 年代末 70 年代初于美国兴起的一种富有创意和实效的教学理论和策略，于 70 年代中期至 80 年代中期取得了实质性的进展。它是指在教学上以学习小组为基本形式，系统利用教学动态因素之间的互动促进学生的学习，是以团体成绩为评价标准，共同达成教学目标的一种教学活动。合作学习中的“合作”有两层含义：一是行动上的合作，一是知识资源的共享和思想方法的合作。随着新的教育思想和教育理念的不断提出，合作学习也成为青年教师自主发展最实际、最有效的途径之一，它在学习中日益显露出重要的地位。

（三）校本培训

校本培训是一种边工作、边“充电”，工作学习两不误的在职教育形式，很自然地成为高校青年教师专业成长的最佳选择和有效途径之一。它以高校教师任职的学校为根本，学校、教师都可以根据自身的实际情况，采用灵活多样的方式，因地制宜，内向挖潜，选取适合需要的内容，有的放矢地完成培训任务，不断完善教师的知识和能力结构。

高校教师的校本培训是贯彻终身教育思想和教师专业化理念，以教师所在学校、院系为基地，以科研小组为单位，主要形式是学术研讨会、专题报告会、公开课、学术沙龙等，目的是提高教师教研能力，形成学科特色，校本培训注重学术交流的前沿性和学术发展的全面性，发挥全体教师的主观能动性，提高整体素质，过程中强调学术带头人和资深教师的传帮带作用。高校教师校本模式与中小学教师校本培训虽有相近之处，却更加注重教师之间的合作研究、教育过程的发展性和科研的学术性与系统性。

（四）短期培训

我们国家对高校青年教师进行短期培训采取的形式有如下几种：①单科进修。这是以掌握一门课程的各个教学环节，熟悉教材内容重点及难点，提高教学水平为主的培训。②助教进修班。旨在帮助具有助教职务的青年教师加强理论基础和加深专业知识的培训。③毕业研究生同等学历申请硕士学位教师进修班。这是20世纪90年代中期推出的把高校教师培训与申请学位相结合，提高高校中青年教师素质的重要形式，培训对象为年龄在40岁以下，具有学士学位和三年以上教育教学工作经历的高校教师。④骨干教师进修班。其招生对象为具有两年以上教育教学经历的讲师，培训方式是开设部分博士水平课程并进行教学法的研讨和有关学科前沿动态的讲座。⑤国内访问学者。这是立足国内培养高校学科带头人和骨干教师的重要途径，也是促进校际间学术交流的有效方式，培训对象一般为副教授，国内访问学者在导师的指导下，以参加科研为主，协助指导研究生，参加编写教材或其他教学工作。⑥高级研讨班。这是立足国内培养骨干教师和学科带头人的又一重要形式，高级研讨班以国家重点学科、重点实验室、工程研究中心、开放实验室为依托，请国内外知名专家学者作为主持人、主讲人，培训对象主要是具有高级专业技术职务的中青年教师或具有博士学位的青年教师，时间可相对集中，也可分几个阶段完成，累计时间最长不超过半年。⑦社会实践。高校教师的社会实践主要结合专业进行，社会实践的主要方式和内容：参加支教工作，参加企业的技术改造、联合攻关和科技开发，参加技术咨询、科技推广、社会调查等面向社会、服务社会的实际工作。⑧短期研讨班。短期研讨班面向全体高校教师，培训内容主要是就某一学科专业领域的成果及需要解决的问题进行交流和研讨，时间短、针对性强、方式灵活。⑨出国进修。培训对象以中青年骨干教师为主，主要是选派中青年骨干教师攻读学位、做访问学者、博士后研究、讲学、校际交流、合作研究等。

（五）青年教师导师制

青年教师导师制是英国高等学校首先试用的一种教学制度。美国高等学校在20世纪60年代中叶开始推行，并盛行于20世纪80年代。青年教师导师制是指高等学校按照一定的标准和程序，遴选一批思想素质好、教学经验丰富的教师，对青年教师进行专门的指导，帮助其解决在教学、科研等方面面临的问题，提升其专业素质，促进其在专业发展的一种管理制度。青年教师导师制目的是加快青年教师的成长，充分发挥中老年教师的“传、帮、带”作用，提高青年教师的思想素质和业务素质，建立一支教学能力和科研能力齐头并进的高水平的青年教师队伍。

（六）学术交流

波格曼提出的学术交流的定义目前广为大家所接受，也就是指在特定领域的研究者通过正式和非正式渠道使用和散布信息的行为。一般将学术交流分为正式交流和非正式交流，正式的学术交流是指公开发表的论文等文献，非正式的学术交流指研究者个人之间非制度化的直接沟通、交流，彼此传播未公开正式出版的资料。学术交流目前主要以专题讨论、学术报告、讲座、出国访问、学术会议等多种具体形式开展，已经成为科研创新中一种十分重要、必不可少的活动内容。

在青年教师思想政治工作中，高等学校一定要改变以“教育”为主导的传统的青年教师“管”的思想，用提供“引导”与“服务”的方式，为青年教师的发展创造平等的氛围、宽松的环境。高校青年教师思想政治工作者需要实现两个转变：一超越传统思想政治工作中“施教者”与“受教者”的片面认识，从双方是事业合作伙伴关系角度，摆正思想政治工作者与教师之间的关系，使教师的人格和尊严得到应有的尊重；二努力超越传统思想政治工作中过分注重“思想上的统一”和“行动上的服从”的习惯性思维限制。将对青年教师实施政治思想教育融合在帮助青年教师提高职业发展能力的过程中，解决青年教师最根本的发展问题。

第四节 增强教学能力，夯实高校青年教师专业发展的学科基础

一、教学能力不足的主要表现及原因分析

当前，由于部分高校青年教师对“教学”的理解是比较简单、粗浅、朴素和笼统的，因而他们对教学工作还不够重视。其实，“教学”是一个内涵丰富的概念。教学这一活动早在原始社会时期就已经产生了，为了使人类在原始社会生活生产中不断地延续和生存，人们相互之间必须传授和学习生活经验，这种自发的、不自觉的、不连续的、偶然的、不定型的经验学习与技能传递，表明了“学习”与“生活”之间紧密的联系。

（一）教学工作的热情不高，价值取向偏离教学指针

随着现阶段大学生群体的低龄化趋势不断突显，“逆反心理”“极端个性”“消极抵触的情绪”等后青春期的阶段性特征逐渐呈现。

在大学生群体中。在经历过高考之后，部分大学生存在着较为严重的厌学心理。还有的大学生抗挫折能力不强，心理承受能力较差，动辄就产生轻生念头，这些消极问题给高校青年教师在管理学生方面带来了诸多的压力。当前，信息全球化趋势的日益深化使得大学生接受的知识量显著增大，有时候高校青年教师仅仅依靠课堂教学很难满足大学生对知识的需求，这就对教师知识面有了更广的需求。面对知识社会的挑战，高校青年教师在知识储备及教学技能的掌握上也存在着信心不足等问题，因而只要大学生平常在课堂上表现得差不多，高校青年教师也不会去过多过

问，也不关心学生是否听明白，是否听懂。“井水不犯河水”的心态，使得教师对大学生在课堂上“睡觉”“说话”“玩手机”等部分不良表现采取“睁只眼闭只眼”的处理方式，进而影响了当前大学生教育教学质量的提高。

同时，部分高校为了追求声誉或者获取更多上级（经费）的支持展开了激烈的竞争，其中最为关键的一个评价指标就是学校的科研业绩。在教学方面，由于学生专业、生源的不同和教学效果的滞后性，教学水平及毕业生的质量也很难量化，因此教学指标与教学考核很容易被“数字出实力”的思维模式所忽视甚至轻视。当前，由于制度导向使然，部分高校也形成了对“科研”过分倚重的评价体制机制，使得“重科研、轻教学”倾向成为高校青年教师的必然选择，这种制度设计也非常不利于高校青年教师教学能力的提高，使得部分高校青年教师的职业目标是“能够在科研上成就突出”，而不是“成为在课堂上深受学生欢迎的教学能手”。高校青年教师从资格较老的教师那里获得的是这样的思想：“在教学上差不多就行，现在的学生很难迎合，班级人数又太多，教育效果见效太慢，而'科研业绩'关系到自身职称的评定和奖金的获得，这才是最为重要的。”

（二）教学任务偏重，教学方法单一，教学效果不佳

教学质量下滑，是当前高等教育发展过程中普遍存在并且急需解决的问题。克拉克·克尔曾明确指出：“如果精英教育的组成部分被安排在大众化的院校，精英的标准也可能衰败，如美国博士学位训练计划在入学标准不高的院校推行。”当前，随着我国高等教育大众化发展的客观趋势，高校发展过程中暴露出诸多无法回避的现实问题。例如，我国近年来博士学位授予单位存在着明显的重心下移趋势，越来越多的地方院校增设博士点，博士生数量的迅速增长使得“博士生质量问题”开始受到广泛关注。这种现象的出现，与现阶段高校发展战略和工作重心的设置有着必然的联系。在当前高等教育发展体制机制环境下，高校为了争夺相应的发展“资源”，包括优质的“学生资源”“建设资源”“项目资源”和“资金资源”，必须提高自身的竞争实力，其中最为重要的一个指标就是在“学术”上必须有“显著”的科研成果或者科研业绩，使得目前很多学校在高校青年教师的职称评定和绩效考核中主要看“发表论文多少”“拿到课题多少”“拉到经费多少”等量化考核的“硬指标”。由于大学生作为“教育成果”的转化周期相对较长，而且大学生在素质层面和基础层面上也存在着参差不齐的问题，再加上作为教育产品的大学生在教育、教学的效果呈现方面具有一定的滞后性，因而使得“教学考核”实际上变成了“软指标同时，部分高校在计算教学“课时量”等方面也存在“只重数量，不重质量”的“量化管理思维”现象。繁重的课时任务量让高校青年教师疲于应付，况且拿到课时费的多少取决于上课的“数量"，而不在于“质量”，这种评价体制机制等不良的制度导向，在很大程度上导致了高校青年教师一味追求上课的“数量”，没有时间（同时也不愿意花费时间）来提高教学技能，这种情况进一步影响了现阶段大学生课堂教学效果的提高。同时，在这种外部体制机制运行环境的影响下，使得高校青年教师逐渐陷入了这样的一个怪圈：“课题——职称——教学，三者互相制约、互为因果：

没有课题就评不了职称；没有职称就拿不到课题；没有课题和职称，就得承担更多的教学任务，更没有时间搞科研。”

从以上高校青年教师生存和发展的外部客观环境方面，我们可以看出，高校青年教师面临较大的外部压力。但是，在主观方面，高校青年教师也存在着诸多的欠缺与不足。当前，高校青年教师的主体是以“非师范类”毕业生为主，而且大多没有经过相关系统的教师教育课程的学习，也没有接受过专门的教师职业训练。虽然，高校青年教师在进入高校工作之初，高校相关部门对青年教师进行了短暂的岗前培训，但是，这只是“治标不治本”的应急策略，效果不是很好。由于高校教师紧缺，高校青年教师进入高校工作之后，基本上“直接上岗”，“在教学工作中去锻炼”，拿学生“练手”，在实践中学习。虽然这种“实战演练”能够快速提升高校青年教师的教学能力，但是，付出的却是当前高校大学生教育教学质量下降的代价。同时，由于拜金主义、享乐主义、极端个人主义等西方资本主义精神文化中腐朽思想的影响，高校青年教师在价值观念方面很容易出现偏差，部分高校青年教师理想目标“实际化”和“实惠化”的价值倾向较为明显。极个别高校青年教师还存在着“自由主义”思想泛滥、观点偏激等消极问题，在高校讲台上随意发泄自己的“不满情绪”，没有把握好身为高校教师应具备的正确思想导向，对大学生思想造成了一定消极的影响；还有极个别高校青年教师在高校教学工作中敷衍塞责、马虎从事、得过且过和不求有“功”但求无“过”，在教学方法上不追求创新，没有结合学生的实际和科学技术的最新发展来展开教学，一味灌输枯燥的理论知识，在很大程度上挫伤了高校大学生学习的积极性；甚至还有的青年教师丧失了身为教师的敬业精神，例如“个别教师工作责任心缺失，备课、讲课不够认真；甚至有教师上课没有教案，或者所带教案与所授内容不一致，讲课随意性较大；由于批改作业不计工作量，个别教师很少布置课后练习题，课后辅导答疑也少，学生得不到应有的训练，所学知识不能巩固。如此种种，影响了教学质量的提高”。

如果按照现在高校青年教师对教学工作的重视程度来看，可以说，高校青年教师现有的教学水平基本上就是其以后几十年的教学水平。当前，高校青年教师职称评定是以“科研业绩”为主要考评标准，致使高校青年教师将大部分精力投身于科研，无心钻研教学，在备课、讲课方面不认真，教案、讲稿缺乏新内容，几年甚至十几年使用同一份教案。除了涌入职称评定、岗位提拔等晋升大潮无心教学的高校青年教师，还有一部分高校青年教师在激烈的竞争中消沉下来，不思进取，对于教学工作、科学研究、职后教育等专业发展逐渐失去了热情，“当一天和尚撞一天钟”“得过且过”等消极心态比较明显，对个人的职业生涯没有短期或者长期的目标和规划，在教学方面也不思进取。上述弊端主要表现在以下几个方面：在教学内容方面，部分高校青年教师只注重教授专业知识，没有关注到当代大学生在思想、道德、情感、修养等方面的培养与提高。同时，在教学内容的取材上较为随意，有的材料已经是几年前讲课时使用的过时的例子或观点，在教学备课上没有科学严谨的态度。在教学设计方面，有的高校青年教师表现出板书不严格、教学设计混乱、课堂节奏松散或不紧凑、不注重师生之间的互动交流等问题。有的高校青年教师甚至把“上课”看作是在学生面前的一门“表演艺术”，不问学生是否明白，不关心学生是否理解，把随意拼凑起来的讲稿匆匆念完之后就迅速离开课堂，不关心教学效果，甚至有的高校青年教师不去理会学生的疑问。在教学方法方面，也有部分高校青年教师不关心学生接受程度如何，方法单一、呆板、“满堂灌”等不良情况仍然存在。有学者曾指出：“教学方法是教师和学生为完成教学任务而采用的办法，它包括教师教的方法和学生学的方法，是教师引导学生掌握知识技能、获得身心发展而共同活动的方法。”如果教育教学方法不发生改变，如果高校青年教师对教育教学不予以高度重视，就很难提高当前高校大学生的教育教学质量。

作为教育者的高校青年教师，在教学能力方面的不足会影响教学效果的提高。同时，作为被教育者的当代大学生，在学习态度与学习主动性方面存在着诸多的问题，在一定程度上也会影响高校青年教师提高教学的积极性。当前，随着高校大学生就业压力的增大，学生的“学习观”“知识观”也发生了较大的转变，当代大学生对待知识更注重“实用主义”和“市场导向”。有的大学生的学习目的，只是为了应付学校的考试，为了拿到毕业证书，在学习上非常被动，只有到了考试的时候才“临时抱佛脚”。

在当前的高校课堂，随着高校大学生“学习观”“知识观”的改变，大学生在课堂上学习的动力严重不足，他们将大部分精力放在考证、考级等方面，致使课堂教学状况极差，大学生上课做课外事情等消极现象屡见不鲜，甚至有的学生公开“叫板”课堂，而逃课、翘课更成为家常便饭，课堂学习反而成为高校大学生的“副业”。这些现象的存在使得部分高校青年教师失去了对大学生教学工作的热情。因此，在高校职称评定考核晋升等“科研导向”和高校大学生学习动力下滑等消极状态的双重挤压下，高校青年教师更加不注重教学能力的提高。

通常而言，教师专业发展主要是指教师“个人成为教学专业的成员并且在教学中具有越来越成熟的作用这样一个转变过程”。但是，一些高校并没有把教学工作作为高校青年教师考核晋升等最为重要的评价指标，甚至一些高校把师资队伍建设的重点置于引进“高学历”“高职称”的科研人员，高校在引进科研人才方面“一掷千金”的价值取向尤为明显，而对引进“教学能手”方面“一掷千金”的现象则鲜有耳闻。同时，部分高校对青年教师缺乏相应的科研训练、教学能力培养及职后教育培训机制，在很大程度上影响了高校青年专业发展的全面性和可持续性，进而挫伤了其专业发展的积极性、主动性和创造性。

二、现阶段提高高校青年教师教学能力的对策与建议

（一）理清思路，正确认识提高教学能力的重要性

自我国高等教育扩招以来，大量青年教师涌入高校工作，全国范围内高校教师队伍正处于新老交替的历史时期。当前，在高校教学一线担任教学工作的，大部分是高校青年教师。高校青年教师群体有其显著的特点，他们凭借着自身的科研优势进入以“科研业绩”为主要准入标准的高校工作，而在教学技能方面不足往往会被优异的科研业绩所掩盖；并且，由于高校青年教师在进

入高校工作岗位之初，在教学方面也没有得到较好的训练，却要担任大量的课程教学工作，使得对大学生的教育教学质量降低。诚然，从知识储备上来说，高校青年教师在教授大学生专业知识上是没有问题的，但是，“学习知识”与“传授知识”的过程有着本质的不同。教学，是一项需要长期训练才能获得的技能，更是一门深奥的艺术。

在提高高校青年教师教学技能和教学水平这个问题上，西方国家曾进行过许多早期的探索。在国外，学术研究水平的高低，在很多学校早已不再是评价一个教师是否合格的唯一标准，愈来愈多的西方发达国家学校在教师录用和晋升时更加注重实践经历，强调“教学能力”，越来越多的国家也逐渐开始注重高校青年教师教学能力的培养与提高。例如，美国采取“导师制”的方式来提高高校青年教师的教学能力。“导师制”是一种“师傅”带“徒弟”的教师培训制度，就是将不同学科、不同性别、不同年龄段的高校教师组合到一起，要求新老教师每周或每月定期会面交流教学经验，其中，“教学技能”的掌握和提高是每次会面必须着重探讨的重要内容之一。加拿大高校的新进青年教师，一般都有一定期限的“见习期”，见习期满后，只有合格者才能与学校签订长期任教合同，不合格者则会被解聘。而且，大多数高校都设有“以提高教师的实际工作能力”作为工作重点的专门机构来组织青年教师进行职业性训练，如“教师发展部”“教师指导中心”等等。近年来，我国部分高校也开始逐渐重视“教学能力”在提高大学生教育教学质量和促进高校青年教师专业发展过程中的重要地位。例如，当前在我国部分高校的职称评审中，有的高校强调并实行了教学技能在高校青年教师考核晋升中的“一票否决权”。这种不走形式、强化教学工作的举措，对现阶段推动高校青年教师教学能力的提高有着重要的导向作用。同时，只有不断提高高校青年教师教育教学能力，才能为他们的专业发展奠定坚实的学科基础。

（二）着力推进教学方式改革，塑造积极的文化价值取向

在中华民族五千多年的历史文化发展进程中，形成了“尊师重道”等优良的传统，并且把“教师”的身份和形象置于较高的地位，甚至一度出现过教师形象“圣人化”的趋势。这些情况的出现，很大程度上表明了教师在社会经济发展中重要的文化引领作用。近代以来，特别是二十世纪以来，随着西方国家先进思想的引进，有关教师文化价值导向层面上的研究也出现了丰硕的成果。

从文化层面上来讲，当前我国的高等教育乃至整个国民教育一直处于或者倾向于“火车头”式的文化，即，“火车跑得快，全凭车头带”。因而，在高等院校发展过程中，部分“重点大学”带领“地方大学”前进；在高校学科建设上，部分“重点学科”带领“非重点学科”前进；在高校教师队伍发展过程中，最常见的模式就是“一部分人带领另一部分人”前进。然而，这种模式并未体现出高校教师之间平等、合作、互惠等关系。例如：“在高等院校组织或参与组织的各类诸如教学展示、集体备课、教学分析、公开课、教学竞赛等活动中，我们可以发现，总是几个熟悉的面孔带头去做。在课题申报、经费获得、科研奖励、资格获取等方面，又总是那么几位教师会被优先考虑，或者某位资深教师牵头，带领一部分人拿下项目，虽然有时候，牵头者，并非此行业的研究人员，但只有这个人牵头才能拿下项目。”根据以上个案访谈资料分析，笔者认为，

为实现高校青年教师专业发展，必须成立高校教师“互助小组”，以学科中的一些常规性、技术性、热点性的材料为基础，让教学骨干教师或老教师与新参加工作的青年教师在合作中学习。同时，要改变以往传统单纯依靠行政压力的自上而下的“科层制”学校组织管理模式，改变教师文化价值取向产生与发展的不良制度环境，给高校青年教师成长、成才、成熟提供更多的自治权，并为高校青年教师专业发展提供和谐良好的政治人文环境。

从当前高等教育中教学内容与教学方式的实践层面上来讲，面对当前高校大学生的知识结构从“大一统”到“多样性”和“差异性”的转变，高校青年教师从以往传统的知识权威“传递者”变成了当前学习技能方法的“促进者教学模式和教学重点发生了变化，使得传统的教学方式（即“听课—背诵—练习—再现”的学习模式），不再适应时代的潮流和高校大学生的需要。以往学生“被动＂的学习模式，缺乏能动性、积极性和创造性，束缚了高校大学生思想的发展与能力的提高。《基础教育课程改革纲要（试行）》曾明确指出：“改变课程实施过程，强调接受学习、死记硬背、机械训练的现状，倡导学生主动参与、乐于探索、勤于动手，培养学生搜集和处理信息的能力、获取新知识的能力、分析和解决问题的能力以及交流与合作的能力。”但是，时隔多年，效果仍然不佳，即使当年在基础教育阶段课程改革背景下成长起来的这些学生，在进入大学之后，仍然习惯于传统的学习方式。同时，由于传统的师生关系被简单地理解为一种“知识传递”的过程，在教学中一味追求教学内容大容量、高密度，致使当前高校课程中内容难、繁、偏、旧等现象依旧存在，诸多因素的影响进一步制约了高校大学生学习的积极性，也在很大程度上影响了当前高校青年教师教育教学效果的提高。

从高校青年教师角色转换的层面上来讲，高校青年教师要树立终身教育观和大教育观。早在十七世纪，英国著名的哲学家培根就曾指出：“知识就是力量。”在之后相当长的一段历史时期内，教育的核心问题就是“传授知识”。随着二十一世纪知识经济的到来，人们越来越认识到，“教育的核心不再是知识”。在古代“知识积累”的阶段，人类的知识在总量上是有限的，所以会出现很多的“全才”；近代学科分类，每个学科的知识都在快速增长，人们不可能掌握所有学科的知识，所以在这段历史时期，“专才”开始不断涌现；现在，在某一个领域中的知识已经很难掌握，而且“知识量”达到了无法衡量的标准，因此，现在的竞争不再是“知识量”大小的竞争，而是“掌握知识能力”的竞争，人们更加关注的是“学会学习、学会生存、学会关心、学会共同生存”。但是，现阶段激烈的竞争使得高校青年教师忙于“搞科研”和“赚外快”，几乎没有时间来思考课程改革问题，没有太多的时间在教学能力的提高方面下工夫，也没有太多时间给高校大学生谈人生、谈价值、谈梦想。日本东京大学教授东洋先生曾意味深长地指出：“一个蕴藏着可贵才华的青年，只是由于他落到了某位半瓶子醋的老教书匠之手，于是大大丧失了英才的光芒，结果以无名小卒告终。”因此，高校青年教师作为现今站在高校讲台上重要的后备力量，对当代高校大学生的成长成才有着重要的推动作用。所以，高校青年教师要树立大教育观和终身教育观，不断提高教学能力与教学水平，进而推动在大学生教育教学过程中的交互性、开放性和协作性，使高校大学生能够更加全面和完善地发展。

时代的挑战，要求高校青年教师改变以往传统的教师文化价值取向。但是，当前高校教学的教室把教师之间的相互反馈和沟通给隔离了，“三尺讲台”把教师和学生交流的渠道堵住了。同时，“个人主义”和“保守主义”价值取向下的教师文化价值取向“不希望自己的教学被别人干涉，也不愿意干涉他人的课堂”。所以，形成了一种这样的氛围，就是“不谈教学问题”。在课堂上滔滔不绝的教师，回到教研室或者办公室就会成为沉默寡言的人，甚至在课堂教学之后都不愿意与学生有太多的思想交流。“对于大多数教师来说，都把自己的全部精力集中在整个课程中他们所负责的一小部分，他们很少花时间与同事一起来分享观点、观念和新知。教师甚至将自己的教学活动当作一种隐私，拒斥他人的窥探。所以很少有教师真诚地期望同事来到他的课堂中，因为惧怕暴露自己的困难、问题和麻烦，如果教师暴露自己的问题，承认自己的错误，教师就可能被视为无能。”出于这些原因，高校青年教师与老教师之间的沟通较少。

当前，高校教学大多是以教研室为单位的，学科的不同，导致高校青年教师相互之间的交流困难。同时，由于学校管理制度存在的某些不足，使得高校青年教师长期以来感觉自己在高校管理机构中人微言轻，当学校征求高校青年教师意见的时候，或者在相关教学经验的介绍会或交流会上，教师们都说得不痛不痒，也不愿意分享教学经验或者只讲大概不讲关键点。所以，高校青年教师大多无法通过这种经验交流会来提高教学能力，这种“失语”状态，让高校青年教师深刻感受到所处文化氛围的压抑。笔者以为，这种状态的形成主要有两个因素：一方面，是把教学技能作为一种隐私的“个人主义”，不愿意分享教学过程中的经验和收获；另一方面，是由于内在“保守主义”思想的存在，害怕竞争者的成长，进而影响到自身的地位。因此，要在高校青年教师生存、学习和发展的文化价值取向方面加以改变，才能有效推进教育改革和塑造积极向上的教师文化价值取向，继而推进高校青年教师专业发展。

（三）深入开展教育教学理论研究，不断提高教学技能

当前，充分调动高校大学生学习的积极性、主动性、创造性和实现高校教育教学目标，在很大程度上都取决于高校青年教师在教育教学过程中主导作用的发挥，也取决于高校青年教师自身素质的提高。因而，加大对高等教育教学相关理论研究的力度，不断提高高校青年教师教学技能，对提高高校大学生教育教学质量，进而促进高校青年教师专业发展具有重要的地位和作用。主要包括以下几个方面：

第一，树立积极的教育教学态度，运用启发式教学方法和高校青年教师的榜样示范作用来提高大学生教育教学效果。当前，高校大学生成长于信息全球化的历史时期，因而“唤起学习兴趣，诱发认知兴趣，活跃智力积极性，对于教学过程中发展知识、技能具有决定性的意义”。中华民族历来重视“启发式”教学的重要作用，教师运用学生“似懂非懂”的求知兴趣对其加以启发，从而达到提高教育教学效果的目的。例如，在《论语》中，“不愤不启，不悱不发”“学而不思则罔，思而不学则殆”等教育理念，都是注重以启发的方式让受教育者思考、学习和提升知识修

养水平。同时，教师的榜样作用历来也是提高教育效果最直接的手段。例如．西方哲学家苏格拉底提出了“美德就是知识”等教育与修养相统一的思想。柏拉图在《理想国》中，在传递终身教育思想的同时，提出了一系列完整的教育方法，强调通过“提高教师的修养”来带动受教育者主动学习的积极性。古罗马教育家昆体良的《论演说家的培养》一书，是古代西方最早的教学法论著，也为后来诸多教学流派的形成奠定了基础。昆体良特别注重教师在教育教学中的积极作用，并多次强调指出：教师应当是“严峻而不冷酷，和蔼而不放纵”“以严父的态度对待学生”，通过教师的言传身教，从而实现“对学生的热爱”。

第二，以课堂讲授法为主要手段，以课堂教育教学为主要载体，夯实高校青年教师的基本教学技能《现阶段，为提高高校大学生外部竞争力，有的高校开设了多门课程，增加学生知识储备和技能培训。面对繁重的教学任务，讲授法是当前教学工作中最基本的、效率最高的教学方法。但是，“这种方法运用起来可能是平铺直叙，课堂气氛沉闷、死板、乏味；也可能是曲折生动、环环相扣、引人入胜、气氛热烈；可能是注入式、填鸭式的‘满堂灌’；也可能是非常有启发性的步步深入、兴趣盎然”。在当前高等教育发展过程中教学资源相对紧缺的情况下，高校青年教师必须注重提高课堂讲授技能，不断增进教育教学效果。在授课内容的选择上，要注意把教材中“死”的理论知识与现实生活中“活”的例子结合起来，选取与学生生活学习等密切相关的事例为切入点，以兴趣为先导．提高学生参与课堂学习的积极性、主动性和创造性。例如，高校青年教师在课堂讲授中要注重教学案例在高校大学生教育教学过程中的运用。教学案例，着眼点在于提高学习者创造能力和实际解决问题能力的目标，对通俗化的了解概念、学习原理、应用知识等具有重要的意义和作用。总之，高校青年教师只有通过讲解、导入、提问等基本教学技能的提高，才能在课堂教学中讲准、讲精、讲透、讲活、讲深、讲生动，达到“管用”的目的，这样才能得到学生的认可和接受。

第三，高校青年教师应注重教师之间交流，虚心向老教师学习教育教学经验，认真备课，不断提高教育教学的艺术化水平。教学工作是一门艺术。正如有的学者曾指出的那样：“站在大学的讲台上，我们能够切实地理解教学是一门艺术，更是一种境界。在教学中，宏观线索的勾勒、微观细节的阐述、逻辑分析的独白、讲解视角的转换、典型实例的穿插、恰到好处的板书、思想感情的交流、疑难问题的提示、人格力量的感染、理论境界的升华，所有这些必须是成竹在胸、水乳交融、挥洒自如、引人入胜。”高校青年教师应重视教师之间以及师生之间的相互交流。一方面，高校青年教师需要经常主动地和同事、学生交流思想，必须“打破相互隔阂，在了解教师教学技能发展的一般路径之后，敢于承认自己在教学技能发展过程中所存在的问题，寻求与同事的合作与帮助”。正如马克思、恩格斯在《德意志意识形态》中指出的：“只有在集体中，个人才能获得全面发展其才能的手段。”另一方面，高校青年教师应着力构建积极向上、共同提高的教师文化价值取向。正如马卡连柯所指出的那样：“应该有这样的教师集体：这样的集体有共同的见解，有共同的信念，彼此间相互帮助，互不猜忌嫉妒，不追求学生对个人的爱戴。”

第四，高校青年教师应积极推进研究式教学，不断提高教学质量水平，拓展理论研究深度。一般说来，研究式教学通常是围绕着某一特定的选题而展开的．也称之为项目学习、项目研究、专题式学习或者小课题研究等等。研究式教学的选题来源，大多来自高校大学生在学习、生活过程中遇到的现实问题或者热点问题，而且这种教学模式更加注重学生的自主参与，并着力建立一种主动发现、独立思考的学习思维模式。由于在小选题研究中，学生亲身体验到认识问题、分析问题、解决问题等从获得感官体验到形成理论见解的过程，所以，大学生能够在思维拓展、思想意识、情感意志等方面获得到较大的提升。同时，这种教育教学方式在内容和形式上更加灵活、广泛，更能激发高校大学生获取知识的兴趣，高校青年教师能够通过研究式教学方式帮助高校大学生学会学习，弥补课堂教学中的不足。正如日本教育学家斋藤喜博曾经指出的那样：“教学倘是真正创造性、探究性的，那么，他就会达到艺术般的高度，给人以艺术般的魅力，并且唯有借助这种教学，儿童也罢，教师也罢，才会满足，才会成长，才会获得自我选择。”

第五，高校青年教师应立足多学科视角，深入探讨教育科学规律，锤炼教学语言，培养幽默品质，用学生喜闻乐见的语言风格沟通，引起师生共鸣，提高教育效果。

第六，高校青年教师应积极开展活动教学，追求师生共同提高。当前，在高校中的活动类课程迅速发展，例如实验、上机等，但存在着形式单一、重形式不重内容、学生主动性较差、教师作用不明显等局限性。在我国，“活动教学”的提出经历了由“课外活动”到“活动类课程”，从“活动类课程”再到“综合实践活动”“活动教学”的演变过程。国内教育理论界借鉴二十世纪以来国外综合课程理论与实践经验，将“活动课程”“综合课程”整合、提升、概括为“综合实践活动”，而“活动教学”乃是伴随着“活动课程”“综合实践活动”的产生而出现的。笔者认为，活动教学法是一种新型的教学方法，一般是指高校青年教师根据教学目的和学生获取知识的过程，为高校大学生提供适当的教学情境，并根据高校大学生身心发展的程度和特点科学设置，以素质提高与能力拓展为主要目的，让高校大学生凭借自己的能力参与到阅读、讨论、辩论、游戏、写作、演讲、表演、实验操作等知识学习的活动过程之中。并且，活动教学能够充分体现和锻炼当代高校大学生在主动探究、主动思考、主动推进、主动学习、主动操作等知识学习过程中的主体性作用。同时，活动教学过程中的小组活动、自由讨论、小选题研究、辩论争论等形式，能充分体现同学之间、师生之间的互相帮助、互相启发的精神，尤其注重培养学生的合作意识和创新精神，并能实现师生共同提高的目的。

第五节 重视科学研究，增强高校青年教师专业发展的理论支撑

一、高校职能部门应为高校青年教师提供制度倾斜与价值导向

高校在推动高校青年教师科学研究工作中起着极为重要的作用，也是落实各项国家教育政策的最终实施者，对新形势下推进高校青年教师专业发展具有不可替代的地位。鼓励开展健康的学术批评，营造尊重创新、宽容失败、尊重差异、包容多样的学术环境，有效防止学风不正、学术不端行为的发生，以优良的学风促进哲学社会科学研究评价的健康发展，以科学的评价促进哲学社会科学研究优良学风的形成。

（一）加强科研项目管理，着力提高高校青年教师的科研意识与科研能力

高校青年教师大多处于科学研究初期的角色探索阶段，正在熟悉科学研究的过程和相关事项。在科研阶段的初期，部分高校青年教师在探索过程中存在“学术敬畏”和“不自信”等问题，所以在立项上，高校要给予适当倾斜，支持或者鼓励高校青年教师获得科研立项，给予高校青年教师科学研究的机会，促进高校青年教师在科研项目申报和实施过程中成长。这个阶段立项，能够尽快帮助高校青年教师进入科研角色的适应阶段。当前，部分高校已经开设了一些校级课题，来帮助青年教师启动相关科研项目。但是，项目公布申报时间与申报截止时间相距时间较短，且没有课题指南，这虽然给高校青年教师的自由选题提供了空间，却缺乏有效的引导。因此，高校应在科研课题立项环节给予高校青年教师充足的准备时间来思考，在申报步骤上给以引导，不能任其发展、自生自灭。同时，要尽量避免跨学科跨领域过度指导。极个别不负责认的老教师“看关系不看能力”，在立项过程中“不懂装懂”“瞎指挥”“乱批评”“横加干涉”，既降低了学术水准，又影响了学术公平，对高校青年教师专业发展形成了较大障碍。在科研资助方面，要坚持适度原则。科研资助过度，高校青年教师可能会产生急功近利的思想，为急于获得科研资助，在科研中容易出现一些不良的现象。部分高校为鼓励高校教师出成果，在项目资助上拉开差距.资格老的教师能够获得动辄上万的课题资助，而青年教师则只能获得千余元的资助，有的还是零资助，这种现象在一定程度上降低了青年教师的科研积极性。在科研成果项目结题方面，高校青年教师的成果鉴定应该有弹性，不能实行“一刀切在鉴定其成果时，应该充分肯定其科研的价值，激发高校青年教师的科研热情，同时指出研究中的不足和问题所在，并对后续研究给予指导，其中最为关键的环节在于对科研项目申报和实施过程的管理，这对高校青年教师科研水平的提高具有重要的作用和意义。

同时，要针对有需要的高校青年教师群体展开多层次的培养“导师”制度。当前，部分高校

启动了高校青年教师“导师”制度，学校或院系聘请高水平的教师引导青年教师成长，通过“传、帮、带”，帮助高校青年教师进行专业发展。这种制度制定的初衷是好的，但是也存在着一定的问题。有的高校是以科研团队建设的形式实施这种制度，以某位领导或者资格老的教师来牵头、高校青年教师作为主要成员参与到课题研究中的形式来展开。这种制度的实施，在高校青年教师进入科学研究初期的入门阶段，无疑能够帮助高校青年教师尽快适应科学研究过程，并对高校青年教师科研素养的提高具有重要的促进作用。但是，随着高校青年教师对科研工作的逐步适应，如果没有相应的“退出”机制，这项制度很可能会成为束缚高校青年教师科研水平进一步提高的“瓶颈”。高校青年教师可能会成为某位课题主持人、某位领导干部或者资格老教师的“枪手”，成为实际的课题组织者和实施者，从而影响高校青年教师的独立成长和专业发展。然而，在部分学校，高校青年教师如果脱离了领导干部或者资格老的教师，甚至可能没有机会申报或者参与科研项目，这对高校青年教师科研能力的提高与专业发展非常不利。还应当看到的是，当前能够进入高校工作的青年教师大多拥有较高的学历，在科研方面有着较为扎实的基础，在研究方法层面也比较新颖，如果不适当地实施这种“导师”制度或者过分束缚“绑在”某些“课题梯队”的建设中，会影响高校青年教师科研工作的主动性和创造性。高校应根据高校青年教师的具体情况，提出和制定个性化的培养方案，以科研能力的提高促进高校青年教师专业发展。除此之外，高校还应当注重建设以学术研究中心、课题组等为代表的高校青年教师科研型群体组织，聘请学术专家进行宏观指导，为新老教师之间以及高校青年教师之间的交流和学习提供相应的载体和平台。

（二）鼓励高校青年教师积极参加学术会议，交流研究心得，促进学科间融合

在科研方面，当前高校青年教师大多关注的是“科研经费资助”或者有助于自由讨论的校内“宽松环境”等科学研究的“生存层面”，对于走出校门的校际交流和国内外学术交流等科学研究的“发展层面”不够重视，这也是新形势下影响高校青年教师开阔视野和专业发展的重要因素。

科研团队是高校青年教师开展科研活动的组织基础，也是新形势下整合科研力量和把高校青年教师培养成为学科带头人、学术骨干的重要保障，对现阶段高校青年教师科学研究水平的提高和专业发展有着巨大的推动作用。当前，高校青年教师在科学研究过程中习惯于“单打独斗”“单兵作战”。擅长在科研工作中“单兵作战”，虽然在有效避免学术结构上的“近亲繁殖”等方面存在着一定的优势，但是，高校青年教师个体的科研力量比较薄弱，难以形成合力，由于缺乏相应的学术交流，他们在拓展研究思路和促进学科融合等方面存在明显的劣势和不足。我们要坚持百家争鸣的方针，允许争论。不同学派之间要互相尊重，取长补短。要提倡学术交流。任何一项科研成果，都不可能是一个人努力的结果，都是吸收了前人和今人的研究成果。一个新的科学理论的提出，都是总结、概括实践经验的结果。没有前人或今人、中国人或外国人的实践经验，怎么能概括、提出新的理论？搞封锁是害人又害己。”

因此，不断提高高校青年教师“团队”意识、打造科研团队、积极鼓励参加学术会议，对于高校青年教师科研能力的提高和不同学科知识结构青年教师之间的配合和融合具有重要的作用：

一是有利于高校青年教师迅速把握社会热点重点难点问题，找准科学研究的现实基础和理论基点；二是有利于高校青年教师运用多学科视野破解现实难题，并形成有效的对策体系；三是有利于不断训练高校青年教师的科研思维，开阔研究视野，拓展研究思路；四是有利于高校青年教师建立科研团队，增加研究的广度和深度，促进产学研相结合；五是有利于高校青年教师积累学术资本和科研资历，不断提高青年教师的科研能力，为申报科研课题打下良好的前期基础。

（三）强化学科意识，明确研究方向，激发高校青年教师的深层次科研动力

现阶段，部分高校青年教师对科学研究工作不够重视，认为科学研究是资格老的教授做的事，故而缺乏深层次的科研动力。而且，部分高校青年教师的科研动力（或者科研压力）来自外部，而非内在兴趣。

高校科学研究水平的高低，在很大程度上取决于教育科学的发展水平。当前，高校青年教师进入了科学研究领域的初始阶段，大多高校青年教师专业发展意识较为薄弱，在深入科学研究方面存在较多的不足，进而影响到高校青年教师科技创新水平的不断提高和所在专业学科的可持续发展。在外部社会环境方面，高校青年教师面临较大的舆论压力。“正是在知识分子的知识权威遭到广泛质疑的时代，教育和学习获得了前所未有的重要性。公众不断被敦促活到老学到老，去获取新的知识。商业机构和公共机构不断宣称致力于扩大他们的知识基础。知识成为一个事实上被每一个重要机构欣然接受的标牌。不过，不幸的是，在当代人的头脑中，只是被赋予了一种肤浅的、近乎平庸的特性。”然而，大多数高校青年教师由于科研经验较少，进入高校工作之后很长一段时期内都没有形成相对稳定的研究方向，关于也成为影响高校青年教师专业发展的重要因素。因为，只有深入研究某一专业领域，才有可能发现和探索其中的深层次问题。

二、高校青年教师应自觉提高科研能力与科研素质

（一）提高“问题”意识，实现“教学工作学术化，日常生活学术化”

科学研究工作具有高耗时性、高投入性、高难度性等特征，部分高校青年教师由于其自身内在科研基础较为薄弱或者外在科研环境束缚等原因，对科学研究工作存在敬畏心态和排斥心理。同时，部分高校青年教师有时会将教学与科研两项工作在时间、精力上的分配对立起来，没有意识到科研与教学两者之间相互促进的作用。

为增强高校青年教师科研意识，使其尽快进入和适应科研角色，必须提高高校青年教师的问题意识，将高校青年教师的科学研究与教学工作、日常生活结合起来，实现“教学工作学术化，日常生活学术化”，只有这样才能不断推进高校青年教师专业发展的进程。具体说来，主要包括以下两个方面：

在教学工作方面，由于高校青年教师刚刚步入工作岗位，对所讲授课程的教学内容、授课形式以及大学生教育规律和心理规律等方面的情况不够熟悉，在学校强化教学质量考核管理等制度与环境的压力下，高校青年教师需要花费大量的时间和精力投身到教学工作之中。面对繁重的教

学任务，高校青年教师很难抽出更多的时间进行科学研究。当前，“以教学促进科研，以科研提升教学”的思维模式，已经成为许多高校管理者的共识。“教学工作学术化”作为解决高校青年教师教学与科研两项工作争时间、抢精力等矛盾的重要手段，是当前高校青年教师实现教学与科研相互促进的重要方法。在信息化时代，高校青年教师工作之前所学的专业知识往往在毕业后三到五年内大部分便会过时，科学研究作为不断更新知识、扩展学科视野的重要途径，对教学质量的提高具有积极的作用。针对教学工作，科学研究可以促进高校青年教师提升备课内容的深度和广度，及时摄取最新的科研成果，使教学课程在内容方面走在理论的最前沿；在教学经验方面，可以通过科学研究的方式来提高教学质量与教学水平，不断探讨和总结教育教学过程中形成的好形式、好方法，实现教学与科研互相促进。此外，某些从事管理工作或处于领导岗位的高校青年教师，也要提高问题意识，以科研视角促进日常管理工作，用科研的方式解决管理工作中遇到的难题，梳理出国内外相关问题的解决思路，得出具体的应对策略和方式方法。

在日常生活方面，高校青年教师大多正处于家庭和职业发展的起步阶段。面对“成家立业”等经济压力和心理压力，高校青年教师很难抽出足够的时间和精力投入科学研究工作。而“日常生活学术化”作为科学研究的独特视角，可以使高校青年教师把在生活、学习乃至人生进程之中遇到的问题作为一个学术问题来探讨，分析这些问题产生的原因，并找出相应的对策。青年阶段的职业发展与生活压力往往会让高校青年教师感到措手不及，扑面而来的各类难题，有时会让高校青年教师疲于应付、无所适从，甚至自暴自弃、任其发展。但是，如果高校青年教师能够将“生活”与“科研”结合起来，就可以在科研工作与日常生活的压力中掌握主动权。作为高校青年教师，一个人存在的问题是一个具有鲜明特色的“典型个案”，如果有两个人、三个人或者几个人都出现了这样的问题，就是一个一个鲜活的“个案研究”，推而广之，一系列个案的总和，就是一个值得研究的具有共性和普遍性的社会问题。以这种方式来认识世界和适应世界、认识生活和适应生活、认识高校和适应高校，既有利于高校青年教师科学理性地认识和处理生活、学习中所遇到的问题，又有利于高校青年教师科学理性地选择和处理青年时期的现实困境，有效避免高校青年教师冲动、鲁莽、浮躁、急功近利等阶段性特征，还有利于训练高校青年教师的学术思维。青年人在人生选择方面，往往会感到不知所措和无所适从。有时，别人的结论或者建议可以代替自己的选择，但是，选择的结果是需要自己承担的。遵循自己的研究结论，既能将理论指导于实践，又能在实践中检验自己的认识，不断提高理论研究的现实性和有效性。例如，我们选择了高校教师这样一个职业，就要去理解和分析这个行业存在的问题，可以选择《高校青年教师专业发展中存在的问题及应对策略》作为选题来展开，对于感情、事业、科研能力培养等方面存在的问题，就可以选择《高校青年教师婚恋观问题研究》《高校青年教师职业生涯规划》《关于高校青年教师提高科研能力的几点思考》等选题进行思考与研究。

（二）选择难度适宜的“短、平、易、快”选题，从“小积累”到“大手笔”

高校青年教师有时为了急于“报课题”“抢经费”“发论文”“拿津贴”，往往会选择最易出成果但没有任何实质意义的科研课题。而笔者所谓的“短、平、易、快”，只是针对科研初期处于探索阶段的高校青年教师适用，因为，高校青年教师要想提升科研水平，必须“勤于练手”。由于高校青年教师知识储备和经验阅历有限，不可能或者很难一次就选中自己终身的研究方向。但是，从高校青年教师专业发展的宏观角度来看，高校青年教师必须逐步形成较为稳固的研究方向，只有这样才能不断提高科学研究能力和水平。

“随着对科学准确性的追求使甚至最具人文精神的领域也充满了明显很精确的目标，学术性问题已变得更为狭隘了。由于相信通向知识之路存在于耐心和无偏见的数据积累之中，学术问题力争向更严格、更客观甚至更具预言性的方向发展般没有哲学反思的令人烦恼的迂回。”诚然，科学研究的深入发展，使得专业知识在学科分工上呈现出越来越分散的专业化趋势，给高校青年教师在专业发展过程中的相互交流和沟通带来了重重障碍。如果选择了较偏或者没有任何实际意义的研究方向，高校青年教师可能会很难找到或者获得相应的交流和指导，这种情况非常不利于高校青年教师科研水平的提高，进而影响高校青年教师的专业发展。

当前，教学质量作为高等教育发展的生命线，青年教师在步入高校之初，应当以教学工作为主，而教学工作也是要花费大力气才能够有效提高的一门技能，需要长时期教学经验的积累。因而，高校青年教师可以从教学环境中选择科学研究选题，进而展开研究。针对高校青年教师在教学、科研、家庭、经济等方面的压力较大，“大块时间少，小块时间散，疑难问题多，思考周期短”等阶段性特征，高校青年教师科研初期在科研选题的定位上，选择的最佳策略应当是“缩短研究周期、以兴趣为主要动力、以现实性为主要导向”来展开研究，要选择适宜的“短、平、易、快”选题，不适合搞“研究周期过长”的深层次、多学科、高难度研究。因为，系统性的研究选题往往较为枯燥，需要花费大量的时间和精力，并且常常与生活和教学工作相去太远，由于课题难度较大和研究时间持续过于长久等因素影响，高校青年教师往往难以掌握和驾驭这种规模较大的研究。所以，这类科研选题很容易随着时间的流逝不了了之，很容易挫伤高校青年教师投身科研事业的积极性，继而影响高校青年教师专业发展。在现行体制框架下，“短、平、易、快”的选题，不失为高校青年教师的一种尝试策略。主要包括以下几个方面：

首先，高校青年教师要克服害怕科研的畏惧心理。当前，刚刚进入工作岗位不久的高校青年教师，对科研工作中的课题申报、科研规范、科研流程及科研管理等内容不是特别了解，有的青年教师甚至对自己的本职工作的理解就是“备好课”“教好书”“管好学生”，并认为搞研究是学者、专家、教授这些群体的事情，与自己无关；有的高校青年教师认为搞科研要花费很多的时间和精力；有的认为搞科研很高深很难，担心自己弄出来的成果贻笑大方。所以，部分高校青年教师对科学研究工作存在着一些抵触情绪和畏惧心理。

其次，高校青年教师要加快科研成果的转化率。高校青年教师科研的创新能力是在科学研究工作中逐步塑造形成的，将理论置于实践检验之中，能够尽早发现问题尽早解决问题，不断完善知识结构。目前，高校对教师考核大部分以“量化考核”为主，造成了部分高校青年教师片面追求论文的数量，忽视科学研究质量的原创性追求。但是，在现有制度框架下，为有效应对科研压力，高校青年教师最好的策略就是选择小的选题进行研究。因为，小的科研选题容易掌握，在收集资料、整理资料和分析资料等方面的范围较小，高校青年教师很容易驾驭，可以缩短研究周期，提高研究成果的转化率。但是，在研究的初期，即便是小的选题，高校青年教师也一定要沉得住气，认真对待，坐得住冷板凳。因此，高校青年教师要加快科研成果的转化率，进而实现以科研能力提升促进高校青年教师专业发展的目标。

再次，高校青年教师应当合理选择研究重点，积极申报科研项目。研究对象的选择，关系到科研成果价值的高低。就科学研究的内容而言．建议参考国家、省、市级课题的选题申报指南，围绕社会热点与理论热点的结合处展开研究；在横向上，要深入了解所处研究领域的整体结构脉络；在纵向上，要探索该研究领域的过去、现在和未来；在研究效果上，要争取提出破解现实难题的应对策略。同时，高校青年教师要积极申报科学研究项目。一般认为，科研项目申报是进行科研工作的开端，一些青年教师在申报项目时往往存在应时而作、盲目行动、仓促申报等问题，科研项目申报的成功率很低。究其原因，是缺少项目申报的系统训练和前期科研成果的积累。从这个层面上来讲，科研项目的申报又是对高校青年教师前期科研工作的提升和继续。因此，高校青年教师要在平时的科学研究工作中积极准备、深入探索，不断提高科研水平，夯实专业发展的知识基础。

其次，高校青年教师应正确选择和运用科学研究方法。就研究方法而言，高校青年教师可以采取从单一学科到多学科方法并用的方式展开，不断以研究方式方法创新提高科学研究水平。众所周知，正确的方法论是有效分析和扎实推进科研深度的重要前提。因此，正确选择和有效运用科学研究方法，对现阶段高校青年教师准确分析所选课题有着重要的促进作用，同时也对高校青年教师拓宽研究视野、丰富研究内容、完善知识结构等具有重要的作用。

最后，高校青年教师要形成稳定的科学研究方向。高校青年教师应当在前期小选题科研训练的基础上，逐步形成稳定的研究方向，进一步增进科学研究的深度，不断提高科学研究的质量和水平。稳定的研究方向，是高校青年教师不断提高科学研究水平的重要前提。随着高校青年教师对课程教学内容和大学生教育教学规律的熟悉，高校青年教师在时间分配上要从教学工作向科学研究转移，在科研选题上也要从小选题向大选题转移。科学研究是一项探索性很强的劳动，高校青年教师往往具有思维活跃、兴趣广泛等特点，但是，由于高校青年教师在学术积累上存在着经验不足的劣势，所以在学术方向上有可能把握不准，这就需要高校青年教师虚心向学术前辈学习和请教，只有这样，才可以站在学术前沿，进而更好地把握科学研究的方向。同时，高校青年教师还要有坚定的信念，因为大选题的研究是需要长时间的探索才会有成效的，只有脚踏实地、坐得了“冷板凳”，才有可能创造具有价值的科学研究成果。

（三）端正研究态度，掌握研究方法，结合地方实际，拓展研究深度

当前，由于受社会不良舆论和环境的影响，部分高校青年教师在科学研究工作中存在着心态

浮躁等问题，在科研方面的精力投入非常不足。个别高校青年教师为增加收入，热衷于搞“副业”，真正热爱所选专业、潜心钻研业务的人并不占大多数，把科学研究作为终生奋斗事业的少之又少，还有部分高校青年教师仅仅是把科研工作作为评定职称、增加收入的工具和手段。《教育部关于进一步改进高等学校哲学社会科学研究评价的意见》中，明确指出了近年来我国高等学校哲学社会科学研究评价工作中存在的一些亟待解决的问题：“注重理论创新和实际应用价值的质量评价导向有待进一步强化；符合哲学社会科学特点和发展规律的分类评价标准有待进一步完善；科学合理、诚信公正的评价制度有待进一步健全；重数量轻质量、重形式轻内容的评价方法亟待根本扭转；重人情拉关系、本位主义、门户之见等不良现象亟待有效遏制。”

在端正科学研究态度的前提下，高校青年教师还要掌握科学的研究方法。科学的研究方法是正确认识和分析研究对象的有效手段。从科学方法论的历史形态来看，主要有自然哲学方法论、哲学方法论、逻辑方法论和理论方法论四种形态。高校青年教师在进入科研领域之处，要扎实掌握科学的研究方法。在收集资料方面，要全面、细致，充分利用图书馆、电子期刊、网络材料等学术资源；在整理资料方面，要慎重选择、分类整理，从“经典”到“次重要性”的顺序依次整理研究；在分析资料方面，要有针对性、有重点，从多角度分析，保持思路清晰；在论文写作的整体过程中，要反复修改、精益求精，研究“经典”理论学说追求理论深度、找准热点难点问题追求学术前沿。

作为高校青年教师，一定要选择有进一步拓展空间的研究选题，以便于后续研究的展开和理论深度的拓展。同时，服务社会是高校不可推卸的社会责任。因此，高校青年教师在科学研究工作方面要结合地方实际，为地方经济社会文化的繁荣和发展提供理论支撑。

（四）增强创新意识，遵守学术道德，维护学术规范，提高科研成果质量

科学研究必须有创新意识，正如江泽民同志在北京大学校庆上的讲话中所指出的那样：创新是一个民族进步的灵魂，是一个国家兴旺发达的不竭动力。没有科技创新，总是步人后尘，经济就永远受制于人，更不可能缩短差距。高校作为社会结构中不可或缺的重要组成部分，学术创新意识难免受到某些不良社会风气的影响。当前，在高校科学研究中存在着“学术泡沫较多”“低层次重复严重”等消极现象，学术研究与创新思维有时会受到局部“亚文化”的影响。

同时，由于学校科研业绩压力和高校青年教师急功近利思想的存在，高校青年教师从事原创性和长期性的研究较少。近年来，国内学术界科研成果在数量增长的同时，研究的质量却没有得到多大的提高，低水平、重复性研究较多。

因此，维护学术规范、自觉遵守学术道德，成为现阶段高校青年教师义不容辞的责任。“求真求是”是学术研究的核心所在，“诚实”是治学的基本态度，提升个人科研水平与科研成果质量是学术研究的根本指针。首先，在学术论文写作过程中，要精炼学术语言。现在许多文件的缺点是：第一，概念不明确；第二，判断不恰当；第三，使用概念和判断进行推理的时候又缺乏逻辑性；第四，不讲究词章。看这种文件是一场大灾难，耗费精力又少有所得。一定要改变这种不

良的风气。其次，对于研究材料的筛选和资料的甄别，要精益求精，提高论文的写作水平。

第十章 高校青年教师社会主义核心价值观认同的实现途径

第一节 坚持正确的指导思想

坚持党对一切工作的领导。党政军民学，东西南北中，党是领导一切的。必须增强政治意识、大局意识、核心意识、看齐意识，自觉维护党中央权威和集中统一领导，自觉在思想上政治上行动上同党中央保持高度一致，完善坚持党的领导的体制机制，坚持稳中求进工作总基调，统筹推进“五位一体”总体布局，协调推进“四个全面”战略布局，提高党把方向、谋大局、定政策、促改革的能力和定力，确保党始终总揽全局、协调各方。

——习近平总书记在中国共产党第十九次全国代表大会上的报告

中国共产党是新时代中国特色社会主义事业的领导核心，处在总揽全局、协调各方的地位。正如习近平总书记指出的：“党政军民学，东西南北中，党是领导一切的，是最高的政治领导力量。”习近平总书记在党的十九大报告中指出：“坚持党对一切工作的领导。”进一步明确了我们的教育事业是党领导下的教育事业，是新时代中国特色社会主义教育事业；我们的学校是党领导下的学校，是新时代中国特色社会主义学校。党的领导是引领新时代中国特色社会主义教育事业不断前进的最大政治优势，是办好中国特色、世界水平的现代教育的根本政治保证。

习近平总书记紧紧围绕把方向、揽全局、抓思想、建队伍、促党建，系统阐述了加强党对教育工作领导的一系列重大问题，明确提出了现阶段教育改革发展的形势任务、目标原则、路径手段、战略策略、体制机制，科学回答了培养什么人、怎样培养人以及为谁培养人这个根本问题。我们要深入学习习近平总书记关于教育的重要论述，把握贯穿其中的立场、观点、方法，确保教育改革发

一、坚持把教育放在优先发展的战略地位

习近平总书记立足中国前所未有地接近中华民族伟大复兴目标、前所未有地走近世界舞台中央这样的历史方位，着眼完成决胜全面建成小康社会、夺取中国特色社会主义伟大胜利这样的历

史使命，强调：“‘两个一百年’奋斗目标的实现、中华民族伟大复兴中国梦的实现，归根到底靠人才、靠教育。”“教育是国之大计、党之大计。”在当下日趋激烈的综合国力竞争中，“人才越来越成为推动经济社会发展的战略性资源，教育的基础性、先导性、全局性地位和作用更加突显。”这就要求我们坚持科教兴国战略和人才强国战略，坚持把教育放在优先发展的战略位置，继续大力推动教育改革发展，使我国教育越办越好、越办越强。“教育强则国家强”，“中国这么多人，教育上去了，将来人才就会像井喷一样涌现出来。这是最有竞争力的”。习近平总书记这些重要论断，实际上回答了这样一个问题：既然“党是领导一切的”，那么教育在党所领导的一切工作中究竟处于一种什么样的战略位置、具有什么样的重要作用？

建设教育强国是中华民族伟大复兴的基础工程。为了进一步确立教育在我们党领导的一切工作中“优先发展的战略位置”和“基础性、先导性、全局性地位和作用”，习近平总书记2015年12月18日在中央经济工作会议上明确提出“加大投资于人的力度”的重要理念。这一理念的精神实质，就是要求做到，既让人们的物质生活更殷实，又让人们的精神状态更昂扬，既让人们的衣食住行更便捷，又让人们的科学文化和思想道德素质更健全。在2016年12月14日召开的中央经济工作会议上，习近平总书记又把“提升人力资本水平”明确为供给侧结构性改革中“补短板”的一项重点工作。2017年7月26日，习近平总书记在省部级主要领导干部“学习习近平总书记重要讲话精神，迎接党的十九大”专题研讨班开班仪式上的重要讲话即人们通常所说的“7·26”重要讲话中，还深入分析了我国社会生产力水平明显提高后，人民群众需要呈现的多样化多层次多方面的特点，并把满足人民对“更好的教育”的期盼，同满足他们对“更稳定的工作、更满意的收入、更可靠的社会保障、更高水平的医疗卫生服务、更舒适的居住条件、更优美的环境、更丰富的精神文化生活”的期盼一道，作为全党必须努力实现的工作目标。这是习近平在党的十八届一中全会上当选总书记后向党内外作出“人民对美好生活的向往，就是我们的奋斗目标”这一宣示的题中应有之义，也是以习近平同志为核心的党中央在党的十八大以后加强党对教育工作领导的根本出发点和落脚点。

为了满足人民群众对“更好的教育”的期盼，以习近平同志为核心的党中央不仅坚持把教育放在优先发展的战略位置，而且及时研究解决了教育改革发展中面临的一系列重大问题。《关于全面深化改革若干重大问题的决定》提出深化教育领域综合改革的重大战略任务以来，习近平总书记在他主持的中央全面深化改革领导小组召开的38次会议中，多次把教育改革问题纳入议程，通过了十多份重要教育文件。在这个过程中，习近平总书记从审议改革方案到听取改革进展汇报，从部署改革任务到指引改革方法，夯基垒台、立柱架梁，推动全面深化教育改革的主体框架基本确立，教育领域综合改革呈现全面发力、多点突破、蹄疾步稳、纵深推进的良好态势。近年来教育领域实施深层次、根本性变革，取得了全方位、开创性成就，踏上了新时代中国特色社会主义教育强国建设的新征程。

习近平总书记这些重要论断和重大举措告诉我们，全面深化教育领域综合改革，必须始终把实现好、维护好、发展好最广大人民根本利益作为出发点和落脚点，坚持以提高教育质量为核心，把推进管办评分离作为着力点，把考试招生制度改革作为突破口，把统筹用好国内国外两种资源作为重要保障，重点推动政府职能转变，从越位点撤离，把缺失面填齐，在供给侧发力。特别是要继续把促进教育公平置于突出位置，视教育为民生之基，以教育扶贫来阻断贫困代际传递，让每个孩子都能赢在起跑线上，使“人人皆学、处处能学、时时可学”的学习型社会真正落到实处。

二、全面贯彻党的教育方针

我们的学校是党领导下的学校，是中国特色社会主义学校。办好我们的学校，必须坚持以马克思主义为指导，全面贯彻党的教育方针。一所学校一旦在办学方向上走错了，在培养人的问题上走偏了，那就像一株歪脖子树，无论如何也长不成参天大树。因此，加强党对教育工作的领导，最重要的就是在事关办学方向的问题上站稳立场。正如习近平总书记指出的，我国教育发展方向要同我国发展的现实目标和未来方向紧密联系在一起，为人民服务，为中国共产党治国理政服务，为巩固和发展中国特色社会主义制度服务，为改革开放和社会主义现代化建设服务。

在这方面，习近平总书记尤其重视加强党对高校工作的领导、确保我国各级各类高校始终坚持社会主义办学方向问题。目前，我国高校容纳了哲学社会科学 70% 以上的研究人员和 2/3 的研究成果。在全球思想文化交流、交融、交锋的大背景下，我国高校面临的各种意识形态风险也日益凸显。习近平总书记明确指出，牢牢掌握党对高校而要成为这两个“坚强阵地”，关键在于牢牢掌握高校意识形态工作的领导权，基础在于牢牢掌握高校思想政治工作的主导权。这就告诉我们，各级各类高校是重要的教育阵地，也是重要的思想文化阵地，强化思想引领与价值塑造是牢牢掌握党对高校工作领导权的核心抓手。我们既要对各种错误思潮保持警惕、有效防范，防止其以各种形式在高校抢滩登陆，同我们争夺阵地、争夺师生、争夺人心；又要加强对课堂、讲座、论坛、报告会、研讨会以及境外非政府组织在高校活动的管理，有效防范校园传教，防范敌对势力渗透，确保高校和谐稳定；还要联系学生思想实际，有针对性地回答一些学生感到困惑的综合性、深层次的理论认识问题。

牢牢掌握党对高校意识形态工作的领导权，还必须加强党对民办高校、中外合作办学院校的领导与指导。无论什么学校，在坚持正确政治方向、正确育人导向上没有例外，必须把民办高校、中外合作办学院校纳入高校思想政治工作整体布局，确保高校党建和思想政治工作全覆盖。这是习近平总书记关于“党政军民学，东西南北中，党是领导一切的”这一重要论断的生动体现。

牢牢掌握党对高校意识形态工作的领导权，面临着一个绕不开的问题，这就是如何正确处理探索性学术问题和严肃政治问题的关系。习近平总书记为此提出了“两个不能等同于”的重要论断。个人的意见、批评往往是探索性的，有时是个人的一孔之见，对不对要在实践中检验，可以在内部研究，也可以通过一定组织渠道向上反映，但拿到党校讲台上讲、拿到社会上发表就要慎重了。他的这段论述不仅适用于党校，也同样适用于各级各类学校。他还强调，各级领导干部要善于同知识分子打交道，做知识分子的挚友、净友。对来自知识分子的意见和批评，只要出发点是好的，就要热忱欢迎，对的就要积极采纳。即使一些意见和批评有偏差，甚至不正确，也要多一些包容、多一些宽容，坚持不抓辫子、不扣帽子、不打棍子。习近平总书记这些重要论断，对增强党对学校特别是高校意识形态工作的领导能力，坚持正确办学方向，具有很强的现实指导性。

三、紧扣培养什么人这个根本问题

习近平总书记在同北京师范大学师生代表座谈时指出，要把今天的学生视为“未来实现中华民族伟大复兴中国梦的主力军”，强调要把这支主力军打造成“中华民族‘梦之队’”。他还在多个场合强调，中国梦是我们的，更是青少年一代的。中华民族伟大复兴的中国梦既然要在青少年一代手中实现，青少年一代就要勇做走在时代前列的奋进者、开拓者、奉献者，积极投身坚持和发展中国特色社会主义伟大实践，努力在实现中华民族伟大复兴中国梦的生动实践中放飞青春梦想。习近平总书记在这里实际上从实现“两个一百年”奋斗目标、实现中华民族伟大复兴中国梦的战略高度，向各级党委、政府提出确保让每个孩子享有受教育的机会，培养德智体美劳全面发展的中国特色社会主义事业建设者和接班人，打造一支中华民族“梦之队”的重大战略任务。

为了打造这样一支中华民族“梦之队”，习近平总书记强调：“理想指引人生方向，信念决定事业成败。”实现中华民族伟大复兴中国梦是青少年应该牢固树立的远大理想，中国特色社会主义是青少年应该牢固确立的人生信念。各级党组织要积极引导广大青少年“把理想信念建立在对科学理论的理性认同上，建立在对历史规律的正确认识上，建立在对基本国情的准确把握上”，不断坚定中国特色社会主义道路自信、理论自信、制度自信、文化自信，用青春铺路，让理想延伸，为实现中国梦增添强大青春能量。

要用社会主义核心价值观扣好青少年学生人生的第一粒纽扣。青少年的价值取向决定了未来整个社会的价值取向，而青少年又处在价值观形成和确立的时期。习近平总书记在北京市海淀区民族小学主持召开座谈会时指出：“任何一个思想观念，要在全社会树立起来并长期发挥作用，就要从少年儿童抓起。”各级各类学校都要推动社会主义核心价值观进教材、进课堂、进学生头脑，提升思想政治教育的亲和力和针对性，就像习近平总书记在全国高校思想政治工作会议上说的，因事而化、因时而进、因势而新，注重以文化人、以文育人。各门课都要守好一段渠、种好责任田，与思想政治理论课同向同行，形成协同效应。

习近平总书记还指出，广大教师作为打造中华民族“梦之队”的筑梦人，必须有理想信念、有道德情操、有扎实学识、有仁爱之心。他说：“教师的工作是塑造灵魂、塑造生命、塑造人的工作。”教师“承担着最庄严、最神圣的使命”；是学生锤炼品格的引路人，学生学习知识的引路人，学生创新思维的引路人，学生奉献祖国的引路人；是“立教之本、兴教之源”。各级党委、政府特别是学校各级党组织要当好广大教师的“后勤部长”，通过深入细致的思想政治和扎实有效的服务工作，引导广大教师认清肩负的使命和责任，始终同党和人民站在一起，自觉做中国特色社会主义的坚定信仰者和忠实实践者，自觉做先进思想文化的传播者、党执政的坚定支持者，始终忠诚于党和人民的教育事业，坚持把党的教育方针贯彻到教学管理工作全过程。

习近平总书记围绕“立德树人”提出的上述重要论断，为我们加强党对教育工作的领导，努力打造一支能够自觉到人民中去建功立业、让青春之花绽放在人民最需要的地方、把自身梦想融入十几亿人民实现中国梦的壮阔奋斗之中的中华民族“梦之队”，指明了正确方向和现实路径。

四、从制度上确保把全面从严治党落到实处

在“7·26”重要讲话中，习近平总书记从“四个伟大”的高度提出了“两个毫不动摇”的思想。他指出，党要团结带领人民进行伟大斗争、推进伟大事业、实现伟大梦想，必须毫不动摇坚持和完善党的领导，毫不动摇推进党的建设新的伟大工程，把党建设得更加坚强有力。这就鲜明揭示出党的领导和党的建设相辅相成、相互促进的关系。

教育战线贯彻习近平总书记这一重要思想，首先要完善党对教育工作的领导体制和工作机制。比如，高校必须准确理解和贯彻党委领导下的校长负责制。高校领导班子要成为坚持社会主义办学方向、善于领导高校科学发展、团结奋进的坚强领导集体，就必须有一个坚强的核心，这就是党委。高校重要干部任免、重要人才使用、重要阵地建设、重大发展规划、重大项目安排、重大资金使用、重大评价评奖活动等，都要经党委集体研究决定。高校党委书记主持党委全面工作，对党委工作负主要责任，校长和其他行政领导班子成员要自觉接受党委领导，贯彻执行党委决定，书记和校长都应当成为讲政治的教育家、办教育的政治家、办学治校的管理专家。

坚持和完善党的领导同勇于自我革命、从严管党治党是相统一的。党要管党、从严治党，是党的建设的一贯要求和根本方针。实践也一再表明，对于教育战线来说，党要管党，才能管好党，才能发展社会主义教育事业；从严治党，才能治好党，才能办好中国特色社会主义学校。近年来，在以习近平同志为核心的党中央坚强领导下，教育战线持之以恒反“四风”、雷霆万钧反腐败，层层落实党风廉政建设的“两个责任”，用好党内监督“利器”，发挥巡视“利剑”作用，建立有力的督查督办制度，做到有责必问、有责必查、有责必究，收到积极成效。

加强党对教育工作的领导，推进教育战线的全面从严治党，还要同加强学校基层党组织建设和党员队伍建设结合起来。高校基层党组织建设和党员队伍建设是高校党的建设的基础工程，团结、组织广大师生的凝聚力工程。党支部是高校教育和管理党员的基本单位，抓好了党支部建设就抓住了高校党建工作的基础一环。我们要坚持把党支部建在教研团队上，建在班级课堂上，建在学生社区上、建在学生社团上，确保教育科研推进到哪里、党的建设就跟进到哪里、党支部的战斗堡垒作用就体现在哪里，寓党建于服务之中，厚植高校党建基础，为办好中国特色社会主义大学提供坚强组织保证。

总之，对于各级党委和政府特别是教育战线的各级党组织来说，无论是加强党的领导，还是坚持全面从严治党，都必须深入学习习近平总书记关于教育的重要论述，“虚”功“实”做，把“软指标”变为“硬约束”，以改革创新精神大力推进党的各方面建设，以刮骨疗毒、壮士断腕的勇气展开一场刀刃向内的自我革命，努力确保学校这片“社会净土”始终保持纯净，为办好中国特色社会主义教育事业打造一个“山清水秀”的政治社会生态，为把我国建设成为社会主义现

代化教育强国提供坚强政治保证。

第二节 坚持立德树人作为教育的根本任务

新时代贯彻党的教育方针，要坚持马克思主义指导地位，贯彻新时代中国特色社会主义思想，坚持社会主义办学方向，落实立德树人的根本任务，坚持教育为人民服务、为中国共产党治国理政服务、为巩固和发展中国特色社会主义制度服务、为改革开放和社会主义现代化建设服务，扎根中国大地办教育，同生产劳动和社会实践相结合，加快推进教育现代化、建设教育强国、办好人民满意的教育，努力培养担当民族复兴大任的时代新人，培养德智体美劳全面发展的社会主义建设者和接班人。

——习近平总书记在学校思想政治理论课教师座谈会上的讲话

培养什么人，如何培养人，历来是党和国家教育的根本问题。习近平总书记在党的十九大报告中要求："全面贯彻党的教育方针，落实立德树人根本任务，发展素质教育，推进教育公平，培养德智体美全面发展的社会主义建设者和接班人。"习近平总书记着眼新时代中国特色社会主义教育的全局，深刻回答了培养什么人、如何培养人以及为谁培养人等一系列重大问题，是新时代中国特色社会主义教育理论的精髓。实践已经证明，并将继续证明，习近平总书记关于教育的重要论述是推进我国教育现代化的指导思想和行动指南。

一、各级各类教育必须坚持立德树人

中华人民共和国成立以来，在党的教育方针的表述中，始终强调受教育者德智体美全面发展。党的十九大报告要求"落实立德树人根本任务"。将"立德树人"的定位置于"全面发展"之上，这是以习近平同志为核心的党中央继承、丰富和发展党的教育方针的集中体现，是对党的全面发展的教育方针的重大发展，是党的教育理论创新的最新成果，具有以下三个方面的深刻含义：

一是立德树人揭示了教育的本质，是对教育本质的最新认识。教育的本质是培养人，这是古今中外的共同认识。

二是立德树人揭示了德育在学校教育中的突出地位，强调促进人的德性成长是教育的首要任务，体现了党对人的全面发展的最新要求。

三是立德树人揭示了道德发展与人的全面发展的辩证关系，强调德性成长是人的全面发展的根本保障，体现了党对教育规律的深刻认识。

习近平总书记要求各级各类学校必须坚持立德树人。他在会见中国少年先锋队第七次全国代表大会代表时寄语全国各族少年儿童，要从小学习做人。要学会做人的准则，就要学习和传承中华民族传统美德，学习和弘扬社会主义新风尚，热爱生活，懂得感恩，与人为善，明礼诚信，争当学习和实践社会主义核心价值观的小模范。他在给中央民族大学附属中学全校学生的回信中，要求学校承担好立德树人、教书育人的神圣职责。2016 年 4 月，在致清华大学建校 105 周年贺

信中，他强调，站在新的起点上，清华大学要坚持正确方向、坚持立德树人、坚持服务国家、坚持改革创新。2018 年 5 月 2 日，在北京大学师生座谈会上的讲话中，他指出："大学是立德树人、培养人才的地方，是青年人学习知识、增长才干、放飞梦想的地方。""要把立德树人内化到大学建设和管理各领域、各方面、各环节，做到以树人为核心，以立德为根本。"

把立德树人作为教育的根本任务，具有鲜明的时代特征。随着经济全球化、信息化和后工业社会的到来，人类面临的德性挑战日趋严峻。为了提高我国的软实力，为了实现中华民族的伟大复兴、加强德育工作、提高全民族的道德文明素养、增强我国软实力，已成为我国教育战线面临的一项重大而紧迫的战略任务。

二、立德树人是人才成长的根本规律

习近平总书记强调："人才培养一定是育人和育才相统一的过程，而育人是本。人无德不立，育人的根本在于立德。这是人才培养的辩证法。办学就要尊重这个规律，否则就办不好学。"习近平总书记在尊重教育规律，坚持立德树人，丰富、完善和发展党的教育方针方面提出了一系列新论断、新主张。

（一）强调扣好人生的第一粒扣子

习近平总书记在北京大学考察时指出，青年的价值取向决定了未来整个社会的价值取向，而青年又处在价值观形成和确立的时期，抓好这一时期的价值观养成十分重要。这就像穿衣服扣扣子一样，如果第一粒扣子扣错了，剩余的扣子都会扣错。人生的扣子从一开始就要扣好。

（二）强调理想信念教育

在党的十九大报告中，习近平总书记强调：人民有信仰，国家有力量，民族有希望，要求必须"广泛开展理想信念教育"。习近平总书记在同各界优秀青年代表座谈时指出："广大青年一定要坚定理想信念。'功崇惟志，业广惟勤。'理想指引人生方向，信念决定事业成败。没有理想信念，就会导致精神上'缺钙'。"2015 年 6 月 1 日，习近平总书记在会见中国少年先锋队第七次全国代表大会代表时指出，要从小学习立志。志向是人生的航标。一个人要做出一番成就，就要有自己的志向。一个人可以有很多志向，但人生最重要的志向应该同祖国和人民联系在一起，这是人们各种具体志向的底盘，也是人生的脊梁。2018 年 5 月 2 日，在北京大学师生座谈会上的讲话中，习近平总书记要求大学生："要励志，立鸿鹄志，做奋斗者。"

（三）强调加强社会主义核心价值观教育

习近平总书记在参加北京市海淀区民族小学庆祝"六一"国际儿童节活动时指出，让社会主义核心价值观在少年儿童中培育起来，家庭、学校、少先队组织和全社会都有责任。学校要把德育放在更加重要的位置，全面加强校风、师德建设，坚持教书育人，根据少年儿童特点和成长规律，循循善诱、春风化雨，努力做到每一堂课不仅传播知识，而且传授美德；每一次活动不仅健康身心，而且陶冶性情。习近平总书记在全国高校思想政治工作会议上指出，要把思想政治工作贯穿教育教学全过程，引导广大师生做社会主义核心价值观的坚定信仰者、积极传播者、模范践行者。在党的十九大报告中习近平总书记进一步强调："社会主义核心价值观是当代中国精神的集中体现，凝结着全体人民共同的价值追求。要以培养担当民族复兴大任的时代新人为着眼点，强化教育引导、实践养成、制度保障，发挥社会主义核心价值观对国民教育、精神文明创建、精神文化产品创作生产传播的引领作用，把社会主义核心价值观融入社会发展各方面，转化为人们的情感认同和行为习惯。坚持全民行动、干部带头，从家庭做起，从娃娃抓起。"

（四）强调加强中华优秀传统文化教育

习近平总书记在党的十九大报告中强调，文化是一个国家、一个民族的灵魂。文化自信是一个国家、一个民族发展中更基本、更深沉、更持久的力量。要深入挖掘中华优秀传统文化蕴含的思想观念、人文精神、道德规范，结合时代要求继承创新，让中华文化展现出时代风采。

（五）强调加强劳动教育和实践教育

习近平总书记在同中华全国总工会新一届领导班子成员集体谈话时强调，加强对广大青少年的教育，让劳动最光荣、劳动最崇高、劳动最伟大、劳动最美丽的观念蔚然成风。在全国教育大会上，习近平总书记指出，培养德智体美劳全面发展的社会主义建设者和接班人，把"四育"提升为"五育"，彰显了劳动的价值，意义重大。要教育孩子从小热爱劳动、热爱创造，通过劳动和创造播种希望、收获果实，也通过劳动和创造磨炼意志、提高自己。在北京大学师生座谈会上的讲话中，习近平总书记要求广大青年"要力行，知行合一，做实干家"。"学到的东西，不能停留在书本上，不能只装在脑袋里，而应该落实到行动上，做到知行合一、以知促行、以行求知，正所谓'知者行之始，行者知之成'。"

习近平总书记的上述论述，是对新时代中国特色社会主义教育发展规律的深刻把握和最新成果，深刻回答了如何培养人的重大问题。

三、立德树人是人民满意教育的根本要求

改革开放以来，党和国家在确立教育优先发展战略地位，深刻回答培养什么人、如何培养人的同时，也不断回答为谁培养人的重大问题。

全心全意为人民服务，是中国共产党的根本宗旨。以习近平同志为核心的党中央，在坚持教育优先发展战略地位的同时，更加重视贯彻以人民为中心的教育发展思想。在当选中共中央总书记后首次与中外媒体的见面会上，习近平总书记表达了他对人民的感情——人民对美好生活的向往，就是我们的奋斗目标。他在十九届中央政治局常委同中外记者见面时再次强调，我们要牢记人民对美好生活的向往就是我们的奋斗目标，坚持以人民为中心的发展思想，努力抓好保障和改善民生各项工作，不断增强人民的获得感、幸福感、安全感，不断推进全体人民共同富裕。他在党的十九大报告中指出："办好人民满意的教育……落实立德树人根本任务"，深刻体现了以人民为中心的发展理念。立德树人，既是人民满意教育的根本要求，也是人民满意教育的根本标准，

进一步回答了为谁培养人的重大问题。

习近平主席在联合国“教育第一”全球倡议行动一周年纪念活动上发表的视频贺词中庄严承诺，努力让每个孩子享有受教育的机会，努力让人民享有更好更公平的教育，获得发展自身、奉献社会、造福人民的能力。

教育具有为人生奠基的重大意义，人民群众对教育的综合利益诉求可以概括为以下五个方面：

一是只有有利于满足人的学习需求的教育才是人民满意的教育，即“成学之教”。不断扩大优质教育机会，不断开拓人民接受教育机会的新途径，仍然是我国教育改革和发展面临的重要挑战。不过，满足人的学习机会的需求，绝不等同于人人都能上重点大学，而是为每个人提供适合的教育机会。

二是只有有利于满足人的成人需求的教育才是人民满意的教育，即“成人之教”。让每个孩子都成为身心健康的人，都成为遵纪守法的人，都成为诚实守信的人，都成为积极向上的人。

三是只有有利于满足人的就业谋生需求的教育才是人民满意的教育，即“成业之教”。教育要唤醒人的职业意识，要为人的就业谋生奠定坚实的基础。

四是只有有利于满足人的终身发展需求的教育才是人民满意的教育，即“成己之教”。教育要为人的终身发展奠基，要引发、培育、呵护人的终身学习兴趣和能力。

五是只有有利于满足人的终身幸福生活需求的教育才是人民满意的教育，即“幸福之教”。教育要为人生幸福奠基。

四、立德树人是实施素质教育的根本目的

习近平总书记多次强调，要深化教育改革，推进素质教育，创新教育方法，提高人才培养质量，努力形成有利于创新人才成长的育人环境。2016 年 9 月 9 日，习近平总书记在考察北京市八一学校时指出，素质教育是教育的核心。在党的十九大报告中，要求“发展素质教育”。

坚持立德树人，发展素质教育，必须系统推进以下四个方面的改革：

（一）必须建立协调各方的共同育人观

习近平总书记强调，基础教育是全社会的事业，需要学校、家庭、社会密切配合。立德树人是整个教育的根本任务，包含在德育、智育、体育、美育和劳育之中，包含在各门课程之中，包含在课内课外活动之中。

（二）必须树立育人为本的教师职业观

习近平总书记反复强调教师的职业道德建设，教师做的是传播知识、传播思想、传播真理的工作，是塑造灵魂、塑造生命、塑造人的工作。教师不能只做传授书本知识的教书匠，而要成为塑造学生品格、品行、品位的“大先生”。教师教给学生的知识，多年以后可能会过时，可能会被遗忘，但教给学生为人处世的道理是学生一生的财富，会让他们终生难忘。教师要成为学生

做人的镜子，以身作则、率先垂范，以高尚的人格魅力赢得学生敬仰，以模范的言行举止为学生树立榜样，把真善美的种子不断播撒到学生心中。习近平总书记要求广大教师要做“四有”好老师，要做“四个”引路人。他指出：“如果身在学校却心在商场或心在官场，在金钱、物欲、名利同人格的较量中把握不住自己，那是当不好老师的。”在北京大学师生座谈会上的讲话中，习近平总书记要求：“要坚持教育者先受教育，让教师更好担当起学生健康成长指导者和引路人的责任。”“评价教师队伍素质的第一标准应该是师德师风。”鉴于对教师的深刻认识，习近平总书记在全国教育大会上指出，坚持把教师队伍建设作为基础工作。

（三）必须统筹推进学生的全面发展

加强德育。习近平总书记强调，要用好课堂教学这个主渠道，思想政治理论课要坚持在改进中加强，提升思想政治教育亲和力和针对性，满足学生成长发展需求和期待，其他各门课都要守好一段渠、种好责任田，使各类课程与思想政治理论课同向同行，形成协同效应。

改进智育。要注重学思结合。要勤学，下得苦功夫，求得真学问；要从知行合一上下功夫；要注重因材施教；要注重运用现代信息技术，“构建网络化、数字化、个性化、终身化的教育体系，建设‘人人皆学、处处能学、时时可学’的学习型社会。”

强化体育。身体是人生一切奋斗成功的本钱，少年儿童要注意加强体育锻炼，家庭、学校、社会都要为少年儿童增强体魄创造条件，让他们像小树那样健康成长，长大后成为建设祖国的栋梁之才。

更加重视美育。美育是审美教育，也是情操教育和心灵教育。加强劳动教育和文化育人。习近平总书记强调，劳动是人类的本质活动，劳动光荣、创造伟大是对人类文明进步规律的重要诠释。要教育孩子们从小热爱劳动、热爱创造，通过劳动和创造播种希望、收获果实。与此同时，习近平总书记特别强调要更加注重以文化人、以文育人，加强中华优秀传统文化和革命文化、社会主义先进文化教育。

（四）必须树立育人为本的教育政绩观和教育评价观

落实立德树人根本任务，就要深化教育改革，扭转不科学的教育评价导向。习近平总书记在全国教育大会上指出，坚决克服唯分数、唯升学、唯文凭、唯论文、唯帽子的顽瘴痼疾，从根本上解决教育评价指挥棒问题。贯彻落实习近平总书记这一重要论述，就要做到如下方面：

一要建立育人为本的教育政绩观。用单纯的考试升学“指挥棒”指挥学校教育，结果导致学校教育违背“育人为本”的教育本质，背离党的全面发展教育方针，脱离了科学发展的基本轨道。《国家中长期教育改革和发展规划纲要》强调：“要把推进教育事业科学发展作为各级党委和政府政绩考核的重要内容，完善考核机制和问责制度。”

二要建立育人为本的教育评价观。在北京大学师生座谈会上的讲话中，习近平总书记要求，“要把立德树人的成效作为检验学校一切工作的根本标准”。各级教育行政部门要建立符合全面依法治教、贯彻党的教育方针、实施课程方案、坚持立德树人的教育质量评价体系。要建立健全学生素质档案评价制度，完善考试招生制度。习近平总书记深化考试招生制度改革，形成分类考试、综合评价、多元录取的考试招生模式，构建衔接沟通各级各类教育、认可多种学习成果的终身学习立交桥。

第三节 强化青年教师社会主义核心价值观教育

教育家加里宁曾提出："加强对培养人的培养比直接培养人更重要，被教育者能力的提高是培养人的素质为前提的，这种培养必须从青年教师开始。"因此，加强对于青年教师的教育及培养对于当代高校教育成果的实现起到至关重要的作用。首先，对于青年教师价值观的引导采用通过理论学习，实例分析，实践体验等方法，依据其特点给予正确并合理的引导，将青年教师的思想及行为引导到正确的道路上来，帮助其建立符合社会主流发展趋势及促进社会进步的价值观。其次，针对青年教师的教育引导的方法一定要做到针对青年教师特点及需求，保持与青年及时交流，循循善诱的引导说服，提升其自身的理论自觉性及主观能动性。再次，发挥行为引导的带动作用，以在青年教师身边，形成潜移默化的隐性引导力量。青年教师大多能够分辨什么是好的，什么是积极的，只是往往疏于将其落实与实践中，因此，以具体的实践行为引导带动青年教师，能够有效帮助青年教师更好的以社会主义核心价值观指导实践。是故，以正确之方式教育、引导、强化青年教师树立社会主义核心价值观，加强青年教师对社会主义核心价值观科学内涵和精神实质的把握，有利于推动青年教师自身道德水平及专业素养的提升，更好的实现立德树人，教书育人的根本任务。

一、加强青年教师中国特色社会主义理论体系学习

中国特色社会主义理论体系是几代中国领导人根据中国社会主义初级阶段的基本国情不断探索坚持实践的智慧与心血的凝结。中国特色社会主义理论体系对于新时期全面建成小康社会，实现社会主义现代化及中华民族伟大复兴都具有重要且深远的指导意义。同时，中国特色社会主义理论体系对于加强高校思想政治教育也具有一定的重要意义，它为高校中国特色社会主义理论体系教育提出了的途径和方法。

在高校开展中国特色社会主义理论体系教育，首先，各高校须将此项学习任务放到关系高校发展前景的战略高度给予重视，加强青年教师的理论教育学习。只有学校足够重视，才能使青年教师真正做到重视自身的理论学习，提升政治素养，为教书育人积累必要的理论基础。其次，开展一系列针对青年教师中国特色社会主义理论体系的培训与学习，通过讲座，研讨会等方式，使青年教师更加深刻的了解中国特色社会主义理论体系的内涵，并深刻把握其在教书育人工作中的具体体现，做到理论结合实践，通过实践进一步深入理论学习。再次，将中国特色社会主义理论体系的学习制度化，并列入教师考核范围。青年教师的专业素养大多处于较高水准，但思想道德理论水平却呈现出参差不齐的现象，因此，将中国特色社会主义理论学习制度化，在一定程度上

督促青年教师对于社会主义理论的学习，并不断内化为自身较为稳定的品质品格。

二、着力加强青年教师的师德建设

师德是教师素质的核心，体现着教师的思想境界。正如陶行知先生所言“捧一颗心来，不带半根草去”，青年教师需要自觉承担育人义务，敢于承担社会责任，主动提升自己的精神境界。对于青年教师将社会主义核心价值观内化为自身重要品格的重要有效途径则是加强青年教师道德建设。社会主义核心价值观简练的二十四个字中明确提出了敬业这一根本要求，作为教师，爱岗敬业是其成长的起点，特别是在青年教师刚到工作岗位的初期，是形成良好职业道德的重要阶段，只有对教师这一崇高职业真正的热爱，才能不断的在专业知识上提升自己，并针对学生们的需求调整教学方法，最终实现其职业成长，形成良好的师德风貌。高校师德师风建设是践行社会主义核心价值观的有效途径。首先，高校要注重加强高校师德体系化建设，制度化建设，将青年教师全部职业生涯皆纳入师德建设体系中，从青年教师到岗开始，持续关注并引导其师德的建立与养成，将青年教师的师德建设贯穿于其整个教育教学与成长过程中，从而形成长效且规范的师德养成制度。其次，进一步完善高校师德建设保障机制。在高校青年教师评优评职考核中，应加大青年教师职业道德素养及师德在其中的比重，避免过分倾向科研成绩与科技成果。在制度上给予青年教师师德建设有利的保障。最后，注重教师自身的师德建设及提升，发挥其自我教育力量，在真正认识到师德对于教育的重要性的基础上，不断完善提升自我道德修养，以良好的师德风貌推动高校教育进一步发展。

三、以青年教师榜样示范带动社会主义核心价值观的认同

高校马克思主义理论青年教师肩负着社会主义建设人才培养与马克思主义知识传播的双重任务，是高校师资队伍中的重要组成部分，肩负着用中国特色社会主义理论体系教育引导大学生的重要任务。在高校中，马克思主义理论青年教师由于自身专业所学，相对于其他专业教师则更加认同社会主义核心价值观，并能在一定程度上践行，因此，要充分发挥马克思主义理论青年教师及师德模范作用，在青年教师群体内部实现良好的引领与互动。榜样的力量是无穷二在年龄，职业发展大多处于相同的状态的青年教师群体中，榜样示范更能符合青年教师的接受方式，使其在潜移默化中认同社会主义核心价值观。在日常教学工作中，首先，加强对青年教师榜样群体的肯定，建立鼓励激励政策，在一定程度上给予榜样教师奖励并坚持物质奖励与精神奖励相结合。其次，加大榜样事件的宣传力度，营造良好的校园舆论环境，进一步提高青年教师对社会主义核心体系的认同感，提升自身综合素质积极性，让每一个青年教师都想要为成为榜样示范力量，以推动高校青年教师社会主义核心价值观培育与践行。

第四节 激发青年教师对社会主义核心价值观认同的自觉性

教育的根本是教师，青年教师作为高校教书育人与立德树人的最核心力量，其自身的理论自觉性及将理论运用到实践中的能力，是关乎其教育成果实现的重要因素。在青年教师实现社会主义核心价值观认同的过程中，青年教师作为认同主体，对于认同能否良好的实现起到决定性的作用，而其将自身认同的社会主义核心价值观指导实践的能力对于引导学生形成正确价值观同样起到至关重要的作用。因此，必须激发青年教师自我教育热情及主体自觉性，充分调动其社会主义核心价值观认同的积极性、主动性及实践性，帮助引导青年教师更好的实现自我完善，提升自身综合素质及教书育人能力。

一、提高青年教师认知主体自觉性

自我塑造是提高青年教师认知主体能动的主要方法，它主要是指受教育者在教育者的指导下按照价值观教育的目标和要求，通过自我学习、自我修养、自我反省、自我总结、自我批评、自我改造等方式，主动接受先进思想，提高自己的思想觉悟和认识水平以及自觉纠正自己的错误思想和行为的方法。青年教师群体由于具有较高的知识层次与较强的学习能力，同时具备基本的价值选择与辨别能力，因此，在社会主义核心价值观认同过程中，充分发挥其主体认知自觉性进行自我教育是对于青年教师价值观引导的最好方法。只有认同主体真正做到有积极的态度，发自内心的将社会主义核心价值观入心入脑才能更好的指导实践。

首先，引导青年教师树立自我教育的意识，重视自我教育的作用。自我教育是一个自我反思也是自我成长的过程，青年教师大多刚进入工作岗位，只是一味的接受学习组织的理论学习，往往忽略了自我教育在提升思想道德素养中的作用，因此，要引导其树立自我教育的意识。其次，为青年教师提供自我教育交流平台。高校可以提供网络交流互动平台或是定期组织青年教师座谈会，为青年教师交流自我教育，自我反思的经验心得。相互分享思想状况，及在自我教育中遇到的难题，在相互交流中做到自我总结与自我批评，进一步完善自我教育的方法。再次，提升青年教师积极性，促进青年教师自我教育与接收教育相结合。自我教育与接收外界教育都是青年教师形成高尚道德人格的重要环节。以更为灵活的方式提升其接收教育的主动性自觉性，与此同时注重发挥自我教育的主动性，并引导青年教师将其有效相结合，形成接受教育与自我教育的合力。

在良好的教育引导方法下，引导青年教师树立自我教育的意识，为青年教师提供自我教育交流平台，充分调动青年教师自我教育积极性，发挥自我反思及自我塑造的作用，将自我教育与接收教育相结合。从青年教师的思想到价值观完整形成，从生活到工作，全面重视青年教师主体能动作用，在充分尊重其自我教育的基础上，提高青年教师认同主体的价值选择与认同能力，才能真正实现社会主义核心价值观的认同。

二、增强青年教师对社会主义核心价值观理论自信

在实现青年教师社会主义核心价值观认同的过程中，增强青年教师的理论自信，是推动认同实现并最终形成信仰是一个重要的环节。对于社会主义核心价值观这一科学的价值观理论，只有做到真正的相信，才能够有效的引导行为实践。我们党是用先进的理论武装起来的党，自信是中国共产党人多年传承的优秀品格，面对当前纷繁复杂的社会思潮，我们必须做到对社会主义理论充满自信，坚持以正确的思想为指导，以社会主义核心价值观为准则，在认同的过程中不断反思，已达到更高层面的认同，最终形成一种政治信仰。没有信仰的民族是无法发展的民族，尤其是对于青年教师群体来说，当前的社会需要其建设，未来社会的发展需要其教育培养出的人才来建设，引因此要帮助导青年教师认同社会主义核心价值观。

首先，要增强青年教师日常工作与学习中其对于社会主义核心价值观的理论自信意识与能力。意识是行动的先导力量，只有注重树立理论自信的意识，才能真正的做到理论自信，并不断提升自信能力。其次，要注重在形成理论自信前期的理论知识量的积累。量的积累是实现理论自信质的飞跃的关键，只有掌握了社会主义核心价值观的科学的内涵，积累一定的马克思主义理论才能真正形成理论自信。再次，着重发挥青年教师自我教育能力在形成理论自信中的作用，以其自信主体的主观能动性引导理论自信的形成更为有效。青年教师要想实现社会主义核心价值观的认同，必须做到理论自觉。理论自信，在真信的基础上才能真行，并在不断反思与实践的过程中进一步促进认同的实现。

三、增强青年教师践行社会主义核心价值观积极性

当如何教育及引导青年教师形成良好的价值观呢？笔者认为须是坚持理论结合实际的途径。只有在重视理论教育的同时也不忽略实践的重要性，才能使青年教师真正做到知行统一，言行一致。许多青年教师在理论知识的学习与掌握上都具有较高水平，但却仍停留在“说多于做”“理论大于实践”的层面上，而如何能够调动青年教师的积极性，主动践行社会主义核心价值，则需要丰富的社会实践活动来提供契机。青年教师由于其年纪尚轻，相比起静态的理论学习则更倾向于动态的活动，尤其是形式多样的集体活动，更能吸引青年教师的参与。因此，高校应多举办针对青年教师群体的实践活动，不仅仅局限于校内，要更多的为青年教师提供校外的实践平台，使其开阔眼界，在社会实践中尽情的发挥自身的能动性。这不仅能更好的深化、检验其认同成果，同时对青年自身成长、职业发展都大有裨益，增强青年教师对社会主义核心价值观的认同拓展延伸到不同领域，收获更为多样的实践体验，在丰富的社会实践活动中，更加主动的践行社会主义核心价值观。

第五节 发挥网络新媒体积极推动作用

在信息化飞速发展的今天，针对高校青年教师的思想特点，应充分利用网络、手机客户端等

新媒体的独特传播方式，将社会主义核心价值观看似枯燥的理论内容转化得更为贴近青年教师的日常工作和生活实际。

一、发挥网络的引导作用

网络媒体将人类带入了一个信息传播的新世界，其快捷便利的传播速度和渠道，为高校青年教师接收社会主义核心价值观的相关信息，提供了技术支撑。当下网络基本上已成为社会公众广泛接受、传播信息的平台，青年教师也不例外。在这样一个提倡开放和自由的平台上，各类信息都有自己存在和传播的空间，为网络信息丰富性提供了保障。但同时也滋生了一批极端消极、色情暴力等违背社会主义核心价值观精神的信息。因此，我们有必要成立一些官方网络宣传平台，发布具有公信力的时政信息和政策信息，为社会主义核心价值观的传播营造出和谐的网络环境。通过规范的网络平台，宣传权威性的信息，以此来宣传社会主义核心价值观，为社会公众传播正能量。在为高校青年教师提供良好网络环境和真实宣传信息的基础上，还应整合宣传方式，进行系统性的覆盖式宣传。通过成立微博、微信、论坛等公众号来增强互动性，解答社会公众和高校青年教师在认同过程中出现的疑惑和普遍关心的问题。开设多种高校青年教师的“发声”渠道，既可以让他们随时表达自己的观点看法，又可以随时了解他们的思想动态。在一个良好互动的氛围中，发挥网络媒体的主渠道作用，引导认同的一步步深化。

二、发挥手机客户端的传播作用

当前，移动通讯及手机应用的发展使得手机不再是单纯的通讯工具那么简单，功能的多样化已经让手机成为现代青年人的“宠儿”，手机应用端凭借着高度的利用率成为青年人接收信息的最主要渠道。网络科技的发展让微信、QQ 等通讯软件变成了向大众传播信息的媒介，手机移动端平台强大的互动性加之这些媒介跨越了时间、空间的限制，使得人们发布及接收到的信息更具有即时性、快捷性。如何在手机移动端实现高校青年教师的社会主义核心价值观认同，首先要利用手机智能化传播工具的多样性，通过不同的软件建立起形式多样、以社会主义核心价值观为主导，多元文化价值观并存的、具有良好互动性的学习桥梁，搭建起学校、青年教师、学生三方沟通交流平台，同时在交流中加以引导，使传播对象在众多的价值观中进行对比筛选。其次，利用手机平台传播内容形态的灵活性，建立具有专题性和渗透性的网上教学，利用手机的强大功能，开展社会主义核心价值观的知行活动，以便将社会主核心价值观更好的融入到青年教师手机生活中去。最后，利用手机信息平台的精准性，对手机平台中具有相对高权威教育者的观点和意见进行引导，使他们这一小部分人先认同社会主义核心价值观，再由他们以个体化的方式将信息传播出去。因此，充分发挥手机这一强大载体与主要阵地，能够高校青年教师现阶段发挥其舆论导向与宣传教化功能西。

第六节 加强校园文化建设

一、健全理论学习长效机制强化认同效果

理论学习是一个长期累积的过程，也是落实青年教师对社会主义核心价值观认同的有效办法，但是由于现阶段的理论学习略显枯燥，很难让青年教师保持一种长期学习的兴趣，这样一来理论学习的效果就要大打折扣，那么如何保证青年教师社会主义核心价值观认同效果，需要构建一个合理的常态化、制度化的理论学习机制。首先，高校领导班子要在思想上认识到理论学习的重要意义，并将意义通过会议、文件等形式传达到全校教职工，最好能够成立专门部门分管理论学习，在组织上和领导上，落实核心价值观认同理论学习工作的开展。其次，在安排学习时间和学习内容时，要注重学习效率和成果两不误，既要依据青年教师的实际情况制定学习内容，又要确保不会影响到青年教师的工作与生活，使学习计划具有方向性，从而实现理论学习的预期效果。最后，摆脱现有的听报告、读文件的理论学习模式，在坚持以马克思主义为指导的基础上，依托网络新媒体开展丰富的多形式的学习模式，将社会主义核心价值观融入到青年教师的生活中去，开展该价值观的知行活动，做到在实践中、生活中不断强化社会主义核心价值观学习。

二、制定完善考核激励机制保障认同实现

科学、合理、完善的激励政策与考核机制能够调动工作积极性和主动性，同样也能推动高校青年教师深入学习社会主义核心价值观。在高校中，根据工作的实际情况建立相应的综合测评制度，本着客观、公正的原则，对于青年教师社会主义核心价值观的考核必须不能有所偏倚，将领导评价与学生反馈相结合，并把测评结果同职称评定、职务晋升、工资调整等相结合，拒绝功过相抵原则，形成令人信服的测评制度。在整个测评环节体系中做到具体化、准确化，明确青年教师在整个学习、工作过程中应尽的义务与责任，以评促改，特别要明确青年教师在践行过程的处理原则和方法，适时调整，最终达到促进青年教师社会主义核心价值观的认同与践行相结合的目的。

三、构建良好校园文化

校园文化是社会文化的一部分，它的核心是围绕大学生特有的思维方式，以具有校园特色的具有独立性的行为为特点而形成的精神环境、文化氛围。高校作为传承创新先进文化的发源地，良好的校园文化对于青年教师及学生思想价值观的形成有着明显的引导作用，直接关系到高素质人才的培养和社会主义事业的发展。良好的校训、校风、教风、学风有利于培养青年教师及学生的凝聚力，通过对校园文化的建设，能使校园文化保持其先进性，尤其是在校园精神文化中加入社会主义核心价值观的内容，为其在校园内部认同营造和谐氛围，最终对高校青年教师及广大学

生保持积极进取的精神风貌有着促进作用。

第七节 加强中华优秀传统文化教育

中华优秀传统文化博大精深，凝聚着中华民族自强不息的精神追求和历久弥新的精神财富。党的十八大以来，以习近平同志为核心的党中央高度重视中华优秀传统文化的历史传承和创新发展，从中华民族最深沉的精神追求和最根本的精神基因、独特的精神标识和中华民族精神“根”和“魂”、最宝贵的精神品格和命脉的高度，定位优秀传统文化；从中华民族最基本的文化基因、最深厚的软实力与坚定文化自信的坚实根基和突出优势的高度，继承优秀传统文化；从涵养社会主义核心价值观的重要源泉、实现“两个一百年”奋斗目标和中华民族伟大复兴中国梦的重要精神支撑的高度，弘扬优秀传统文化；从推动中华民族现代化进程的长远战略高度，创新发展优秀传统文化，推进中华优秀传统文化的创造性转化、创新性发展，赋予了中华优秀传统文化崭新的时代内涵。

习近平总书记在党的十九大报告中指出：“文化自信是一个国家、一个民族发展中更基本、更深沉、更持久的力量。”“推动中华优秀传统文化创造性转化、创新性发展，继承革命文化，发展社会主义先进文化，不忘本来、吸收外来、面向未来，更好构筑中国精神、中国价值、中国力量，为人民提供精神指引。”党的十九大站在历史和时代的战略高度，深刻分析了国际国内形势发展新变化，站在新的历史起点，宣示了中国特色社会主义进入新时代，明确了中国特色社会主义的历史方位，形成了习近平新时代中国特色社会主义思想，开启了全面建设社会主义现代化强国的新征程。党的十九大报告是马克思主义的纲领性文献，指明了党和国家事业的前进方向，是我们教育工作者深入学习习近平新时代中国特色社会主义思想，特别是深入学习习近平总书记关于教育的重要论述，加强中华优秀传统文化教育的行动指南。

习近平总书记关于中华优秀传统文化的一系列重要论述，是习近平总书记关于教育的重要论述的重要组成部分，是我们在新形势下做好教育工作的根本指引。加强中华优秀传统文化教育，既是当务之急，也是百年大计、千年大计；既功在当代，也会泽及后世子孙、增进人类福祉。深入学习贯彻习近平总书记关于弘扬中华优秀传统文化的重要论述，深刻领会其重要意义、思想内涵和精神实质，对于我们落实立德树人根本任务，引导青少年增强价值观自信，坚持道路自信、理论自信、制度自信、文化自信，培育和践行社会主义核心价值观，实现中华民族伟大复兴的中国梦，都具有长远的时代价值和重要的战略意义。

一、加强中华优秀传统文化教育的重大意义

文化是一种精神、一种信念、一种力量，是民族的血脉，是人民的精神家园。中华优秀传统文化，是中华民族的“根”和“魂”，是中华民族的血脉，是中华民族精神的标识，是当代中国社会主义核心价值观的思想渊源，也是全人类弥足珍贵的精神瑰宝。习近平总书记在中央党校建

校 80 周年庆祝大会暨上的讲话中指出："中国传统文化博大精深，学习和掌握其中的各种思想精华，对树立正确的世界观、人生观、价值观很有益处。"习近平总书记在会见第四届全国道德模范及提名奖获得者时强调，中华文明源远流长，孕育了中华民族的宝贵精神品格，培育了中国人民的崇高价值追求。自强不息、厚德载物的思想，支撑着中华民族生生不息、薪火相传，今天依然是我们推进改革开放和社会主义现代化建设的强大精神力量。习近平总书记的精辟论述，阐明了加强中华优秀传统文化教育重大的现实意义和长远的战略意义。

（一）中华优秀传统文化是中华民族安身立命的基础，永续繁衍的血脉，绵延不绝的"根"和"魂"

中华民族在 5000 多年连绵不断的文明发展进程中创造了博大精深的优秀文化。习近平总书记在纪念孔子诞辰 2565 周年国际学术研讨会暨国际儒学联合会第五届会员大会开幕会上的讲话中指出："优秀传统文化是一个国家、一个民族传承和发展的根本，如果丢掉了，就割断了精神命脉。"中华优秀传统文化"体现着中华民族世世代代在生产生活中形成和传承的世界观、人生观、价值观、审美观等，其中最核心的内容已经成为中华民族最基本的文化基因"。加强中华优秀传统文化教育，关系中华民族的"根"之所系与"魂"之所牵。

（二）中华优秀传统文化是中华民族文明史的记录、民族精神的追求和标识

习近平总书记在会见第七届世界华侨华人社团联谊大会代表时指出，中华文明有着 5000 多年的悠久历史，是中华民族自强不息、发展壮大的强大精神力量。中华文化是中华儿女共同的精神基因。习近平总书记在十八届中央政治局第十三次集体学习时的讲话中指出，中华文化源远流长，积淀着中华民族最深层的精神追求，代表着中华民族独特的精神标识，为中华民族生生不息、发展壮大提供了丰厚滋养。加强中华优秀传统文化教育，关系中华民族的生存与发展。

（三）中华优秀传统文化是中华民族和中华儿女文化自信的重要根基

中华优秀传统文化是我们深厚的文化软实力，是我们文化发展的母体，积淀着中华民族最深沉的精神追求。文化自信是一个民族、一个国家和一个政党对自身文化价值的充分肯定和积极践行，并对其文化生命力持有的坚定信心。习近平总书记在哲学社会科学工作座谈会上的讲话中指出："我们说要坚定中国特色社会主义道路自信、理论自信、制度自信，说到底是要坚定文化自信。文化自信是更基本、更深沉、更持久的力量。"这既昭示了文化自信具有的更加突出的位置，也指明了加强中华优秀传统文化教育的紧迫性和重要性。

（四）中华优秀传统文化是当代中国实现国家现代化的重要保证

任何国家的现代化都是以其文化传统和价值观作为指导的。现代化包括物质的现代化、社会结构和生活关系的现代化，而现代化最重要的是人的现代化。我们高兴地看到，响应习近平总书记的号召，为落实社会主义核心价值观和加强中华优秀传统文化教育，由教育部统一组织编写的义务教育道德与法治、语文、历史三科教材，加强了中华优秀传统文化教育，已经开始在全国中

小学起始年级使用。可以预期，在广大青少年中加强中华优秀传统文化教育，对于当前和未来推动我国社会主义现代化事业必将产生明显而深远的影响。

（五）中华优秀传统文化是构建人类命运共同体的重要助力

中华优秀传统文化中“天人合一”的哲学思想、“和而不同”的文化理念与“协和万邦”、“万国咸宁”、“天下为公”、“天下大同”的政治愿景，都与通过发展以合作、共赢为核心的新型国际关系来构建人类命运共同体有着密切的联系。

综上所述，加强中华优秀传统文化教育，是建设中华优秀传统文化传承体系、推动文化传承创新的重要途径。当今世界，文化在综合国力竞争中的地位和作用更加凸显，越来越成为民族凝聚力和创造力的重要源泉。当前，世界多极化、经济全球化深入发展，国内经济社会转轨转型、深刻变革，现代传播技术迅猛发展，世界范围内各种思想文化的交流、交融、交锋更加频繁，社会思想观念日益活跃。习近平总书记在文艺工作座谈会上的讲话中指出：“中华优秀传统文化是中华民族的精神命脉，是涵养社会主义核心价值观的重要源泉，也是我们在世界文化激荡中站稳脚跟的坚实根基。”加强中华优秀传统文化教育，是建设社会主义文化强国的重大战略任务，对于深入学习习近平总书记关于教育的重要论述，更好地传承中华文脉、全面提升人民文化素养、维护国家文化安全、增强国家文化软实力，持续推进国家治理体系和治理能力现代化都具有重要意义；对于促进世界和平、友好、发展，减少和化解生态危机、不同文明之间和国与国之间的矛盾冲突，也都有越来越大的隐性和显性的国际意义。

二、中华优秀传统文化的核心思想理念

中华优秀传统文化是中华民族语言习惯、文化传统、思想观念、情感认同的集中体现，凝聚着中华民族普遍认同和广泛接受的道德规范、思想品格和价值取向，具有极为丰富的思想内涵。习近平总书记指出，深入挖掘和阐发中华优秀传统文化讲仁爱、重民本、守诚信、崇正义、尚和合、求大同的时代价值，使中华优秀传统文化成为涵养社会主义核心价值观的重要源泉。

“讲仁爱、重民本、守诚信、崇正义、尚和合、求大同”，是中华优秀传统文化中思想道德、政治理念、价值追求、人格修养、独特品质、社会理想的精华，是中华传统美德和民族精神的高度概括，是涵养社会主义核心价值观的重要源泉，集中体现了中华优秀传统文化的思想精华、道德精髓、根本精神和核心思想理念，集中体现了中华民族的传统核心价值观。加强中华优秀传统文化教育，必须围绕“讲仁爱、重民本、守诚信、崇正义、尚和合、求大同”这一核心思想理念，逐步展开，不断深化，与时俱进。

（一）仁爱：中华文化的核心力量

思想道德建设是中华优秀传统文化的核心力量。中国人崇奉以儒家仁爱思想为核心的道德规范体系，讲求和谐有序，倡导仁义礼智信，追求“修身、齐家、治国、平天下”全面的道德修养和人生境界，崇尚“己所不欲，勿施于人”，“己欲立而立人，己欲达而达人”的仁爱原则。加

强中华优秀传统文化教育，就是要在全社会，特别是在广大青少年中开展以仁爱共济、立己达人为重点的社会关爱教育。

（二）民本：中华文化的价值追求

民本是中国古代政治思想的基本理念，孟子曰：“民为贵，社稷次之，君为轻。”中华优秀传统文化中仁民爱物的仁爱精神、以民为本的人文精神、深厚绵长的家国情怀等，集中体现了中华优秀传统文化的人民性，反映了广大人民群众的基本价值追求。

（三）诚信：中华文化的做人准则

诚信既是个人的立身之本，也是一个民族、一个国家的生存之基。“言必信，行必果”是历代中国人待人处世的人生哲理。加强中华优秀传统文化教育，就是要开展以诚实守信、正心笃志、崇德弘毅为重点的人格修养教育。

（四）正义：中华文化的伦理原则

正义是人立身处世的根本，体现了社会的整体利益与个人的人格尊严。公平正义历来是人类孜孜以求的社会理想，中华民族是崇尚公平与道义的民族。孔子在2000多年前就抒发了“朝闻道，夕死可矣”的壮烈感慨和精神追求。

（五）和合：中华文化的独特品质

爱国主义的民族深情、团结统一的价值取向、贵和尚中的思维模式、厚德载物的博大胸怀等，是中华民族精神的基本内容，彰显了中华优秀传统文化的特质。

（六）大同：中华文化的社会理想

大同是古人最高的社会政治理想，激励了一代代仁人志士为其矢志不渝、奋斗不息，大同理想是中国梦的文化根基。习近平总书记在第十二届全国人民代表大会第一次会议闭幕会上指出：“实现中华民族伟大复兴的中国梦，就是要实现国家富强、民族振兴、人民幸福，既深深体现了今天中国人的理想，也深深反映了我们先人们不懈追求进步的光荣传统。”

因此，加强对中华优秀传统文化的挖掘与阐发，把超越时空、跨越国度、富有永恒魅力、具有当代价值的独特文化精神发扬光大，努力实现对中华优秀传统文化的创造性转化、创新性发展，是历史和时代赋予我们的神圣职责和重大任务，也是实现伟大的中国梦的必然要求和现实需要。

三、中华优秀传统文化的基本功能、思想精华和时代价值

中华优秀传统文化有其独特的价值观和价值体系。习近平总书记在北京大学师生座谈会上的讲话中指出：“中华优秀传统文化已经成为中华民族的基因，植根在中国人内心，潜移默化影响着中国人的思想方式和行为方式。今天，我们提倡和弘扬社会主义核心价值观，必须从中汲取丰富营养，否则就不会有生命力和影响力。”这种独特的价值体系，是中华优秀传统文化的核心与灵魂，是新时代中华民族共同价值观的感召力、影响力、凝聚力的集中体现。加强中华优秀传统

文化教育必须深刻理解和认识中华优秀传统文化的基本功能、思想精华和时代价值。

（一）深刻认识中华优秀传统文化的基本功能

中华优秀传统文化对化解人类面临的矛盾冲突及人生面临的困难、困惑，能够提供强大而有益的精神滋养和价值影响。在现代社会，人类主要面临着五大冲突，即人与人、人与自然、人与社会、人与自我心灵以及不同文明之间的冲突。这五大冲突也造成了人类生态、社会、道德、精神和价值的五大危机。解决这些冲突、危机与人生面临的困难、困惑，很难从西方文化中找到答案。因为西方文化的价值追求是以自我为中心的，而中华优秀传统文化所关注的是人与自然、人与社会群体、人与人、人与自我心灵世界的和谐关系，和谐是中国优秀传统文化的最高准则。中华传统文化是“天人合一”之学、是人际和谐之学、是身心平衡之学、是道德践行之学、是理想人格之学、是内圣外王之学、是安身立命之学、是人生智慧之学。这是中华优秀传统文化独有的基本功能，也是中华文化为世界发展提供中国方案的根本之所在。

（二）深刻认识中华优秀传统文化的思想精华

中华优秀传统文化具有独特的凝聚力、独特的延续力、独特的传承体系、独特的文化精神、独特的时代价值。从哲学层面上观察，中华优秀传统文化的思想精华体现在以下几个方面：

一是“天人合一”的生命哲学。“天人合一”是中华优秀传统文化的最高境界，其核心就是强调人与自然的和谐统一，表现在人的文化行为上，就是天人合德，强调人类的道德理性与自然生生之德的一致。

二是自强不息的担当精神。《周易》中说，“天行健，君子以自强不息”。这是中华民族历经磨难而始终不败的文化精神。中国文化倡导的自强不息、刚健有为精神，既包含积极入世、主动进取的执着追求和担当道义、不屈不挠的社会责任，也包含正直独立人格和主动创造精神。中华民族之所以能在5000多年的历史进程中饱经沧桑而自强不息，靠的就是这样一种奋发图强、坚韧不拔的精神。

三是和而不同的和谐思想。中华优秀传统文化在价值追求上，展现了“和而不同”，“和实生物，同则不继”，“万物并育而不相害，道并行而不相悖”的价值取向和智慧。在政治观上，追求民族统一的“大一统”观念，注重“协和万邦”，强调亲仁善邻；在对外关系中，始终秉承“强不执弱”、“富不侮贫”的精神，主张吸纳百家优长、兼集八方精义，注重各民族的团结统一。

四是民惟邦本的民本思想。中华优秀传统文化注重人的价值，强调以民为本，提出“敬德保民”，“重民轻神”，“恤民为德”，“天地之间，莫贵于人”，“民惟邦本，本固邦宁”等民本思想，主张治国须利民、裕民、养民、惠民，对于缓和社会矛盾、维系社会相对稳定产生了深远的影响。

五是止于至善的崇高追求。中华优秀传统文化在个人理想追求上，主张“修齐治平”。《大学》中说：“大学之道，在明明德，在亲民，在止于至善。”“物格而后知至，知至而后意诚，意诚而后心正，心正而后身修，身修而后家齐，家齐而后国治，国治而后天下平。”这种积极向上的个人理想追求，影响着中国一代又一代的仁人志士，修身养性，奋斗不止；追求大同理想，追求“大道之行也，天下为公”的大同社会。

（三）深刻认识中华优秀传统文化的时代价值

深刻认识中华优秀传统文化的时代价值，是加强中华优秀传统文化教育的前提。

中华优秀传统文化是维系中华民族团结奋进的精神纽带。中华优秀传统文化的基本内容主要包括儒、道、佛三大家思想中的精华，儒家思想构成了中华优秀传统文化的基本精神和主体框架。中华优秀传统文化融合形成了中华民族独特的向心力、凝聚力、共同的理想信念，熔铸塑造了中华民族的民族精神、思想观念、价值追求，引领、融通、聚合、形成了中华民族强大的文化引导力和精神原动力。

中华优秀传统文化是实现中国梦的精神力量之源。习近平主席在联合国教科文组织总部的演讲中指出：“没有文明的继承和发展，没有文化的弘扬和繁荣，就没有中国梦的实现。”这一精辟论断，简明而又深邃地指明了弘扬中华优秀传统文化与实现中国梦的关系。实现中国梦，是物质文明和精神文明比翼双飞的发展过程，需要文化旗帜引领，需要文化精神激励，需要文化软实力支撑，更需要文化的认同和凝聚。

中华优秀传统文化是建设社会主义核心价值观的重要源泉。党的十八大报告指出：“倡导富强、民主、文明、和谐，倡导自由、平等、公正、法治，倡导爱国、敬业、诚信、友善，积极培育和践行社会主义核心价值观。”这一表达分别从国家、社会、公民三个层面阐述了社会主义核心价值观的内涵，是在汲取中华优秀传统文化丰富营养基础上的发展和完善，是中华优秀传统文化在当代的传承和发扬。培育和弘扬社会主义核心价值观，必须立足于中华优秀传统文化。这是党中央立足国内国际两个大局，站在历史、现实和未来的时空交汇点上高瞻远瞩，对核心价值观教育作出的战略设计、历史定位和未来发展的方向性指引，是今后培育和弘扬社会主义核心价值观的战略出发点和落脚点。

四、如何加强中华优秀传统文化教育

加强中华优秀传统文化教育，是当前我们面临的重要历史任务和重大时代要求，必须坚持知行合一，即认识与实践相统一、科学性与艺术性相统一、可操作性与可接受性相统一。

（一）加强中华优秀传统文化教育，必须认真学习领悟、深入阐发中华优秀传统文化的思想精华和文化精髓

要讲清楚中华优秀传统文化的历史渊源、发展脉络、基本走向，讲清楚中华文化的独特创造、价值理念、鲜明特色。要处理好继承和创新的关系，实现中华优秀传统文化创造性转化和创新性发展。

（二）加强中华优秀传统文化教育，必须继承和弘扬中华优秀传统美德

加强全社会的思想道德建设，激发人们形成善良的道德意愿、道德情感，培育正确的道德判

断和道德责任，提高道德实践能力尤其是自觉践行能力，引导人们向往和追求讲道德、遵道德、守道德的生活，形成向上、向善的力量。

（三）加强中华优秀传统文化教育，必须加强爱国主义、集体主义、社会主义教育

坚持以事启人、以情感人、以理服人、以行导人，引领人民群众树立和坚持正确的历史观、民族观、国家观、文化观，不断增强做中国人的骨气、底气和朝气。

（四）加强中华优秀传统文化教育，必须树立文化自觉、增强文化自信

用博大精深、源远流长的中华优秀传统文化滋养自己，让扎根中国大地、具有时代精气神的中华优秀传统文化成为我们实现民族复兴、增进人类福祉的坚实根基。

（五）加强中华优秀传统文化教育，必须将其贯穿国民教育全过程

特别是在学校教育中，要践行全员育人、全程育人、全方位育人。加强中华优秀传统文化类课程和教材体系建设，在中小学全面开展中华优秀传统文化进教材、进课堂、进头脑工作，在高校开设中华传统文化类课程，为学生提供丰富选择。把中华优秀传统文化全方位融入思想道德教育、文化知识教育、艺术教育、体育、社会实践教育各环节，贯穿启蒙教育、基础教育、职业教育、高等教育、继续教育各领域。

（六）加强中华优秀传统文化教育，必须充分调动全社会的积极性和创造性

加大宣传教育力度，讲活中国故事。坚持全党动手、全社会参与，把中华优秀传统文化教育的各项任务分解、落实到农村、企业、社区、机关、学校等，形成齐抓共管、共建共享的新局面。

“不畏浮云遮望眼，自缘身在最高层。”中华优秀传统文化是中华民族的血脉和灵魂，是我国全面建成小康社会、加快推进社会主义现代化、实现中华民族伟大复兴中国梦的内驱力的精神之源，也是中华文化走出去的外驱力的力量之源。我们坚信，通过加强中华优秀传统文化教育，深入学习习近平总书记关于教育的重要论述，中华儿女一定会不忘初心，继续前进，求真务实，攻坚克难，为更好地共圆中国梦、构建人类命运共同体，作出新的更大的业绩和贡献。

第八节　培育和践行社会主义核心价值观

社会主义核心价值观是当代中国精神的集中体现，凝结着全体人民共同的价值追求。要以培养担当民族复兴大任的时代新人为着眼点，强化教育引导、实践养成、制度保障，发挥社会主义核心价值观对国民教育、精神文明创建、精神文化产品创作生产传播的引领作用，把社会主义核心价值观融入社会发展各方面，转化为人们的情感认同和行为习惯。

——习近平总书记在中国共产党第十九次全国代表大会上的报告

在党的十九大报告中，习近平总书记进一步丰富了党的十八大以来对社会主义核心价值观的论述，多次谈到社会主义核心价值观的学习、践行和教育问题，把社会主义核心价值观看成是“当

代中国精神的集中体现，凝结着全体人民共同的价值追求”。在谈到新时代中国特色社会主义思想和基本方略时，他更加明确地指出：“坚持社会主义核心价值体系。文化自信是一个国家、一个民族发展中更基本、更深沉、更持久的力量。必须坚持马克思主义，牢固树立共产主义远大理想和中国特色社会主义共同理想，培育和践行社会主义核心价值观，不断增强意识形态领域主导权和话语权，推动中华优秀传统文化创造性转化、创新性发展，继承革命文化，发展社会主义先进文化，不忘本来、吸收外来、面向未来，更好构筑中国精神、中国价值、中国力量，为人民提供精神指引。”

一、培育和弘扬社会主义核心价值观是强基固本工程

党的十八大首次凝练了“富强、民主、文明、和谐，自由、平等、公正、法治，爱国、敬业、诚信、友善”12个词、24个字的社会主义核心价值观，这是对中国特色社会主义理论的重大发展和贡献，也是世界社会主义运动史上明确提出社会主义的价值属性，标志着中国特色社会主义建设过程中又一个重大的理论创新。

党的十九大进一步明确提出：“社会主义核心价值观是当代中国精神的集中体现，凝结着全体人民共同的价值追求。要以培养担当民族复兴大任的时代新人为着眼点，强化教育引导、实践养成、制度保障，发挥社会主义核心价值观对国民教育、精神文明创建、精神文化产品创作生产传播的引领作用，把社会主义核心价值观融入社会发展各方面，转化为人们的情感认同和行为习惯。”在党的十九大精神的指引和感召下，全社会学习和践行社会主义核心价值观的活动必将进一步走向深入。

习近平总书记把培育和弘扬社会主义核心价值观作为凝魂聚气、强基固本的基础工程。培育和弘扬核心价值观，有效整合社会意识，是社会系统得以正常运转、社会秩序得以有效维护的重要途径，也是国家治理体系和治理能力的重要方面。习近平总书记在与北京大学师生代表座谈时强调：“人类社会发展的历史表明，对一个民族、一个国家来说，最持久、最深层的力量是全社会共同认可的核心价值观。核心价值观，承载着一个民族、一个国家的精神追求，体现着一个社会评判是非曲直的价值标准。”在这些论述的基础上，习近平总书记进一步指出：“如果一个民族、一个国家没有共同的核心价值观，莫衷一是，行无依归，那这个民族、这个国家就无法前进。这样的情形，在我国历史上，在当今世界上，都屡见不鲜。”这是从反面阐明了社会主义核心价值观建设的重大意义，并且诉诸历史的、现实的、国际的、国内的经验与教训。从这些论述中不难看出，习近平总书记有关社会主义核心价值观建设重大意义的认识，是站在社会发展、国家建设和民族振兴的全局提出来的，更是从实现“两个一百年”奋斗目标和中华民族伟大复兴中国梦的高度提出来的，具有重大的实践价值，体现了深远的历史考量。党的十九大更是将社会主义核心价值观看成当代中国精神的集中体现、全体人民的共同价值追求。习近平总书记的这些论述，精辟指出了社会主义核心价值观建设与社会发展、国家建设、民族振兴之间的内在关联，反映了社会主义核心价值观建设的客观基础。

如何理解社会主义核心价值观的来源？习近平总书记指出，社会主义核心价值观“既体现了社会主义本质要求，继承了中华优秀传统文化，也吸收了世界文明有益成果，体现了时代精神”。这段话包含三个方面的具体内涵：一是社会主义核心价值观是社会主义的本质体现；二是继承了中华优秀传统文化，包括中华文化自古以来所倡导和追求的那些美好价值品质；三是借鉴吸收了世界文明的优秀价值成果。因此，社会主义核心价值观是对古今中外人类优秀价值成果的继承、概括和本土化，是站在新时代中国特色社会主义实践的立场上对社会主义价值属性的新认识。

在社会主义核心价值观的三个来源中，习近平总书记特别强调社会主义核心价值观与中华民族优秀传统价值观之间的内在联系和传承。他强调指出，中华文明绵延数千年，有其独特的价值体系。中华优秀传统文化已经成为中华民族的基因，植根在中国人内心，潜移默化地影响着中国人的思维方式和行为方式。他对中华优秀传统文化中的积极价值观念如数家珍，“民惟邦本”、“天人合一”、“和而不同”、“天下为公”，反映了中华民族美好的价值理想；“天下兴亡，匹夫有责”，强调了勇于担当的精神气质；“君子喻于义”、“君子坦荡荡”、“君子义以为质”等，表达了君子的人格理想；“己所不欲，勿施于人”，“出入相友，守望相助”，“老吾老以及人之老，幼吾幼以及人之幼”，“扶贫济困”等，反映了中国人的仁爱和友善。他饱含深情地指出：“像这样的思想和理念，不论过去还是现在，都有其鲜明的民族特色，都有其永不褪色的时代价值。这些思想和理念，既随着时间推移和时代变迁而不断与时俱进，又有其自身的连续性和稳定性。”正是由于深刻认识到中华民族优秀传统文化与社会主义核心价值观之间的渊源关系，习近平总书记坚决反对一段时期以来我国文化教育领域中出现的某些“去中国化”的观念和做法，强调应该把经典嵌在学生脑子里，成为中华民族文化的基因。并明确提出教育改革要坚持文化自信。习近平总书记不仅重视和倡导中华民族的优秀传统价值观，而且将其自觉运用到治国理政的伟大事业中去。他在党的十九大报告中指出：“增进民生福祉是发展的根本目的。必须多谋民生之利、多解民生之忧，在发展中补齐民生短板、促进社会公平正义，在幼有所育、学有所教、劳有所得、病有所医、老有所养、住有所居、弱有所扶上不断取得新进展，深入开展脱贫攻坚，保证全体人民在共建共享发展中有更多获得感，不断促进人的全面发展、全体人民共同富裕。”这些民生建设的主张就是在新时代背景下对古代民本思想和大同思想的创造性发展和时代性阐释。

如何看待社会主义核心价值观的整体性、系统性和层次性？习近平总书记明确指出：“富强、民主、文明、和谐是国家层面的价值要求，自由、平等、公正、法治是社会层面的价值要求，爱国、敬业、诚信、友善是公民层面的价值要求。这个概括，实际上回答了我们要建设什么样的国家、建设什么样的社会、培育什么样的公民的重大问题。”站在社会进步、国家建设和民族振兴的立场上，习近平总书记对社会主义核心价值观的整体性、系统性和层次性关系作了明确的、科学的说明，为我们理解和践行社会主义核心价值观提供了一个非常严密的思想框架。

学习、践行和开展社会主义核心价值观教育，必须体现它们相互之间的整体性、系统性和层次性。大中小学开展社会主义核心价值观教育，必须做好顶层设计、系统实施、全面囊括。当然，在不同学段开展社会主义核心价值观教育的具体要求、方式方法可以根据大中小学生的身心发展特点尤其是价值观形成的阶段性特点有所区别，形成一个方向一致、内容相同、体现学段特点、前后衔接的大中小学社会主义核心价值观教育体系。

二、将社会主义核心价值观贯穿国民教育全过程

价值观是文化的核心。培育和弘扬社会主义核心价值观是建设社会主义文化强国的重要任务，是一项社会系统工程。习近平总书记高度重视青少年的社会主义核心价值观教育问题，就如何将社会主义核心价值观贯穿到国民教育全过程、从小培育和践行社会主义核心价值观作出系列论述和指示，为整个国民教育系统开展社会主义核心价值观教育指明了方向、提出了要求。习近平总书记指出，要切实把社会主义核心价值观贯穿于社会生活方方面面。要通过教育引导、舆论宣传、文化熏陶、实践养成、制度保障等，使社会主义核心价值观内化为人们的精神追求，外化为人们的自觉行动。在这次讲话中，习近平总书记特别指出，学习和弘扬社会主义核心价值观，要从娃娃抓起、从学校抓起，做到进教材、进课堂、进头脑。这些论述，既体现了习近平总书记对青少年社会主义核心价值观教育的高度重视，也体现了社会主义核心价值观教育的一般规律。

在党的十九大报告中，他从建设新时代中国特色社会主义的高度出发，再次强调指出："要以培养担当民族复兴大任的时代新人为着眼点，强化教育引导、实践养成、制度保障，发挥社会主义核心价值观对国民教育、精神文明创建、精神文化产品创作生产传播的引领作用，把社会主义核心价值观融入社会发展各方面，转化为人们的情感认同和行为习惯。坚持全民行动、干部带头，从家庭做起，从娃娃抓起。深入挖掘中华优秀传统文化蕴含的思想观念、人文精神、道德规范，结合时代要求继承创新，让中华文化展现出永久魅力和时代风采。"

习近平总书记与北京大学师生代表座谈，一方面充分肯定了北京大学"爱国、进步、民主、科学"的"五四"精神；另一方面勉励广大青年要牢固树立社会主义核心价值观，做学习和践行社会主义核心价值观的表率。习近平总书记运用了一个比喻来喻指社会主义核心价值观教育的重要性，"这就像穿衣服扣扣子一样，如果第一粒扣子扣错了，剩余的扣子都会扣错。人生的扣子从一开始就要扣好"。他向广大青年提出了勤学、修德、明辨、笃实的"八字要求"。

习近平总书记在北京市海淀区民族小学再次强调，社会主义核心价值观"体现了古圣先贤的思想，体现了仁人志士的夙愿，体现了革命先烈的理想，也寄托着各族人民对美好生活的向往。只要是中国人，就应该自觉培育和践行社会主义核心价值观"。他强调少年儿童是祖国的未来和中华民族的希望，重申了梁启超《少年中国说》中的少年价值观。他对全国少年儿童学习和践行社会主义核心价值观提出了 4 句话、16 个字的要求，即"记住要求、心有榜样、从小做起、接受帮助"。这些要求非常贴近少年儿童的学习、交往和成长的实际需要，饱含着习近平总书记对少年儿童健康成长的款款深情和无限希望。

2016 年教师节前夕，习近平总书记回到自己的母校北京市八一学校看望慰问师生，勉励同学们要自觉加强道德养成，从小就让社会主义核心价值观的种子在心中生根发芽，把国家、人民、

民族装在心中，注重养成健康、乐观、向上的品格。努力做一个心灵纯洁、人格健全、品德高尚的人，努力做一个有文化修养、有人文关怀、有责任担当的人。

2017 年 10 月 30 日习近平总书记在会见清华大学经济管理学院顾问委员会海外委员和中方企业家委员时指出，人才是创新的根基，是创新的核心要素。培养人才，根本要依靠教育。教育就是要培养中国特色社会主义事业的建设者和接班人，而不是旁观者和反对派。从而把“培养什么人”“为谁培养人”的重大问题以非常肯定的语气进行了清晰和坚定的回答。

习近平总书记关于从小积极培育和践行社会主义核心价值观的系列论述，既体现了他对青少年学生健康成长的高度关怀，也体现了他治国理政的战略思维、未来思维。社会主义核心价值观教育，毫无疑问应该贯穿在小学、中学、大学等各级各类教育的全过程，内化于心、外化于行，成为新时代中国特色社会主义事业建设者和接班人终生不渝的价值信念和行动准则。

三、教师要在社会主义核心价值观教育中发挥榜样示范作用

教育旨在促进学生有价值地发展，因此，教师在学生的价值观形成中具有非常重要的作用。同时，教师自身的价值观也会对学生的价值观学习产生直接、深刻的影响。

习近平总书记高度关注教师作用的发挥和教师本身的价值观修养。他在与北京师范大学师生代表座谈时明确指出，教师的工作是塑造灵魂、塑造生命、塑造人的工作。他对广大教师提出了“做党和人民满意的好老师”的殷切期望，从四个方面概括了好老师的品质：要有理想信念、要有道德情操、要有扎实学识、要有仁爱之心。结合时代的需求，他对“传道”作出了崭新的解释，鲜明地提出：“好老师应该做中国特色社会主义共同理想和中华民族伟大复兴中国梦的积极传播者，帮助学生筑梦、追梦、圆梦，让一代又一代年轻人都成为实现我们民族梦想的正能量。”习近平总书记勉励广大教师用好课堂讲坛，用好校园阵地，用自己的行动倡导社会主义核心价值观，用自己的学识、阅历、经验点燃学生对真善美的向往，使社会主义核心价值观润物细无声地浸润学生们的心田、转化为日常行为，增强学生的价值判断能力、价值选择能力、价值塑造能力，引领学生健康成长。

2016 年 9 月 9 日，习近平总书记在北京市八一学校考察时指出，基础教育是立德树人的事业，要旗帜鲜明加强思想政治教育、品德教育，加强社会主义核心价值观教育。广大教师要做学生锤炼品格的引路人，做学生学习知识的引路人，做学生创新思维的引路人，做学生奉献祖国的引路人。

2016 年 12 月 7 日，习近平总书记在全国高校思想政治教育工作会议上指出，高校要坚持把立德树人作为中心环节，把思想政治工作贯穿教育教学全过程，实现全程育人、全方位育人。传道者自己首先要明道、信道。高校教师要坚持教育者先受教育，努力成为先进思想文化的传播者、党执政的坚定支持者，更好担起学生健康成长指导者和引路人的责任。要加强师德师风建设，坚持教书和育人相统一，坚持言传和身教相统一，坚持潜心问道和关注社会相统一，坚持学术自由和学术规范相统一，引导广大教师以德立身、以德立学、以德施教。

2017 年五四青年节前夕，习近平总书记在中国政法大学看望师生时，勉励法学专业教师要坚定理想信念，带头践行社会主义核心价值观，在做好理论研究和教学的同时，深入了解法律实际工作，促进理论和实践相结合，多用正能量鼓舞激励学生。

2018 年 5 月 2 日，习近平总书记在北京大学师生座谈会上发表重要讲话，进一步明确提出，高校只有抓住培养社会主义建设者和接班人这个根本才能办好，才能办出中国特色世界一流大学。在谈到高校要坚持正确政治方向时，他明确要求："要坚持不懈培育和弘扬社会主义核心价值观，引导广大师生做社会主义核心价值观的坚定信仰者、积极传播者、模范践行者。"习近平总书记的这些论述，生动地阐释了社会主义建设者和接班人的时代内涵与价值要求。

习近平总书记的这些论述，为各级各类学校加强教师队伍的社会主义核心价值观建设，更好地发挥教师在青少年学习、践行社会主义核心价值观方面的榜样示范作用指明了方向，提出了明确要求。"师者，所以传道授业解惑也"。传道是教师的首要任务，这是历史的真理。在全面建设新时代中国特色社会主义、实现中华民族伟大复兴的今天，传道就是要传承和弘扬社会主义核心价值观，其根本目的在于培育德智体美劳全面发展的社会主义建设者和接班人。

培育和弘扬社会主义核心价值观，要求广大教师率先学习和践行社会主义核心价值观。青少年学生自主意识强，充满理想，思想活跃，在价值观问题上遇到一些困惑或问题是最正常不过的事情，确实需要来自教师的帮助和指引。正如习近平总书记在教师节前夕看望北京师范大学师生时所明确指出的那样，"老师对学生的影响，离不开老师的学识和能力，更离不开老师为人处世、于国于民、于公于私所持的价值观。一个老师如果在是非、曲直、善恶、义利、得失等方面老出问题，怎么能担起立德树人的责任？广大教师必须率先垂范、以身作则，引导和帮助学生把握好人生方向"。这就要求高等学校广大教师在努力提高自己专业素养的同时，必须不断加强自己的价值观修养，深刻理解社会主义核心价值观提出的背景、来源、内涵、体系和要求，自觉地将自己个人的价值观与社会主义核心价值观一致起来，用社会主义核心价值观来丰富和提升自己的个人价值观，在建设什么样的国家、构造什么样的社会和如何做一名优秀公民等事关国家建设、社会进步和公民责任等重大问题上给青年以正确的指引。

培育和弘扬社会主义核心价值观，关键是要广大教师树立起价值观自信。首先，广大教师应该认识到，价值观无论是作为理想信念还是作为行为准则，都是具有历史性、社会性和相对性的，对任何价值观念体系或任何一个价值观范畴的理解都必须置于具体的历史、社会和实践背景下进行，不能抽象、孤立和空洞地谈论价值观问题。其次，广大教师应该认识到，价值观是文化的核心，任何的文化传统都有自己历史形成的价值观传统，其中包含了该文化族群对理想的国家、社会和个体生活的向往与追求。再次，广大教师应该深刻领会，社会主义核心价值观的凝练是新时代中国特色社会主义理论建设的新成就，反映了社会主义的本质，是立国之基、民族之魂，在经济全球化时代既能在价值观领域内沟通中国与世界，同时又彰显中华民族独特精神气质和价值追求，是团结各民族为实现中华民族伟大复兴中国梦而共同奋斗的坚强纽带。只有当广大教师都树立了坚定的对社会主义核心价值观的自信，才能够更加积极、自觉和创造性地开展社会主义核心价值观教育，自觉抵制一切错误的、低俗的和似是而非的价值观对青少年学生的消极影响，引导青少年学生成长为中国特色社会主义的积极建设者和可靠接班人。

四、全社会要营造社会主义核心价值观教育支持网络和良好氛围

新时代社会主义核心价值观的学习和践行，是一项庞大的社会工程，需要整个社会的支持，需要一个更加良好的全社会学习和践行社会主义核心价值观的积极氛围。习近平总书记在党的十九大报告中指出，要以培养担当民族复兴大任的时代新人为着眼点，强化教育引导、实践养成、制度保障。坚持全民行动、干部带头，从家庭做起，从娃娃抓起。要各方积极努力，构筑社会主义核心价值观教育的良好社会支持网络。

习近平总书记非常强调良好的家风家训对青少年儿童正确价值观形成的奠基性作用。“天下之本在家”。他高度重视中华传统家庭美德和家风建设，认为像尊老爱幼、妻贤夫安、母慈子孝、兄友弟恭以及耕读传家、勤俭持家、知书达礼、遵纪守法、家和万事兴等中华民族传统家庭美德，早已融入中国人的血脉，是支撑中华民族生生不息、薪火相传的重要精神力量，也是家庭文明建设的宝贵精神财富。他将家庭建设的重要性提升到了一个新的历史高度，认为家庭和睦则社会安定，家庭幸福则社会祥和，家庭文明则社会文明。他希望广大家庭“要在家庭中培育和践行社会主义核心价值观，引导家庭成员特别是下一代热爱党、热爱祖国、热爱人民、热爱中华民族”。

习近平总书记高度重视社会环境在社会主义核心价值观教育特别是青少年社会主义核心价值观教育中的作用。他强调，一种价值观要真正发挥作用，必须融入社会生活，让人们在实践中感知它、领悟它。只有这样，才能克服人们在价值观问题上知行脱节的问题。他一再强调，要注意把我们所提倡的与人们日常生活紧密联系起来，在落细、落小、落实上下功夫。要按照社会主义核心价值观的基本要求，健全各行各业规章制度，完善市民公约、乡规民约、学生守则等行为准则，使社会主义核心价值观成为人们日常工作生活的基本遵循。他非常重视礼仪制度等方面的建设，强调将社会主义核心价值观融入一些礼仪制度和庆典活动，以增强人们的认同感和归属感。提倡“利用各种时机和场合，形成有利于培育和弘扬社会主义核心价值观的生活情景和社会氛围，使核心价值观的影响像空气一样无所不在、无时不有”。

当今是网络时代，网络上的信息对青少年价值观的形成和变化有着直接的、强有力的影响。习近平总书记非常重视网络环境在社会主义核心价值观教育中的作用。他指出，互联网不是“法外之地”，网络空间是亿万民众共同的精神家园，网络空间天朗气清、生态良好，符合人民利益。

在习近平总书记对于社会主义核心价值观及其教育问题的思想指导下，中共中央办公厅、国务院办公厅，中宣部、教育部、团中央等部委以及各省、自治区、直辖市，近几年已经陆续颁布了一系列将社会主义核心价值观贯穿国民教育全过程的有关文件，各级各类大中小学也积极行动起来，扎扎实实地开展社会主义核心价值观教育活动。社会各个行业、各个部门、社区和成千上万的家庭也积极行动起来，努力为青少年学生学习和践行社会主义核心价值观创造良好条件。整

个国民教育系统开展的社会主义核心价值观教育，正在逐步走向深入。

参考文献

[1] 胡飒，奚冬梅主编 . 高校思想政治教育教学与实践研究 [M]. 北京：光明日报出版社 .2017.

[2] 何临春；江英飒；潘坤 . 新媒体时代高校青年教师政治理论学习实效性研究 基于四川部分高校的调研 [M]. 成都：四川大学出版社 .2017.

[3] 张云林，刘望桃，张翔编著；邱小林主审 . 教育无限的箴言 [M]. 南昌：江西高校出版社 .2017.

[4] 杨泉明 . 四川高校党建研究论文选编 6[M]. 成都：四川大学出版社 .2017.

[5] 王顺洪主编 . 高校新媒体发展案例选编 [M]. 成都：西南交通大学出版社 .2017.

[6] 杨红梅；孟琦；张曦堃 . “思想道德修养与法律基础” 课实践 学做一体化 [M]. 长春：吉林人民出版社 .2017.

[7] 费凌 .2017 年西华青年文萃 西华大学研究生优秀论文选 [M]. 成都：西南交通大学出版社 .2017.

[8] 余斌；庞立生；侯为民；王大伟；朱亦一；李春华；康秀云 . 马克思主义及其中国化系列论坛文集 2016 思想政治教育研究论丛 第 6 辑 [M]. 桂林：广西师范大学出版社 .2017.

[9] 陈雪玲主编；教育部中南教育管理干部培训中心；华中师范大学公共管理学院组编 . 高校管理案例永启示 第 1 辑 [M]. 武汉：华中师范大学出版社 .2017.

[10] 冉小平 . 新形势下民办高校党组织作用 探索与展望 [M]. 成都：西南交通大学出版社 .2017.

[11] 宁秋娅主编；江丽，陈冬琼副主编 . 高校青年教师思想政治工作研究 [M]. 北京：光明日报出版社 .2018.

[12] 李婉芝 . 高校青年教师思想政治教育研究 [M]. 北京：中国社会科学出版社 .2018.

[13] 韩晓强著 . 高校思想政治理论课青年教师队伍建设的思考与对策研究 [M]. 长春：吉林教育出版社 .2018.

[14]（中国）刘湘辉，黄建红，常丹 . 高校思想政治理论课教育教学改革研究与实践 来自独立学院青年教师的探索 [M]. 湘潭：湘潭大学出版社 .2018.

[15] 徐杰著 . 高校党的建设与思想政治工作研究 [M]. 北京：知识产权出版社 .2018.

[16] 奚冬梅，胡飒主编 . 高校思想政治教育教学与实践研究 [M]. 北京：光明日报出版社 .2018.

[17] 张振飞；范明英 . 应用型高校文化建设创新与实践 [M]. 北京：光明日报出版社 .2018.

[18] 刘绍怀，李建宁，王建华主编 . 大学生思想政治教育工作的宏观视野与微观建构 云南省

高等学校思想政治教育研究会 2017 年成果选编 [M]. 昆明：云南大学出版社 .2018.

[19] 谢瑜主编 . 思辨的力量 研究生思想政治理论课论文集 第 3 辑 [M]. 成都：西南交通大学出版社 .2018.

[20] 许建萍 . 小葵模式 用新媒体激活思想政治教育工作的探索 [M]. 北京：光明日报出版社 .2018.

[21] 李栋宣著 . 高校青年教师思想政治教育研究 [M]. 北京：人民出版社 .2019.

[22] 何祥林 . 高校青年教师思想政治教育研究 [M]. 北京：人民出版社 .2019.

[23] 张百顺，齐新林著 . 思想政治理论课教学与人格教育和谐发展 [M]. 武汉：华中科技大学出版社 .2019.

[24] 倪铁军 . 高校校园文化建设成果文库 校园文化建设的理论与实践 [M]. 北京：光明日报出版社 .2019.

[25] 叶燊主编 . 立德树人 [M]. 北京：光明日报出版社 .2019.

[26] 刘荣红，孙虹，岳磊主编 . 高校思想政治理论课实践教学指导用书 [M]. 沈阳：东北大学出版社 .2019.

[27] 韩振峰主编 . 新时代思想政治教育理论与实践问题研究 [M]. 北京：社会科学文献出版社 .2019.

[28] 熊晓琳主编 . 思想理论教育学刊 [M]. 中国财富出版社 .2019.

[29] 何兴道主编 . 大学生思想引领的路径与载体 [M]. 北京：人民出版社 .2019.

[30] 新时代 新挑战 [M]. 北京：旅游教育出版社 .2019.